BAYERISCHE AKADEMIE DER WISSENSCHAFTEN

BAYERISCH-ÖSTERREICHISCHES WÖRTERBUCH

II. Bayern

BAYERISCHES WÖRTERBUCH (BWB)

Herausgegeben
vom
Beirat für Mundartforschung
Bearbeitet von Felicitas Maria Erhard, Edith Funk,
Anthony R. Rowley, Andrea Schamberger-Hirt,
Michael Schnabel und Vincenz Schwab.

Heft 29 (2. Heft des 4. Bandes)
[*Buben*]*trätzer* – [*Kürzer*]*dreier*

DE GRUYTER
AKADEMIE FORSCHUNG

ISBN 978-3-11-072557-5
e-ISBN (PDF) 978-3-11-072562-9

Library of Congress Control Number: 2020945570

Bibliografische Information der Deutschen Nationalbibliothek
Die Deutsche Nationalbibliothek verzeichnet diese Publikation in der Deutschen Nationalbibliografie; detaillierte bibliografische Daten sind im Internet über http://dnb.dnb.de abrufbar.

Druck und Bindung: CPI books GmbH, Leck

www.degruyter.com

Komp.: [**Buben**]**t. 1** weibliche Haartracht, Teil davon.– **1a** Herrenwinker, in Schläfe od. Stirn fallende Haarlocke od. -strähne, °OB, °NB, °OP, °MF, °SCH vereinz.: °*host wieder an Bubeträtzer im Gsicht* Eresing LL; *Boumdredzerla* MAAS Nürnbg.Wb. 88; *Bubentrezerlein* „vor 40. Jahren, die bey Mägden an den Schläfen herein zu Gesicht gekämmten kurzen Haare" HÄSSLEIN Nürnbg.Id. 54.– **1b** Haarzopf, °OB, °NB, °OP, °SCH vereinz.: °*Bubentratzer* Gündlkfn LA.– Auch rund um den Kopf gelegter Haarzopf: °*Bubentratzer* „Haarkranz" Hart a.d.Alz AÖ.– **2** Teil der weiblichen Kleidung.– **2a** spitzenbesetzter Brustlatz, Miedereinsatz, °OB, °SCH vereinz.: °*Buamatratzer* „aus lauter übereinander genähten Spitzen" Teisendf LF; „Er ... warf ihr einen Goldfuchsen hinter den *Bubentratzer* (Vorhemdchen)" KROHER Ache 195.– **2b** Schürze: *Buamatraatza* Reichenhall.– **2c** langes Schürzenband, °NB, °OP vereinz.: °*Bubentratzer* „in große Schleifen gebunden" Pleinting VOF.– **2d** hervorscheinender Unterrock, °OB vereinz.: °*Bubentratzer* Euernbach PAF.– **2e** Minirock, °OP vereinz.: °*Bubentratzer* Scharmassing R.– **2f**: °*Buamtratzer* „Pullover, den ein Mädchen trägt" Kay LF.– **3** Mädchen, das gerne Buben neckt, reizt, foppt: °*de is a Buamertratzer* Polling WM.

HÄSSLEIN Nürnbg.Id. 54; SCHMELLER I,682.– WBÖ V, 336.

[**Dackel**]**t.** Gamasche, °OB vereinz.: °*Daackltraatza* „wetterfest, über Bergschuhe gezogen" Rosenhm.

[**Dirnlein**]**t.** Schürzenjäger, Courmacher: *a Deandltratzer* Chamerau KÖZ.

[**Herren**]**t.** wie →[*Buben*]*t.*2d: °*Herrntratzer* Heilbrunn BOG.

[**Hosen**]**t.**: °*Hosntratzer* „Bub, der die erste Hose trägt" Teisendf LF.

[**Hunds**]**t.** Gehrock, Frack, OB, °NB vereinz.: °*a Hundsdrazza* Simbach PAN; *Auf eahne schwarzn Hundstratzer ... habns sovui Vereinszeichen ghabt, daß ma gmoant hot sie san Feldzügler oder gar Bahnhofsvorstand* Mchn Zwiebelturm 6 (1951) 204.– Auch: °*Hundstratzer* „Frackschöße" Nabburg.

[**Hunger**]**t.** Hungerleider, Fretter: °*Hungatratza* Schnaittenbach AM.

[**Bettel-leute**]**t.** scherzh. Polizist: *Bedlleitdraza* Geiersthal VIT.

[**Mädlein**]**t.**, [**Maidleins**]- **1** Barttracht, Teil der männlichen Haartracht.– **1a**: *Melladredzr* „kleiner Bart an der Unterlippe" Mering FDB.– **1b**: °*Malantratzer* „Haarlöckchen, die dem Burschen zur Stirn hereinhängen" Lenggries TÖL.– **2**: °*Madlatratzer* „Stecktüchlein der Burschen" Rehling AIC.– **3** Bub, der gerne Mädchen neckt, reizt, foppt: °*der is a Malatratzer* Polling WM; *Mädlersträtzer* BERTHOLD Fürther Wb. 135.

[**Magen**]**t. 1** kleine, nicht sättigende Portion, °Gesamtgeb. vielf.: °*oa Weißwurscht is a Mågntrazal, drei san a Frühstück* Peißenbg WM; °*ach göih, des Mongtratzerl wirst doch nu zwinga* Tirschenrth; *Magndratza* BINDER Bayr. 128.– Auch: °*a Magntratzerl* „scherzhaft Riesenportion, die nicht zu bewältigen ist" Garching M.– **2** Appetithappen, appetitanregende Speise, °OB, °NB, °OP, °SCH vereinz.: °*a Magntratzerl* „Vorspeise" Schönbrunn LA; *mo:ngdràtzal* KILGERT Gloss.Ratisbonense 164.– **3** (kleine Menge) Schnaps, °OB, °OP vereinz.: °*Magntratzer* „Stamperl" Taching LF.

[**Mai**]**t.** aus Rinde gebasteltes Spielzeug zum Pfeifen: °*Maitratzerl* Reichenhall.

[**Maul**]**t.** Bandnudel: *Mäutratzerl* „lange geschnittene Nudel" Truchtlaching TS.

[**Not**]**t. 1** jmd, der trotz seiner Armut großtut od. sich nicht entmutigen läßt, °NB, °OP vereinz.: °*der Nottratza gibt aber o* Metten DEG.– **2** wie →[*Hunger*]*t.*, °OB, °NB, °OP vereinz.: °*der bleibt aa a Noudtratza, solang er lebt* Kchndemenrth NEW.

[**Lang-weil**]**t.** langweiliger, langsamer Mensch, OB, °NB vereinz.: *Långwaidratsa* Hallbergmoos FS.

A.S.H.

Trätzerei, -a-

F. **1** (dauerndes) Necken, Reizen, Foppen, °OB, NB, °OP vereinz.: *habts ollewei so a Tretzarei* Hohenpeißenbg SOG; *die ewige Tratzerei ... kann i nimmer länger vertrag'n* MEIER Straubing I,110.

2 Scherz, mit dem man jmdn neckt, reizt, foppt: *Früah warns no a bissal unghobelta und derba, de Draddsarein* Altb.Heimatp. 65 (2013) Nr.14,10.

3 Ziehen von krummen Furchen: °*dös is a grod a Tratzerei, wos dea Knecht zammacht* Fronau ROD. A.S.H.

Trätzet, -a-
N., wohl (dauerndes) Necken, Reizen, Foppen: *Tratzad* Aicha PA.

Komp.: [**Magen**]**t.**: °*dös woa nua a Mongdråtzad* „kleine Portion" Wimm PAN. A.S.H.

trätzig, -icht, -a-
Adj. **1** zum Necken, Reizen, Foppen neigend, aufgelegt, °OB, °NB, °OP vereinz.: °*dea is rächt trazi* Fronau ROD; *Schau no grad den tratzadn Kerl nöt o* Elbach MB HuV 13 (1935) 60; *ə˜ trátzə'də' Ding* „Einer, der andre gerne *trätzt*" SCHMELLER I,682.
2 beleidigt, °OB, °NB, °OP vereinz.: °*warum bist denn so tratzig, i hab da do nix to?* Schönbrunn LA.
3: °*tratzig* „zornig" Kastl NM.
4 störrisch, widerspenstig, ä.Spr., in heutiger Mda. nur im Komp.: *Was sagst dw dann von den widerspen und tráczigen múnchen?* HARTLIEB Dial. 383,13.
Etym.: Mhd. *tratzic, -e-*, Abl. von →*Tratz*.
SCHMELLER I,682.

Komp.: [**ur**]**t.** **1** mürrisch, übellaunig, °NB mehrf., °OB, °OP vereinz.: °*da könnt i ganz urtratzi wern* Bayerbach GRI; *Aba dösmoi bistd weida nöt urtratzö!* SCHLICHT Dorftheater 58f.– **2** wie →*t*.4: *urtrazi* „unwillig" Burghsn AÖ; „ein Roß kann ... *urtratzi* (eigensinnig) ... sein" LETTL Brauch 71. A.S.H.

†trätzlich, -a-
Adj. **1** boshaft, aufdringlich: *ein mucke ... hat die art, daz si gar trætzleich flevgt* KONRADvM BdN 333,26f.
2 störrisch, widerspenstig: *er zuge in sein aigen lanndt, das er im traczlich sunder lehen und an recht vor pehalten hette* FÜETRER Lanzelot 351.
Etym.: Mhd. *trazlich*, Abl. von →*Tratz*.
SCHMELLER I,682. A.S.H.

drau →[*dar*]*auf*.

†Trau
M., F., Zuverlässigkeit, Treue, nur in Phras.: *T. und Glaube* u.ä.: *die Römer ... den Teutschen, nie noch trau noch glaub gehalten hieten* AVENTIN IV,1133,2f. (Chron.).
Etym.: Abl. von →*trauen*; vgl. DWB XI,1,1,1353.
SCHMELLER I,636. V.S.

Drau(b), Sarg, →*Drauch*.

Traube, -p-, -en
F., vereinz. M. **1** Frucht, Blütenstand.– **1a** Weintraube, traubenförmiger Fruchtstand davon, OB, NB, OP, SCH vereinz.: *aufn Kranzldåg khemant dö kloan Draipl* Mittich GRI; *Traum* BINDER Bayr. 215; *rami ... drvpvn* Tegernsee MB 2.H.11.Jh. StSG. II, 251,61f.; *die guten trouben der guten winper die vindet man auf den dorn nicht* O'altaicher Pred. 139,41; *Die grosse Trauben von 2 Männern getragen* Neumarkt 1770 Oberpfalz 64 (1976) 186.– **1b** traubenförmiger Blüten- od. Fruchtstand anderer Pflanzen.– **1bα** Blüten- od. Fruchtstand von Beeren od. beerenartigen Früchten, °OB, °NB, °OP, °OF vereinz.: °*Draubn* „von Holunder" Reit i.W. TS; °*då griag i glei an Blånga* [Appetit] *af so a Dreibbei* „von Kirschen" Grafenau; *Alleweil wieda hot a Träupal Zwengerl* [Preiselbeeren] *unterm Stäuerl außa glacht* Spiegelau GRA FRIEDL Geister 116f.; *ə˜ Trăuppəl Weichs·ln, ə˜ ganzs Traüppəl Zwèschn* SCHMELLER I,672.– **1bβ** Rispe von Hafer od. Hirse, OB, °NB, °OP, MF vereinz.: *da Howan houd schöi Dram* Nabburg.– **1bγ**: *'dráupm* „Mehrere Dolden, die an einem Strauß zusammenhängen und bei schlampigem Pflücken nicht getrennt werden" MEISTER Hallertauer Hopfenbauern 61.
2 Pfln.– **2a** Traubenkirsche (Prunus padus), OB, NB vereinz.: *Dram* Drachselsrd VIT.– **2b** Traubenhyazinthe (Muscari): *Träubla* Prem SOG.
3 dicht gedrängte Menge: *a Traubn* „von Bienen" Haag FS; *Beim Radischdandl schdeht a ganze Traum o* BINDER Bayr. 215; *ə˜ ganzə' Trauppm ... Impm* SCHMELLER I,672; *Cuneus drupo* Rgbg 1.H.9.Jh. StSG. I,74,6.
4 dummer, ungeschickter Mensch, °westl.NB mehrf., °OB, °MF, °SCH vereinz.: °*des is a richtiga Traupn* Manching IN; °*a so a spinnade Traupn* Ergolding LA.
Etym.: Ahd. *drûbo* swm., *drûba* swf., mhd. *trûbe* swm./f., stf., weitere Herkunft unklar; KLUGE-SEEBOLD 926.
Ltg: *draum* u.ä., auch *draubm, -pm* OB, NB, SCH (dazu RID; EIH, GUN, SC), ferner *drạ̄m, -ạ-* OP, OF, MF, *drạbm, -pm* (AIC; EIH; FDB), *drå̆m, -å-* (KÖZ, REG, VIT; BEI, CHA; EIH), *drauwə* (FFB, LL, SOG, WM;

FDB), *-bə*, *-pə* (FFB, LL, SOG), *draub* u.ä. OB (dazu GRI; A), *drauban* (REH), *drạ̄ban* (WUN).— Dim. *draiw(α)l(α)*, *-e*, *-ai* u.ä., auch *-b-*, *-p-*, ferner *drạ̄w-*, *-ạ-* (AM, BEI, ESB, NEW, PAR; WUN; EIH), *drạ̄b-* (LF; NAB, VOH; EIH, HEB, HIP), *drę̄w-*, *-ę-* (BOG, DEG, REG, VIT; NM), *dręiw(α)l* (KEH; SUL), *dręibl* (TIR), ohne Uml. *drauwal*, *-ai* NB (dazu AIB, DAH, ED, FS, M; RID), *draub(α)l(α)*, *-ai*, *-p-* SCH (dazu BGD, FS, LF, WS; KEH, VIT; SC).

SCHMELLER I,640, 672.– WBÖ V,337-339.

Abl.: *trauberícht*, *traubicht*.

Komp.: [**Schab-ab**]**t.** Schafgarbe (Achillea Millefolium): °*Schabatraubn* „für Magentee“ Aibling.

[**Bären**]**t.** Bärentraube (Arctostaphylos Uvaursi), °NB, °OP vereinz.: °*Bärntraube* „der Preiselbeere ähnliches Gewächs“ Nabburg.

[**Bauern**]**t.** scherzh. Kartoffel: °*Bauerntraubn* Inzell TS.

[**Essig**]**t.** Sauerdorn (Berberis vulgaris): *Essigträuble* Landsbg MARZELL Pfln. I,571.

†[**Geiß**]**t.** Isländische Flechte (Cetraria islandica): *Die Gaißtrauben* südl.OB SCHMELLER I,946.

SCHMELLER I,946.

[**Haber(n)**]**t.** Haferrispe, OB, NB, OP, MF vereinz.: *Hobatraippal* Aufkchn STA.

[**Holler(er)**]**t.** **1** Blüten- od. Fruchtstand des Holunderstrauchs, °OB, °NB, °OP vereinz.: °*a Hoiatraum åbirln* Wimm PAN; *Der Holler-Trauppen* SCHMELLER I,1084.– **2** Holunderküchlein, °OB, °NB, °OP vereinz.: *Hoiatraum* O'högl BGD; „in Pfannenkuchenteig mit Bier ... *Hollerträublein*“ STADLBAUER Heilpflanzen Opf. 97.

SCHMELLER I,1084.– WBÖ V,338.

[**Honig**]**t.** **1** Bienenschwarm, °OB, °NB, OP vereinz.: °*Honigtraubn* „hängt in einer Kugel beisammen“ Pöttmes AIC.– **2** mit Honig gefüllte Bienenwabe, °OB, °NB, °OP vereinz.: °*des is a richtige Honigtraubm* Rottau TS.

†[**Johannes**]**t.** Schwarzer Nachtschatten (Solanum nigrum): *Johannes-Träublein* OB BzAnthr. 13 (1899) 98.

WBÖ V,339.

[**Katzen**]**t.** Dim., Scharfer Mauerpfeffer (Sedum acre): „Der Saft der großen Fetthenne, die der Oberpfälzer *Katzenträubl* nennt“ STADLBAUER Heilpflanzen Opf. 19; *presse aus den Katzentraubl ... den Saft heraus* SCHREGER Haus-Apotheke 54.

WBÖ V,339.

[**Kirsch**]**t.** **1** Dim., traubenförmiger Fruchtstand von Kirschen, °NB vereinz.: *Kheaschtraibbö* „Zweig mit Kirschen“ Aicha PA.– **2** wie → *T.* 2a, OB, OP vereinz.: *Kirschtraube* Traubenkirsche Rothenbügl PAR.

WBÖ V,338.

[**Schmalz**]**t.** **1** in heißem Fett gebackener Blütenstand, v.a. Holunderküchlein, °OB, °NB, °OP vereinz.: °*Schmalztrauben* „von Holunderblüten“ Kay LF.– **2**: °*Schmoiztraum* „bräunliches Muttermal“ AIC.

WBÖ V,339.

[**Wein**]**t.** **1** Weintraube, Pfln.– **1a** wie → *T.* 1a, °OB, °NB, °OP vereinz.: °*Wädråm* Cham; *Sie ham ja nix es wia an Schdamizl* [Tüte] *voi Weidraum* MM 24.11.1995, 3; *Botrus wîndrvbo* Aldersbach VOF wohl 12.Jh. StSG. III,225, 17; *weintrauben von zippern pist tragen* Tegerns.Hym. 40,203; *8 Kreuzer für Weintrauben* Wunsiedel 1627 SINGER Hochzeit 17.– **1b** Echte Weinrebe (Vitis vinifera): *wann dö kloan Waindraipal bliant, soiz nöd vui renga* Mittich GRI.– **2** scherzh. wie → [*Bauern*]*t.*, nur in Phras.: *böhmische W.* °OB vereinz.: °*böhmische Weintraubn* Loitersdf EBE.– **3** Feuermal, OB vereinz.: *Wei*^{n}*traub* Partenkchn GAP.

SCHMELLER I,672.– WBÖ V,339f.

[**Winter**]**t.** dicht gedrängter Bienenschwarm im Winter, OB, OP vereinz.: *Wintertraub* Staudach (Achental) TS. V.S.

trauberícht, -p-

Adj.: *d'Echan san hoir ganz traubbarat* „voller Körner“ Valley MB.

WBÖ V,340. V.S.

traubicht, -p-

Adj. **1** reich an Blüten od. Früchten, v.a. vom Hafer, °OB, °NB, OP, SCH vereinz.: °*der Howan is heier draubat* Wettstetten IN; „dass er früher reifte und die Fruchtstände *trauberter* wurden“ Wir am Steinwald 9 (2001) 19. **2** mit mehreren Schichten (bekleidet): *a kloans draawats vahutzlts Weiwl mit an Koopftejchl und lange Röck* Burglengenfd Oberpfalz 71 (1983) 358; „Weibspersonen sind *trauppət à̃g·légt*, wenn sie viele Röcke über einander angezogen haben“ SCHMELLER I,672.

SCHMELLER I,672.– WBÖ V,340.

Komp.: [**dick**]**t.** in dicht gedrängter Menge: *von de Bänk ... auf denen s' hintn ganz dicktraubert gstandn san* DITTRICH Kinder 24. V.S.

Drauch, -f, -b, †Drauche

M. **1** †auch F., Schlinge, Fessel, Falle: *Compedes ... druhe* Rgbg 12.Jh. StSG. I,567,6-8; *Swer mit drævhen/ oder mit netzen/ oder mit strikchen ... daz wilt væht* Rgbg 1281 Corp. Urk. I,415,34-36; *in netzen maschen kloben trauchen ... und leim gefangen* AVENTIN IV, 81,9f. (Chron.).– Phras.: *ich wolt im ... ainen drauch legen* [durch eine List hereinlegen], *damit sein hochfart im genidert wurd* FÜETRER Chron. 118,31f.

2 Sarg, Totenbahre, Sargdeckel.– **2a** Sarg, °NB (v.a. SO) vielf.: °*er liegt scho in d'Trauf drin* Würding GRI; *Der Traub* „Todtensarg" Passau SCHMELLER I,640; *Nachand habns an Trauh ... zuagnoglt* Bay.Wald SHmt 48 (1959) 117; *Sacrofago steininer drúho* Rgbg 2.H.9.Jh. StSG. II,743,26.– **2b**: °*Trauf* Totenbahre Vornbach PA.– **2c**: °*Drauf* Sargdeckel Neukchn a.Inn PA.

Etym.: Ahd. *drûh(a)* stf., *drûha* swf./m.(?), mhd. *drûhe*, *drû(ch)* stm./f., wohl germ. Wort idg. Herkunft; Et.Wb. Ahd. II,816-818. Formen mit *-f* möglicherweise unter Einfluß von → *Trauf(e)*; HUBER Totenbretter 21.

Ltg: Mit Schwund des Ausl. *drau* NB (v.a. O), vgl. Lg. § 34k4, daneben *drauv* NB (dazu AÖ), *drāv* (PAN), *draub* (PA), ferner *draua* (PA, WEG) wohl mit volksetym. Anschluß an → *Trauer*[1].— Dim. *draivl* (GRI).

SCHMELLER I,564, 640.– WBÖ V,340f.

Komp.: [**Kinder**]**d.** Kindersarg, nur in Phras.: *Deà hǫd Driidlen* [Schuhe] *um à Nummà gręssà ǫis wià-r-à Kindà...drauf* [übermäßig große Füße] KAPS Welt d.Bauern 63. V.S.

Traudel, -t-

1 Vorn., Kurzf. von *Edeltraud*, → *Gertraud*, *Rotraud* od. *Waltraud*.

2 von Menschen.– **2a** dumme, ungeschickte Person, °OB mehrf., °NB, °OP, °OF, °SCH vereinz.: °*is hoid a so a Draudl* Lohbg KÖZ; *a Tra(u)tl* „eine täppische Frau" SINGER Arzbg. Wb. 239.– **2b**: °*langweilige Trautel* „langsame Person" Hohenschäftlarn WOR.

3 von Tieren.– **3a**: *Traudl* „Kröte" Degerndf WOR DWA IV,27.– **3b**: °*Traudel* „zutrauliches Tier" Perach AÖ.

WBÖ V,355f.

Komp.: [**Trumpf**]**t.** wie → *T.*2a: °*Trumpftraul* Peißenbg WM. V.S.

Trauen

M., N., ä.Spr., in heutiger Mda. nur im Komp.

1 Zuverlässigkeit, Treue, nur in Phras.: *T. und Glauben* u.ä.: *einen Ayd schwören/ oder nach gelegenheit der Person/ bey Trauen vnd Glauben/ an Ayds statt* Landr.1616 247.

2 Kreditwürdigkeit: *es hat auch mancher fromme Biedermann ... etliche Kinder und nicht viel Hab und Güter, sondern einen guten Trauen* Straubing 1510 BLH XVIII,72.

SCHMELLER I,636.

Komp.: [**Ver**]**t.** N., Vertrauen: *im Vatraun* „unter uns gesagt" Eurasburg FDB; *Da Hüat hot meah Votraua ghot* SCHUEGRAF Wäldler 56. V.S.

trauen

Vb. **1** vertrauen, zutrauen.– **1a** vertrauen, in jmdn od. etwas Vertrauen setzen, °Gesamtgeb. vielf.: *zerscht möcht i do wissen, ob man eahm traua derf* Passau; °*ich ho glei dean Weda niat traut und mein Schirm midgnumma* Windischeschenbach NEW; *uns derf ma net traun* QUERI Pfanzelter 71; *dem gelübd des künigs ist nicht wol zu trawen* FÜETRER Chron. 119,35f.– Phras.: *trau, schau, wem* man soll sich jmdn erst genau ansehen, ehe man ihm vertraut, °OB, NB vereinz.: °*trau, schau, wem* Thanning WOR; *Trau', schau', wem?* Baier. Sprw. II,143.– °*Ich trau koin Schlechtan alse selwa bin* Wdsassen TIR.– *Dem deaf mâ net weida trâun als man siagt* Tittling PA.– Reim: *Wea den andan niat traut, steckt selva e koana guatn Haut* „von einem Hinterlistigen" Bruck ROD.– **1b** zutrauen, ä.Spr., in heutiger Mda. nur in Komp.: *ich ... hiet dirs sein nicht getraut* Dießen LL 14./15.Jh. Clm 5624,fol.119[v].

2 refl., sich trauen, wagen.– **2a** sich trauen, zu tun wagen, °Gesamtgeb. vielf.: *de hod se scho ed* [nicht] *laud ja song draun* „bei der Hochzeit" Haimhsn DAH; *trau da, wennst a Schneid hast* Passau; *Do han so vui Hosn dra'ßt gwen, daß er eahm nimmer schuißn hot traun vo lauter firchtn* Niederndorf KÖZ BJV 1953,34; *Da that i mi a so schama, daß i mir gar nimmer unter d'Leut z'gehn trauat* WELSCH Mchn.Volks-Leben XVI,9f.; *traust dir aus eim so alten Greissen ein jungen frischen Hänßl-Knecht zu machen* SELHAMER Tuba Rustica I,419.– Auch †: *I trau˜ mé nét* „scherzweise: ich habe nicht Lust" SCHMELLER I,635.– *i trau m'r nimmer* „ich kann nicht mehr" HOHENEICHER Werdenfels 64.– **2b** sich an eine od. von einer Stelle wagen, NB vereinz.: *dee traut sö alloa nöt ausm*

Haus Offenstetten KEH; *is der schwarz … Mo dahoam … trau ma net z'haus* SCHMIDKUNZ Liederb. 384.

3 ahnen, vermuten, sich auf etwas gefaßt machen, °NB, °OP vereinz.: °*bevor is traut ho, is passiert* H'schmiding WOS; *Wänne dös traa(u)t häit* „wenn ich das geahnt hätte" SINGER Arzbg.Wb. 239.

4 ehelich verbinden, OB, °NB, OP, OF, SCH vereinz.: °*de han z'Eding* [Altötting] *draud won* Neufraunhfn VIB.

5 †mit einer Sache betrauen, beauftragen: *alz ich ym darzu tråw, ez sei umb werait gelt oder åuf frist* 1394 Runtingerb. II,107.

Etym.: Ahd. *trû(w)ên*, mhd. *trûwen*, Abl. zur Wz. von →*treu*; KLUGE-SEEBOLD 927.

SCHMELLER I,635.– WBÖ V,341-343.

Abl.: *Trau, Trauen, -trauig, -trauisch, traulich, trausam, Trauterer*[1], *Trauung*.

Komp.: **[an]t. 1** refl., mit jmdm die Ehe eingehen: *I hab mi eahm antraut durch an heilinga Schwur* THOMA Werke V,218.– **2** †anvertrauen, vertrauensvoll übergeben: *Trau me' ·n à˜, I bring də' ·n gwis widə'* SCHMELLER I,636.

SCHMELLER I,636.

[aushin]t. refl., sich hinauswagen, OB, NB vereinz.: *dea traut sö nöt amoj beim hejliachten Tåg füa d'Tüa aussö* Plattling DEG; *Jatz ham si drent auf insern Anga de erschtn Blaadeln außitraut* DINGLER bair.Herz 17.

[ent]t. 1 wie →*t.*1b, °OB, °NB vereinz.: °*dös hob ö em net enttraut, daß a so was firtöbringa tat* Ruhstorf GRI.– **2** †refl., wie →*t.*2a: „Als … kein Mensch mehr *sich entraute* auswärts zu gehen" LEOPRECHTING Lechrain 38.– **3** auch refl., wie →*t.*3, °OB, °NB vereinz.: °*das hät i goa net entraut* Marktl AÖ; °*eh mans entraut, ist er auf das Dach kraxelt* Pauluszell VIB; *Dés häd I nét ə˜traut … Déssn häd ə mi' nét entraut* SCHMELLER I,636; *Und Malcho ohn das ers entraut Das ohr von kopf wurz abgehaut* ROSNER Passionssp. 93.

DELLING I,157; SCHMELLER I,636.– WBÖ V,343.

Mehrfachkomp.: †**[un-ent]traut** Adv., unversehens: *bis sich solcher endlich ganz unvermerkt u. unenttraut … in der Dunkelheit gegen das Griestor herumzog* 1705 AbhMchn 29 (1918) 180.

SCHMELLER I,636.– WBÖ V,343.

[ver]t. 1 wie →*t.*1a: *vertrauen* „glauben, sich verlassen" Passau; *mogst leicht im ganz'n Gau net Aaan find'n, der eam net votraut* PEETZ Chiemg.Volk II,139.– **2** im Vertrauen mitteilen: *Goar oft hab votraut enk* [euch] *Mei Freud i und Weh* [3]PANGKOFER Ged.altb.Mda. VI.– **3** †wie →*t.*3: *Zuhand überfiel die gotlosen … als si es gar nit vertrauten … die götlich rach* AVENTIN IV,51,5-7 (Chron.).– **4** †wie →[*an*]*t.*2: *solch hinderlegt oder vertraut Guet* Landr. 1616 (GÜNTER) 64.– **5** Part.Prät.– **5a** †wohlbekannt, vertraut: *Mit da Kunst net votraut Is da Oasidl Lipps* J. A. PANGKOFER, Die dt. komische u. humoristische Dichtung, Nürnberg 1855, 319.– **5b** zutraulich, nicht scheu, OB, NB vereinz.: *das Wild is vertraut* Pfaffenbg MAL.– **5c** †Subst., Verlobte(r): „Bei der Arzberger Bürgerstochter Anna Maria Dorothea Müssel und ihrem *Vertrauten*" 1678 SINGER Hochzeit 15.

SCHMELLER I,637; WESTENRIEDER Gloss. 628.– WBÖ V, 343f.

†**[ge]t. 1** wie →*t.*1a: *Credidissent … gitruetin* Tegernsee MB um 1000 StSG. I,699,25f.; *Dezselben getrawen wir eẘ auch ze aller zeit wol* Passau 1362 Runtingerb. III,7.– **2** refl., wie →*t.*2b: „Gut weiß ich noch, daß ich mir nicht in den Hochzeitssaal *getraute*" SCHWERTL Notizen 14.– **3** erhoffen: *Dawider die von Rejberstorff … getrawen, das si des zu lehen nemen nit schuldig sein* O'alteich BOG 1464 MB XII,258.

SCHMELLER I,636f.– WBÖ V,344.

[her]t. refl., sich herzukommen wagen, NB, °OP vereinz.: *trau de her, du aafgschtellta Mausdreck!* Wdsassen TIR; *nachher trau'n si dö Verein net her* THOMA Werke III,58.

[kriegs]t. im Krieg eine Ferntrauung vornehmen: *griagsdraua* Beilngries.

[miß]t. mißtrauen, OB, OP vereinz.: *misdraua* argwöhnen Wdmünchen; *diffidunt … missatrûên* Frsg um 800 Clm 6293,fol.38[v]; *daz schůln wir fůrchten, jedoch schůlen wir nicht missetrawen* O'altaicher Pred. 126,38-39.

[übel]t. wie →[*miß*]*t.*, °MF, °SCH vereinz.: *übeltrauat* Mering FDB.

[um]t. auch refl., wie →*t.*3, °NB vielf., °OB, °OP vereinz.: °*eh ma si umtraut, is da Summer vorbei* N'viehbach DGF; *Er schleicht sich stadt eini I han nix umtraut* MAYER Raindinger Hs. 70.– Auch unpers., °NB vereinz.: °*kaum hatns umtraut, håt a scho oane ghabt* N'höcking LAN.

WBÖ V,344.

[un]ge-traut Adj., Adv. **1** wie →*[un-ent]traut*: °*untraut* „unversehens, schnell" Barbing R; *heut is dem Mäuserl Ebbs g'scheg'n untraut* PANGKOFER Ged.altb.Mda. 142.– **2** †verwerflich, tadelnswert: *und ungetrauter sachh zeprachen sy frävelich dy tür* ANDREASvR 622,19f.
SCHMELLER I,636f.– WBÖ V,344.

[zu]t. 1 wie →*t.* 1b, °OB, NB, °OP, MF vereinz.: *i hät eahm so was gar nöt zuatraut* Passau; *wann i aufrichti sei will, i hab dem Kerl selm all's zuatraut* THOMA Werke VII,267 (Jagerloisl).– **2** refl., wie →*t.*3: °*eh i mas zutraut hob, wars passiert* Fischbachau MB.
WBÖ V,344f. V.S.

Trauer[1]
F. **1** Zeit, seelischer Zustand der Trauer nach einem Trauerfall, °Gesamtgeb. vielf.: *ö da Traua san* Trauerzeit Aicha PA; °*unsare Nachbarn hamma Traua* Schwandf; *wei mei Basn vor vier Wocha g'storbn is, und da hab i no Trauer* VALENTIN Werke I,57.– Auch: *dia Glogna san in Draua* „ab Gründonnerstag darf nicht geläutet werden" EIH.
2 Trauerkleidung: *Trauer tragn* Fürth.– Übertr. Schmutz unter den Fingernägeln, °OB, OF vielf., NB, °OP, SCH mehrf., MF vereinz.: °*Traua unda de Finganägl* Senkenschlag DAH; °*host wieder Trauer aufgsetzt?* Neustadt.
Etym.: Mhd. *trûre, triure* stf., Abl. von →*trauern*; PFEIFER Et.Wb. 1452.
SCHMELLER I,674.– WBÖ V,345.

Komp.: **[Hof]t.** Hoftrauer, nur übertr. Schmutz unter den Fingernägeln, °Gesamtgeb. vielf.: °*wer is denn bei euch gstorbn, weilst d' Hoftrauer herzoagst* Fischbachau MB; °*geh wasch dir doch deine Finga, du host ja scho wieda Hoftraua* Rdnburg; *Hoftrauer* „ungepflegte Nägel haben" SCHLAPPINGER Bilder 17.
WBÖ V,345.

[Landes]t. Landestrauer, nur übertr. Schmutz unter den Fingernägeln, °OB, °OP vereinz.: °*du hoscht gor Landestrauer* Wettstetten IN.
V.S.

Trauer[2], Sarg, →*Drauch*.

trauern
Vb. **1** Trauer, seelischen Schmerz empfinden, betrübt sein: *trauan* „wenn der Hund seinen Herrn vermißt" Fürstenfeldbruck; *Um a kloins Kind soll ma niad trauern* Wdmünchn. Heimatbote 20 (1989) 66; *deiecta (oculos) trurentiu* Tegernsee MB 11.Jh. StSG. II,668,48; *wan aver ich dise rede mit eu han geredet, so truren euriu hertze* O'altaicher Pred. 97, 22f.; *Wann zeittlichen frewden nach volget ewigs trawren* JOHANNESvI Fürstenlehren 18, 513f.– Auch: *Glokna trauan* „läuten nicht von Gründonnerstag bis zur Auferstehungsfeier" Saming PA.
2 in der Trauerzeit sein, Trauerkleidung tragen, °Gesamtgeb. vereinz.: *der ko net tanzn, wal a no trauat* Wenzenbach R; „Man *trauert* um Aeltern und Kinder ein Jahr und 4 Wochen, um Verwandte 4 Wochen" LENTNER Bavaria Voralpenld 73.– Schnaderhüpfel: *warum sol i den trauan, und bin no so jung, wen i amol älta wer, ker i scho um* Bruck ROD.– *Wenn i amoi stirb, muaß alles trauan, dö Vögl im Woid und dö Krawittstauan* Lalling DEG.– Übertr.: °*für wen trauerst du?* „zu einem, der schwarze Fingernägel hat" Troschenrth ESB.
SCHMELLER I,674.– WBÖ V,346.
Etym.: Ahd. *trûrên*, mhd. *trûren*, germ. Wort wohl idg. Herkunft; PFEIFER Et.Wb. 1452.

Abl.: *Trauer*[1], *traurig, trauriglich*.

Komp.: **[nach]t.** wehmütig an jmdn od. etwas zurückdenken: *A Zeit lang how i' n naoutrauat* KRAUS lusti 63.

[nachhin]t. wie →*[nach]t.*: *nachötrauan* Ruhstorf GRI. V.S.

Drauf, Sarg, →*Drauch*.

drauf →*[dar]auf*.

Trauf(e), -pf-, †Träuf(e)
F., M., N. **1** vom Dach od. Baum tropfendes od. fließendes Wasser, °OB, °NB, °OP mehrf., °MF, °SCH vereinz.: °*heit Nacht isch amal s Trof ganga* O'ammergau GAP; *Traupf* „Wasser, das vom Dach rinnt" ZEHETNER Bair.Dt. 350; *Stilla … trof* Windbg BOG 12.Jh. StSG. I,645,58-60; *daz Traef daz ab seinem Stadel hinder meinem Haus in meinen Hof da vellet* Mchn 1394 MB XIX,63; *Træff* „stillæ. guttæ" SCHÖNSLEDER Prompt. Ii6r.– Phras.: *unter die T. kommen* u.ä. in Unannehmlichkeiten geraten, °OB, °NB, °OP vereinz.: °*da bin i unter Trauf kema* Passau.– *Vom Regen in die T. kommen* aus einer unangenehmen Situation in eine noch unangenehmere geraten, °OB, °NB, °OP,

°SCH vereinz.: °*do bin i vom Regn in die Traufe kemma* Ramsau WS; *Er ist vom Regen in die Traufe gekommen* Baier.Sprw. II,159.– *Unter die / das T. stellen* in eine unangenehme Lage bringen: °*einen unter die Traufe stellen* N'nkchn EG; *Einen unters Tráf stellen* „ihn in schlimme Händel bringen“ SCHMELLER I,650.
2 Stelle, wohin herabtropfendes od. -fließendes Wasser fällt, °OB, °OP mehrf., °NB vereinz.: °*Draff* „Stelle, wo Wasser auftropft“ Mettenham TS.
3 Dachkante, Dachrinne.– **3a** Dachkante.– **3aα** allg., °OB, °NB, °OP vereinz.: °*die Traf* Weilhm; *Compluuium ... trŏf* Schäftlarn WOR 1175 StSG. IV,48,17f.– **3aβ** als Grenze des Hausfriedensbezirks, rechtssprl., ä.Spr., in heutiger Mda. nur im Komp.: *ob jemant den andern haimsucht zu seinen Hauß, nahner dann dreyr Shrit von seinem Trauff, der sol daz pessern* Rain ND 1332 LORI Lechrain 51.– **3b** Dachrinne, °OB, °NB, °OP, °MF vereinz.: °*de Draaf bein Moar is so lang gwen, daß as Wasser drentan Weg obapritschelt is* Brannenburg RO; *Soll er do aus'm Traupf saffa* MM 12./13.8.2000, J2.– **3c** Endstück der Dachrinne, Fallrohr, Ausfluß, °OB, °NB, °OP, °MF vereinz.: °*stell an Zuber unter Traufn* Dingolfing.
4: °*Draufn* „Holzfaß unter der Dachrinne“ Enzelhsn MAI.
5 Stelle am Waldrand, bis zu der das Astwerk reicht, Waldmantel, °OB, °NB, °OP mehrf., MF, °OF, °SCH vereinz.: °*Trauf* M'rfels BOG; *Traf* „Grenzlinie zwischen Wald und Wiese“ Wb.Krün 50.
6 Heruntertropfen, OB, °OP vereinz.: °*die Traupf* Fronau ROD; *Traf* „Nachtropfen nach Regen unter den Bäumen“ Wb.Krün 50.
7: °*Drauff* „Überlauf einer Wasserwehr“ Fischbachau MB.
8 Honigtau: *s Draf* durch die Blattlaus hervorgerufener Belag Griesstätt WS; „Der *Drapf* ... süßschmeckender Tau“ Chiemsee GRAF Dekameron 147.
9 †Salbe, Balsam für die Augen: *Wer ein traff macht ... mit dem cynamom, daz maht die augen chlar* KONRADvM BdN 393,7f.

Etym.: Ahd. *trouf* stm./n., mhd. *trouf(e)* st/swf., Abl. zur Wz. von →*triefen*[1]; KLUGE-SEEBOLD 927.

Ltg: *drauv* OB, NB, OP, SCH (dazu PEG; EIH, FÜ, WUG), *-ǭ-*, *-ō-* (GAP, LL, SOG, WM), *-ou-* u.ä. (LL), *-ạ̄-* OB, OP (dazu DEG, GRA, KÖZ, WEG; EIH, HEB, WUG), *drạf* OB (dazu BOG, KÖZ, PA, VIB, VIT; EIH, SC, WUG), *drauvn*, *-m* OB, OP, MF (dazu GRI, MAI, MAL, PA, VIB; ND), *-ǭ-* (LL), *-ạ̄-* (N, SC, WUG); *drạfn*, *-m* (ED, FFB, RO, WS; KEH; FO; HEB, HIP, WUG), *drauvα* (WS; DGF; AM, NM, R, SAD; FDB), *-ǭ-*, *-ō-*, *-ou-* (LL), *-ạ̄-* (EIH), *drạfα* OP (dazu EBE; GRA, WOS; EIH), *drauvαn* (DGF, PAN), ferner *draubv* (IN, M, REI, WOR; PA, VIB; ROD), *-ạ̄-* (BGD, M, TS, WOR, WS; BOG, MAL, REG, VOF; NEW), *drạpf* OB, NB (dazu BEI, CHA, ROD, WÜM; ND), *drạpfn* (EBE), *draubvα* (KEH), *-ạ̄-* (AM), *drạpfα* OP (dazu GRA, KÖZ, PAN, VIT, WOS), *drạpfαn* (WOS), auch *drạ̄vd* (FS), *drạft* (MÜ).– Genus F., daneben N. OB (v.a. SW) (dazu FDB; EIH, WUG), M. OB (dazu DGF, PA, VIB; NEW, R; ND).

SCHMELLER I,650; WESTENRIEDER Gloss. 584; ZAUPSER 77.– WBÖ V,346-348.

Komp.: [**Ab**]**t.** **1** wie →*T.*1, °OB, °NB vereinz.: *Åtraf* „vom Dach rinnendes Wasser“ Pauluszell VIB.– **2** Dachkante, Dachrinne.– **2a** wie →*T.*3aα, °OB vereinz.: °*Otraf* „Dachrand“ Perchting STA.– **2b** wie →*T.*3b, °OB (v.a. FS, MÜ) mehrf., °OP vereinz.: *d Otraf* Dachrinne Mittbach WS.– **2c** wie →*T.*3c, °OB vereinz.: *Dochrinna mit dem Odraf* Lengmoos WS.

[**Baum**]**t.** **1** vom Baum tropfendes Wasser, °OB, °NB vereinz.: °*Bamtraf* Ainring LF.– **2** wie →*T.*5, °OB, °OP vereinz.: °*der hat si unta Bamtraf einigstellt, jetzt is er erst recht nooß wårn* Reichersbeuern TÖL.

[**Dach**]**t.** **1** vom Dach tropfendes od. fließendes Wasser, °OB, °NB mehrf., °OP, °MF vereinz.: °*heut geht scho Dachtrauf* Manching IN; *Da Dochdrapf is owagschossn* Mchn.Turmschr. 58; *Conpluuium ... dachtrŏf* Aldersbach VOF 12.Jh. StSG. III,229,47f.; *Jtem ... solle man erstlich auff die tachtrauffen sehen, dann auff welchen selbige fället* Rgbg 1654-1656 WÜST Policey 383.– Phras.: *Madame ... kamen heute mehr, als Einmal, unter die Dachtraufe* [geriet in Unannehmlichkeiten] WESTENRIEDER Beytr. X,407.– *Bessa is bessa, hot da Hos g'sogt und is unta da Dochtrapf untag'stand'n* BAUER gut bayer. 175.– **2** Dachkante, Dachrinne.– **2a** Dachkante.– **2aα** wie →*T.*3aα, °OB, °OP, °SCH vereinz.: °*Dachtrapfa* „ohne Dachrinne“ Trausnitz NAB; „*dōxdrạf* ... Teil des Daches, wo das Wasser runterläuft“ Biesenhard EIH nach SBS VIII,81.– Übertr. triefende Nase: *Dachdropf* „Nase bei Katarrh“ Hfheggenbg FFB.– Auch Dachvorsprung: *a Dochdraf* Beilngries; *beim Modelleur Schmid muaß ma unbedingt untern Dochtrapf geh', denn er hat ... am Weg koa Rinna* Münchner Volkszeitung 14.02.1873, Nr.38,4; *die Liechter/ oder Ausschawen nit zuuerbawen/ oder zuuerbawen/*

Tachträuff Landr.1616 314.– **2aβ** wie → *T.*3aβ: °*bis zur Dochtrauf derfscht me vafolgn* Wildenroth FFB; „1577 bekam er dazu den Garten des Webers Behaim, bis an das *Dachtrauf*" Freudenberger Au 53.– **2b** wie → *T.*3b, °OB mehrf., °NB, °OP vereinz.: °*a da Dochdraufn henga Eiszapfn* „Dachrinne" Sindelsdf WM; °*da kannst as da Dochtrafa saffa* „von einem niederen Haus" Ambg; *tǭhtrapf* nach Wittmann Mchn 71.– **2c** wie → *T.*3c, °OB mehrf., °OP, °MF vereinz.: *Dachtrapfa* „Rohr zum Abfließen" Hannesrd OVI.– **3** †Recht, das Regenwasser abzuleiten: *wer von newem brunnen auch hinter sich liecht oder tachtraff haben oder behalten will* Rgbg 1654-1656 Wüst Policey 385.

WBÖ V,348.

[**Dorsch**]**t.** wie → *T.*3b: *Doaschtrapf* Dachrinne M'rfels BOG.– Zu einer Nebenf. von → *Nusch* 'dass.'.

[**Eis**]**t.** Schmelzwasser: °*d'Eistraf geht* Arzbach TÖL.

[**Honig**]**t.** wie → *T.*8: °*Honedraaf* Wildenwart RO.

[**Kronen**]**t. 1** wie → [*Baum*]*t.*1, °OB, °NB, °OP vereinz.: °*Kronentraufe* „das Wasser von den Zweigen" Herrnwahlthann KEH.– **2** Rand der Baumkrone od. ihres Schattens, °OB, °OP vereinz.: °*Kronadrauf* „Kreis, den die senkrecht über einem Obstbaum stehende Sonne als Schattenrand bewirkt" Nittenau ROD.

[**Regen**]**t. 1** wohl wie → *T.*1: °*d'Regentrafa* „am Rand der Bäume" Schwandf.– **2** wie → *T.*3b, °OB, °NB vereinz.: °*Regentraufe* Dachrinne Straubing.

[**Schar**]**t. 1** wie → [*Dach*]*t.*1, °NB mehrf., °OB, °OP vereinz.: °*Schoartrapf* „vom Dach rinnendes Wasser" Schaufling DEG; *Schàrtràpfm, Schàrtràpf* „das vom Rand des Daches abfallende Regenwasser" Schmeller II,445.– **2** wie → *T.*2, °NB, °OP vereinz.: °*Schartrauf* „wo das Regenwasser aus der Scharrinne auf die Erde läuft" Barbing R.– **3** Dachkante, Dachrinne.– **3a** wie → *T.*3aα, °NB vereinz.: °*Schartrauf* „Dachrand, von dem das Wasser fließt" Schaufling DEG; *Schaa her, do mouj i eijtzad dö ganzz Nocht indda da Schordrapf herschdaijh, und hod grengd, bin baatschnoß* Haller Druden 49; „In den ersten drey Tagen darf daher die Wöchnerin ... nicht weiter als bis zur *Schartraufe*" Schönwerth Opf. I,189.– **3b** wie → *T.*3b, °OB, °NB, °OP vereinz.: °*in da Schodrapfa rinds Wossa o* Lohbg KÖZ.– **3c** wie → *T.*3c, °OB, °NB, °OP vereinz.: °*Schortrapf* „Rinnenende, wo das Wasser abtropft" Langdf REG; *Schoatrapf* „Dachrinnenablauf" Ettling LAN Passauer Bistumsbl. 8.8.2010, 28.– Zu → *Schar* 'Dachkante, Dachrinne'.

Schmeller II,445.

[**Ge-schwoll**]**t.**: *Gschwolldrof* „sich auf dem Dach anstauendes Schmelzwasser" Bayersoien SOG.

[**Wasser**]**t.**: °*Wåssertraff* „aus dem Wasserhahn tropfendes Wasser" Moosach EBE. V.S.

-träufeln, -au-, -pf-

Vb., nur im Komp.: [**ein**]**t.** einträufeln, in Tropfen hineinfallen lassen, °OB, °NB, °OP vereinz.: °„das Mehl in die Milch *eintraufeln*" Nußdf RO. V.S.

traufen, -äu-, -pf-

Vb. **1** triefen, tropfen.– **1a** tropfen, in einzelnen Tropfen herabfallen, °OB vereinz.: *heit trapfts awa fescht* Weilhm.– **1b** Tropfen von sich geben, an sich herabrinnen lassen, °OB mehrf., °NB, °OP vereinz.: °*de Dachrinna traaft* Flintsbach RO; *dem Tröfen die augen und nasen löcher* Höfler Sindelsdf.Hausmittelb. 73.

2 träufeln.– **2a** einträufeln, in Tropfen hineinfallen lassen, ä.Spr., in heutiger Mda. nur in Komp.: *Distillauerunt ... trouftun* Tegernsee MB Mitte 11.Jh. StSG. II,282,57f.; *Wer dez ôls in sein orn trôft, daz ist den orn gůt* KonradvM BdN 356,10; *prenn im die haut auf. Darauf dröff wachs* Roßarznei (Deinhardt) 30.– **2b** beträufeln: *mit Rahm trapfn* Ingolstadt; *der Fisch ... mit Butter/ Schmaltz/ oder Oel geträufft* Hagger Kochb. IV,1,67.– Phras.: °*gschaugt hats wie trapft, wia ihr d'Schüssel åbigfålln is* „verwirrt" Wettstetten IN.

3 Part.Prät.– **3a** niedergeschlagen, erschöpft, °OB, NB vereinz.: °*draapft* Wasserburg; *trāpft* Federholzner Wb.ndb.Mda. 222.– **3b** verwirrt, durcheinander, fassungslos, °OB, °NB, OP vereinz.: °*i wår glei gånz drapfd* Ebersbg; *Auch ist der Michei die ganze Zeit so drapft umeinander gestiegn* Strobl Mittel und Bräuch 49.– **3c** dumm, ungeschickt, °OB, NB, °SCH vereinz.: °*dös is ja a ganz a Trafte!* Arzbach

TÖL; *drapft* „einfältig" GÖTTLER Dachauerisch 22.– **3d** verrückt, närrisch, °OB, °NB vereinz.: °*dö ist ganz drapft* Deggendf; *mit dera Gaudi, dera drapften* LUTZ Trübsal 60.– **3e**: *drâpft* „schwindlig" POELT-PEUKER Wb. Pöcking 13.

Etym.: Ahd. *troufan*, mhd. *troufen*, *-öu-*, Abl. zur Wz. von →*triefen*[1]; KLUGE-SEEBOLD 927.

SCHMELLER I,650, 673; ZAUPSER 77.– WBÖ V,350.

Abl.: *-träufeln, traufetzen.*

Komp.: [**ab**]**t.** **1** wie →*t.* 1a: °„sie läßt das Knödelwasser *otrafn*" Lauterhfn NM; *Wenn daz hong zehant abtrevft in tropfen weis* KONRADvM BdN 321,27; *NIMM den Niern-Braten ... und gib ihn schön warm/ mit seinem selbsteigenen abgeträufften Safft* HAGGER Kochb. III,1,66.– **2** wie →*t.* 1b, °OB, °NB, °OP mehrf., °MF vereinz.: °*lou dein Regnmantl zerscht otrapfa!* Nabburg.

WBÖ V,350.

[**abher**]**t.** wie →*t.* 1a, °OB vereinz.: °*do traft's aufn Denna oba* Reichersbeuern TÖL.

[**aus**]**t.**: °*assdrafm* „Flüssigkeit mit Brot auftunken" Tirschenrth.

[**be**]**t.** **1** †wie →*t.*2b: *und vor dem Anrichten mit Lemoni-Safft beträfft* HAGGER Kochb. IV,1,124.– **2** Part.Prät., wie →*t.*3b: *betrapft* betroffen Pfreimd NAB.

WBÖ V,350.

[**der**]**t.** Part.Prät. **1** wie →*t.*3a, °NB vereinz.: °*datrapft* müde, matt Deggendf.– **2** wie →*t.*3b, °NB vereinz.: °*der ist ganz derdrapft* „verdattert, sprachlos" Aidenbach VOF; *ganz dertrapft* „verwirrt" OB BzAnthr. 11 (1895) 71.

[**ein**]**t.** **1** in Tropfen hineinfallen (lassen).– **1a** in Tropfen hineinfallen, °OB, °NB, °OP vereinz.: °*eitrapfn lossn* Weilhm.– **1b** wie →*t.*2a, °OB, °NB, °OP vereinz.: °„in die Suppe ein Ei *eintrafn*" Otting LF; „wenn der dritte Theil von dem Teige *eingetrauft* ist, hebt man die heraufgekochten Nüdlein" LINA, Die Köchinn, München 1835, 58.– **2** mit hineinzutropfender Suppeneinlage versehen: °*d'Suppn eitrapfa* Arnschwang CHA.– **3**: °*eintreifn* „Butter auslassen zu Butterschmalz" Ried FDB.

WBÖ V,350.

[**einhin**]**t.** wie →*t.*2a, °OB, °NB vereinz.: °„den Teig durch ein Sieb in die Suppe *eichitrafn*" Lenggries TÖL.

[**ver**]**t.** Part.Prät. **1** wie →*t.*3b: *verdrapft sein* verdattert Triftern PAN.– **2**: *vatrapft* listig, verschlagen Rimsting RO.

†[**über**]**t.** wie →*t.*2b: *darnach hat man im in ain freie Grub ... mit Wachs von den Windliechten übertrefft* OEFELE II,370.

[**zer**]**t.** verwirren, aus der Fassung bringen, °OB, °NB vereinz.: °*bisd dan ejzzada ganz zdrapfd woan* Frauenau REG.

WBÖ V,350. V.S.

traufetzen, -äu-, -pf-

Vb. **1** Tropfen von sich geben, an sich herabrinnen lassen, °OB, °NB, °OP vereinz.: °*dem trapfatzt d'Nosn* Arnschwang CHA.
2 einträufeln, in Tropfen hineinfallen lassen, °OB vereinz.: °„die Mutter *trapfezt* dem Kind bei Ohrenschmerzen Tropfen in das Ohr" Lenggries TÖL.
3 leicht regnen: °*ös trapfetzt* Weilhm.
4 (Flüssigkeit) verschütten, °OB, °NB vereinz.: °*trapfezn* „daneben gießen" Reichenhall.

SCHMELLER I,673.– WBÖ V,350f.

Komp.: [**ab**]**t.** wie →*t.* 1: °*åtrapfezn* „von nassen Kleidern" O'au BGD.

[**abher**]**t.** tropfen, in einzelnen Tropfen herabfallen, °OB, °NB vereinz.: °*wia's vom Dach åbatrapfezt* Hunding DEG.

[**ein**]**t.** wie →*t.*2, °OB, °NB vereinz.: °*geh, laß da was in d'Augn eiträupfezn* Pittenhart TS.

[**einhin**]**t.** wie →*t.*2: *da Dokta håt eam wås in d'Augn einötreifatzt* Tegernbach MAI.

[**Nasen**]**t.** N.: *er hat's Nasntrapfezn* „Tröpfeln der Nase" Bonbruck VIB. V.S.

-trauig, -traurig, †-äu-

Adj., nur im Komp.: [**miß**]**t.** mißtrauisch, NB, OP, MF vereinz.: *mißtrauri* „gegenüber Fremden" Adlersbg R; *weil aber die paurern So Miß thraürig Sein* 1629 HAIDENBUCHER Geschichtb. 63.– Mhd. *missetrûwic*, Abl. von →*trauen.* V.S.

-trauisch, -trauerisch

Adj., nur im Komp.: [**miß**]**t.** mißtrauisch, MF vielf., OB, OF mehrf., NB, OP, SCH vereinz.: *mißdrauösch sein* Mittich GRI; *mißdrawaresch* Fürnrd SUL; *Die ansässigen Slawen saan aaf amal mißtrauisch woan* Wir am Steinwald 7 (1999) 153. V.S.

traulich, -träulich
Adj., ä.Spr., in heutiger Mda. nur in Komp., treu, unverbrüchlich: *In solhem fall hat vnß thraulichen peÿstandt gethan der herr doctor lochner* 1610 HAIDENBUCHER Geschichtb. 23.

Komp.: [**ver**]**t.** **1** vertraut, freundschaftlich: *Und hat weita ganz verträuli tho'* KOBELL Ged. 9; *di recht verbieten, sich den J. in dem als vertreulich, untertånig zů machen* 1518 Urk.Juden Rgbg 352.– **2** †wie →*t.*: *Sonder alzeit mich vnd mein absolution dem allmaechtigen beuelhen vnd vertrawlich glawben* BERTHOLDvCH Theologey 516; *macht sonst ein verträuliches Gelübde* 1707 GIERL Bauernleben 146.– **3** †vertrauensvoll, zuversichtlich: *Und die Zeit is wohl schön, Wo ma no' nix versteht Und verträuli no' is* STIELER Ged. 258.
WBÖ V,345.

[**zu**]**t.** zutraulich, OB mehrf., NB, OP, SCH vereinz.: *a Lampl is zoutraulö* Stadlern OVI; *Und weil er so hoamli' Und zuatrauli' war* A. SEYFRIED, Bei uns dahoam, München 1877, 105.
WBÖ V,345. V.S.

Traum
M. **1** Traum, im Schlaf auftretende Vorstellungen, °Gesamtgeb. vielf.: *leibhaftö is a ma in Tram erschiena* Passau; *Traum̆b* Merching FDB; *is dös a guada Tram oda a schlechta?* Altb.Heimatp. 65 (2013) Nr.43,10; *Somnivm … d^r^ovm* Aldersbach VOF, 12.Jh. StSG. III, 259,19; *der stain … vertreibt v̊ppig tråm* KONRADvM BdN 469,4f.; *in daucht wie er aus ainem schlaff von ainem trawm vil schwär erwachet wäre* FÜETRER Persibein 11,40.– Phras.: *nicht im T.* auf keinen Fall, keineswegs: *dös fåjld ma nöd ön Dram ei^n^* Reisbach DGF; *dees fallt oan in Traam nit ei˜* Zs. des Vereins zur Ausbildung der Gewerke in München 2 (1852) 23.– *Jmdm den T. auslegen* die Meinung sagen, zurechtweisen, OB, NB vereinz.: *dem han i an Tram ausglegt* Grattersdf DEG.– *Ein T. ist ein Schaum* u.ä. besagt nichts, ist belanglos: °*a Dram is a Scham* Weiden; *Draüm sān Faüm* Ambg SCHÖNWERTH Sprichw. 45.– *In' Drăm kumd ma leiht in Himl* Neuenhammer VOH SCHÖNWERTH Sprichw. 45.– *Wér in' Drăm foald, doud si niad wài* Ambg SCHÖNWERTH Sprichw. 45.– *Wér in' Drăm heird, findt z' Màrgads kāñ Wei* Neuenhammer VOH SCHÖNWERTH Sprichw. 45.– *Wós ma z' Nåhts in' Drăm finnd, huld z' Màrgads dar Wind* Neuenhammer VOH SCHÖNWERTH Sprichw. 45.– *Wós ma-r untar Dógs dénkt, kumd óin z' Nàhts in' Drăm* Neuenhammer VOH SCHÖNWERTH Sprichw. 45.– Vkde: Im *T.* kündigen sich bes. Ereignisse an. Träumt man von Toten od. vom Zähneausfallen, stirbt ein Familienangehöriger od. Bekannter (ED; REG). Träumt man von Eiern, kommt unangenehmer Besuch (DAH). *Was oan in an fremden Bett träumt, wird wahr* CHA Wdmünchn.Heimatbote 20 (1989) 67.
2 etwas traumhaft Schönes: *då is as Löm a Tram* Mengkfn DGF.
Etym.: Ahd., mhd. *troum* stm., germ. Wort unklarer Herkunft; KLUGE-SEEBOLD 927.
SCHMELLER I,662.– WBÖ V,351f.

Abl.: *träumen, Träumer, träumlich.*

Komp.: †[**Weiber**]**t.** Wunsch von Frauen: *Ich halt … nichts auf dweiber Tramm* WS 1737 Bayerld 19 (1908) 406. V.S.

träumen, -au-
Vb. **1** auch unpers., träumen, im Schlaf einen Traum haben, im Traum erleben, °Gesamtgeb. vielf.: °*do weari wida schwar drama* Ebersbg; *manche tramman so natürlö, daß sös sejba glaubnt* Hengersbg DEG; *Vo was ma ned ois draamt in der Nacht* REITMEIER-STAMMBERGER Woyzeck 23; *dem babst Gregorio dem dritten traůmbt, wie Karolus Marcellus … in die hell begraben wär* EBRAN Chron. 50,17f.– Phras.: „Wünsche vor dem Schlafengehen … *tuə wos guəts tramə!*“ Rgbg PRAUSE Grußformeln 53f.;– °*traam säiß vo sauan Gurkalan* „scherzhafter Nachtgruß“ Wdsassen TIR.– *Do muß ma erst trama davo* Bedenkzeit brauchen Affing AIC.– *Sich etwas nicht t. lassen* u.ä. an eine Möglichkeit überhaupt nicht denken, °OB, NB, °OP vereinz.: *s'sell hetst dar a nöt drahma låssn, dahs dö zamkahmaten* Bodenmais REG; *laß da no nix traama, daß 's anderst werd!* THOMA Werke II,52 (Magdalena).– Schnaderhüpfel: *hait Nåcht hot ma tramt, Kåts hot si bamt, Kåts hot si bogn, und es is ales dalogn* Bruck ROD, ähnlich WUN.
2 tagträumen, sich einbilden.– **2a** tagträumen, phantasieren, °OB, °NB, OP vereinz.: °*dramsd widaramoi!* Ebersbg; *dràmma* KILGERT Gloss. Ratisbonense 164; *und traumt mir immer, wo ich die Augen offen habe, es brinnt* Straubing 1781 Bilanz 1782 77.– **2b** unpers., sich etwas

einbilden, irrtümlich annehmen: *då håd da tramt* Mengkfn DGF; *Dir mou doch traama* „du bist doch nicht recht gescheit“ SINGER Arzbg. Wb. 238.

Etym.: Ahd., mhd. *troumen*, mhd. *tröumen*, Abl. von → *Traum*; PFEIFER Et.Wb. 1452.

SCHMELLER I,662.– WBÖ V,352-354.

Komp.: **[der]t.** erträumen: *so an Knecht … hob a ma in meine kühnstn Fiabatram ned datramt* KROETZ Stücke I,86.

[ver]t. **1** untätig, mit Träumereien verbringen: °*vadramt* Rechtmehring WS; *Dreiß'g Jahr hab'n ma gschlaf'n und sorglos vertramt* Beiwagen zum Volksboten für den Bürger u. Landmann 4 (1851) 9.– **2** Part.Prät., verträumt, idyllisch: *Läiln howa gsunga vadramt und su schäi* A. J. EICHENSEER, Zammglaabt, Regensburg 1977, 85.

WBÖ V,354. V.S.

Träumer, -au-

M., jmd, der seinen Gedanken nachhängt: *a rechta Trama* Vilseck AM.

Etym.: Ahd. *troumâri*, mhd. *troumære* stm., Abl. von → *Traum*; PFEIFER Et.Wb. 1452.

WBÖ V,354. V.S.

Trau-mich-nicht(s), -mir-, -dich-

M., ängstlicher, unentschlossener Mensch, °OB, °NB, OP, MF vereinz.: °*Traudinet* Frsg; *a alta Trauminiat* Konnersrth TIR; *Du weàsd à-so-à Drau-me-ned seĩ!* „ein furchtsamer, unentschlossener Mensch“ KAPS Welt d.Bauern 92.

Etym.: Zusammenrückung aus der Fügung *(ich) trau mich nicht* u.ä.; WBÖ V,342.

WBÖ V,342f. V.S.

†träumlich

Adj., im Traum vorkommend, traumartig: *Von sólichen sehungen und fúrkómungen, nåchtleichen und trewmlichen* HARTLIEB Dial. 185,38f.

Etym.: Mhd. *troumlich*, Abl. von → *Traum*. V.S.

Traupe(n) → *Traube*.

Traupf → *Trauf(e)*.

traurig

Adj. **1** Trauer empfindend, ausdrückend, OB, NB, OP, MF, SCH vereinz.: *du schaust aba traurö drei* Altötting; *du machst oba heunt a trauris Gsicht* Vohenstrauß; *worum bischn so draure?* Klenau SOB BÖCK Sagen Neuburg-Schrobenhsn 94; *swie got alle zît frô sî unde niemer trûric wirt* BERTHOLDvR I,196,22f.; *Wie sie Christus gantz traurig beysamen angetroffen* SELHAMER Tuba Rustica II,301.

2 Trauer hervorrufend, schmerzlich, beklagenswert, NB vereinz.: *so was Traurigs geht oam lang nach* Passau; *des is wohl trauri* LUTZ Kumpf 8.

3 jämmerlich, kümmerlich, erbärmlich, OB, NB, °OF vereinz.: *a trauriga Bart* spärlicher Bart Ingolstadt; *trauròs Wöda* Aicha PA; *Lump … trauriger!* THOMA Werke VII,327 (Jagerloisl).

4 übertr. schmutzig, mit Schmutzrändern (von Fingernägeln), °OB, °NB, °OP vereinz.: *traurige Fingernägl habn* Mchn.

Etym.: Ahd. *trûrag*, mhd. *trûrec, -ic*, Abl. von → *trauern*; PFEIFER Et.Wb. 1452.

SCHMELLER I,674.– WBÖ V,345f.

Komp.: **[miß]t.** → *[miß]trauig*. V.S.

†trauriglich

Adj., Trauer empfindend, ausdrückend: *Der kunic trûriclîche sprach* Kaiserchr. 109,1528; *Markolfus gieng geneiget trauricklichen von dem sal* HAYDEN Salomon u. Markolf 336, 1064f.

Etym.: Mhd. *trûreclich*, Abl. von → *trauern*; DWB XI, 1,1,1540. V.S.

trausam, trautsam

Adj. **1** zutraulich, °OB, °NB, °OP vereinz.: °*unser Katz is vui tratsamer als am Nachbarn die sei* N'viehbach DGF; *ə˜ trausams Leut* Bay. Wald SCHMELLER I,637.

2 vertraut, in enger Beziehung stehend, °OB, °NB vereinz.: °*de san allawei so trautsam mitanand* Lenggries TÖL.

3 vertrauenswürdig, °OB, °NB vereinz.: °*is de Person so trausam, daß ma er des zutraun ko?* Brunnen SOB.

SCHMELLER I,637.

Komp.: **[un]t.** mißtrauisch, °OB, °NB, °OP vereinz.: °*dea is recht untrausam* Fronau ROD.

SCHMELLER I,637.– WBÖ V,355. V.S.

Drauschel, einfältige Frau, → *Drossel*.

drauß(en) → *[da(r)]außen*.

†Traut
M., F. **1** vertrauter Mensch: *Traut* „ein trauter, oder vertrauter Mensch" WESTENRIEDER Gloss. 585; *truto* Tegernsee MB um 1000 StSG. I,658,55.
2 geliebter Mensch, Ehepartner: *ICh het zw trawt erkoren in mir für alle man* FÜETRER Poytislier 40,129.
Etym.: Ahd. *trût* stm., mhd. *trût* stm./n., weitere Herkunft unklar; KLUGE-SEEBOLD 927.
SCHMELLER I,678; WESTENRIEDER Gloss. 585.

Abl.: *traut, träuten.* V.S.

†traut
Adj., lieb, vertraut: *traut* „lieb, werth" SCHMELLER I,678; *der garte wart im innec-lîchen trût* Kaiserchr. 207,6859; *Den pesstten rat gar funden hastu, hör, trawt gesell* FÜETRER Persibein 83,308.
SCHMELLER I,678; WESTENRIEDER Gloss. 585. V.S.

†träuten
Vb., lieben, liebkosen, Geschlechtsverkehr ausüben: *Mîn herze sam ein zunder si in ir liebe entpfienge die ich triute* HADAMARvL 154,648; *dir ist als wol da mit das du dein katzen mit der hant trewtest* Mchn 1463 Clm 8384,fol.67[r].
SCHMELLER I,678.– WBÖ V,356. V.S.

Trauterer[1]
M. **1** Mut, Furchtlosigkeit, OB, °NB, °OP, MF vereinz.: *dea hot koan Traudara* Hemau PAR; *an draudara zu epps ham* KILGERT Gloss.Ratisbonense 195.
2 mutiger Mensch: °*wer is denn van engg a guada Draudara, der a Schejdl afn Maibam afföbringd?* Grafenau. V.S.

Trauterer[2], Truthahn, →*Truter(er).*

Trauung
F., Trauung, °OB, °NB, °OP, OF vereinz.: *Trauing* Wildenrth NEW.

Komp.: †[**Ver**]**t.** Anvertrauen, Übergabe: *DIe gütliche hinderlegung … oder vertrawung der strittigen … Güter* Landr.1616 282.

[**Zu-viel**]**t.** scherzh. standesamtliche Trauung: *Zuvieltrauung* Mchn.– Wortspiel mit →[*Zivil*]*t.*

†[**Ge**]**t.** Vertrauen: *Gerechtikayt gepirt wol getrawung* JOHANNESvI Fürstenlehren 5,95f.

[**Zivil**]**t.** standesamtliche Trauung, OB, NB, OP, OF, SCH vereinz.: *Zifüdrauung is nix* „wird als nicht bindend betrachtet, am Tag vor der kirchlichen Hochzeit" Beilngries. V.S.

trawállen, trawállchen
Vb. **1** gehen.– **1a**: *trawalχn* „schlecht (wankend) gehen" SCHWEIZER Dießner Wb. 205.– **1b** breitbeinig gehen: *trawalχn* SCHWEIZER Dießner Wb. 205.
2: *trawalln* „lebhaft plaudern" Etzenricht NEW.
Etym.: Aus frz. *travailler* 'arbeiten'; DWB XI,1,1, 1566 (travalgen).
SCHMELLER I,639.

Abl.: *trawállisch.*

Komp.: †[**umher**]**t.** sich herumtreiben: *ummə tráwálln* „herumschlenzen" Bay.Wald SCHMELLER I,639. V.S.

Trawallí, -é
M. **1**: *Dràwàljē* „Arbeit" Regenstauf R ZDL 57 (1990) 45.
2 †Müßiggang: *e˜n Tráwáli umməgé˜* „im Zeitvertreib, müßig gehen" Bay.Wald SCHMELLER I,639.
3 von Menschen.– **3a** Vielredner: *ein großer Trawallö* „Plauderer" Etzenricht NEW.– **3b**: *Drawalle* „jemand, der alles Mögliche, aber nichts Gutes treibt" Spr.Rupertiwinkel 23.– **3c**: *Trawale* „Schelm, Gaudebursch" Spr.Rupertiwinkel 90.
Etym.: Aus frz. *travaille.*
SCHMELLER I,639. V.S.

trawállisch
Adj., verwirrt, durcheinander: °*trawallisch* „wirr im Geist" Innernzell GRA; „wie der Federl durch den Verrat am Freund ganz *trawallisch* geworden sei" Fischhausen MB Zwiebelturm 4 (1949) 137. V.S.

†Trax
M., Tusch, Paukenwirbel: „Bey der Elevatio … wurde jedesmal in Choro von den Trompeten ein *Trax* gemacht" Weyarn MB 1801 OA 101 (1976) 88; *Trompeten und Paucken haben dem heil. Stephan Trax über Trax geblasen und geschlagen* BUCHER Werke IV,23f.
Etym.: Herkunft unklar.
SCHMELLER I,647. V.S.

Treber

F., vereinz. M., N. (OP), in Bed.1, 2 meist Pl. **1** Rückstand beim Brauen, Keltern.– **1a** Malzrückstand beim Bierbrauen, °OB, °NB, MF vielf., °OP mehrf., OF, SCH vereinz.: *Trebern füttern* Mchn; °*da Bauer hod d'Drewan ghoid* „von der Brauerei" Kchdf REG; *In da Fröih homs as Triawa am Miist gschitt* HEINRICH Gschichtla u. Gedichtla 33; *Siliqua treber* Aldersbach VOF 12./13.Jh. StSG. III,257,28; *so sy ... nit beladen sein mit arbait, gesot tragen, treber aus dem preuhaus zu nutz dem vich* Indersdf DAH 1493 BJV 1993,11; *Das Futter, so man einem solchen Ochsen geben soll, bestehet in ... Ruben, Träber* SCHREGER Speiß-Meister 73.– Phras.: *das Gesicht voll T.n haben* u.ä. betrunken sein: °*der hat a Gsicht voll Trebern* Kreuth MB; *Der hat heint scho wieda sei' Fotzn volla Drewan!* JUDENMANN Opf. Wb. 44.– °*Er hat ihm d Tröbern eingwassert* „ihm gezeigt, wer der Herr ist" Wdkchn WOS.– **1b** Trester, Rückstand bei der Wein-, Most- od. Schnapsherstellung, °OB, °NB, MF, SCH vereinz.: *Drehbarn vo di preßtn Biarl* Staudach (Achental) TS; *Dree:wan* „bei der ... Weinbereitung" CHRISTL Aichacher Wb. 131.
2 meist Dim., Klumpen, Krümel, Bodensatz.– **2a** Kotklumpen, v.a. am Rind, °OB, °NB, °OP vereinz.: °*da Kuh hängan Dreberl aba* H'schmiding WOS.– Phras.: °*deara wachsn scho Drewal zwischn de Zechan* „sie ist sehr schmutzig" Dachau.– **2b** Butter-, Fettklümpchen, °OB, °NB, °OP vereinz.: °*vor lauter Dreberl bring i koan Butter net zam* „wenn beim Buttern der Rahm nicht bindet" Brunnen SOB.– **2c** Mehlklümpchen, °NB vereinz.: °*Drewal* „in der Suppe" Frauenau REG.– **2d** Brösel, Krümel, °OB, °NB vereinz.: °*iß deine Dreban zamm!* „Brotbrösel" N'bergkchn MÜ.– **2e**: °*du hast dö ganzn Treban aufgrüaht* „Bodensatz in Getränken, Suppe" Garching AÖ.– **2f**: °*Drewerl* getrockneter Augenschleim Straubing.
3 †Milchsuppe: „Im Land an der Vils ... zum Frühstück ... Suppe von Milch *Tröbern*" Bavaria I,1019.
4: °*Tröwan* „scherzhaft Bier" Fischbachau MB.
5 Rausch: °*Drewern* Rottendf NAB; *Dreεwân* POELT-PEUKER Wb.Pöcking 13.
6: °*Trebern* „Viehmaul" Döfering WÜM.
7 Frau.– **7a** abwertend alte Frau: *Schaugs o ... de oide ... Träwan, wias umanandaschnuufed* „rumschnüffelt" BINDER Saggradi 224.– **7b**: *Drēwan* „schmutzige, ungepflegte Frau" AMAN Schimpfwb. 50.

Etym.: Ahd. *trebir*, mhd. *treber* n.Pl., germ. Wort idg. Herkunft; PFEIFER Et.Wb. 1453.

SCHMELLER I,640.– WBÖ V,358f.

Abl.: *Treberach, -treberln, trebern.*

Komp.: **[Bier]t.** wie →*T.* 1a, OB, NB, OP, MF vereinz.: *Biertreba* Aichkchn PAR; *„Biertreber ... als Schweinefutter"* ILMBERGER Fibel 49.

[Hopfen]t. Hopfenrückstand beim Bierbrauen: *s Hopfatriaba* Naabdemenrth NEW. M.S.

Treberach, -ret

N. **1** Rückstand beim Brauen, Keltern.– **1a** Malzrückstand beim Bierbrauen: *Treewera* Derching FDB.– **1b** Trester, Rückstand bei der Wein- od. Mostherstellung: °*Drejwara* Eurasburg FDB; *dreiwərə* Todtenweis AIC nach SBS VIII,378.
2 Menge von Bröseln, Krümeln, °OB, °NB vereinz.: °*putz des Drebarat weg!* Breitenbg WEG.
WBÖ V,359. M.S.

-treberln

Vb., nur in Komp.: **[um-ein-ander]t.** herumbröseln, Krümel verstreuen: °*drewal nöt a so umanand!* Innernzell GRA.

[ver]t. verkrümeln, in Bröseln verstreuen, °NB, °OP vereinz.: °*du derfst des Brot net a so verdreberln* Essenbach LA. M.S.

trebern

Vb. **1** verkrümeln, in Bröseln verstreuen: °*drebern* Brot verbröseln Fronau ROD.
2 Alkohol trinken, sich betrinken: °*tröbern* Mötzing R.
WBÖ V,359.

Komp.: **[ausher]t.**: °*da Sack hat a Loch, da dröberts außa* „rieselt es heraus" Limbach PA.

[ver]t. wie →*t.* 1, °NB, °OP vereinz.: °*verdrewa s Brot net a so!* Neuschönau GRA.
WBÖ V,359.

[zer]t. wie →*t.* 1: °*zun Zertrebern is na s Brot z schad* N'viehbach DGF.
WBÖ V,359. M.S.

†-trechen

Vb., nur im Komp.: **[ver]t.** **1** verbergen, verstecken: *die ... sechz pfenning ... daz er si vertrich fur die hochzit* 1321 Urk.Heiliggeistsp.

Mchn 75.– **2** zudecken, überdecken: *mit aschen vertrochen vñ verdeckt* SCHÖNSLEDER Prompt. X3ᵛ.– Ahd. *-trëhhan*, mhd. *vertrëchen*, weitere Herkunft unklar; DWB XI,1,1,1572.

SCHMELLER I,642. M.S.

Drechsel

M. **1** †Drechsler: „*Der Drächsel*, jetzt gewöhnlicher *Drächsler*" SCHMELLER I,564; *Tornarius drahsil* Windbg BOG 12.Jh. StSG. IV,103,31; *Nadler ... Dråchsel ... Schaeffler* 1365 Stadtr. Mchn (DIRR) 430,7-11; *Zum Andern, Soll auch khein Küsstler, Schäffler, Glaser, Dräxl aus andern Landtgerichten oder Hofmarchen, herein in bemeltes Ort: Landtperg arbeithen* 1603 Satzgn Landsbg 21.
2: °*Draxl* Kreisel Erbendf NEW.

Etym.: Ahd. *drâhsil*, mhd. *dræhsel*, *drehsel* stm., germ. Wort idg. Herkunft; Et.Wb.Ahd. II,751-753.

SCHMELLER I,564f.– WBÖ V,224.

Abl.: *drechseln*, *Drechsler*, *Drechslerei*, *-drechslung*. M.S.

drechseln

Vb. **1** drechseln.– **1a** auf der Drechselbank herstellen, °OB, °NB, °OP, MF vielf., SCH vereinz.: *as n Baⁿönan Gnepf draksln* Zandt KÖZ; *draxlte Oia* „Holzeier" Gleiritsch OVI; *dráksln* SCHMELLER I,565; *Das Träxlen ist dieses Jahr ... den öltesten Träxlern verlassen ... worden* 1599 Chron.Kiefersfdn 144.– Phras.: *wie gedrechselt* von schöner Form od. Gestalt, °OB, NB, °OP vereinz.: *dös Keiwö hat an Khoobf wia drakslt* Haidmühle WOS; *drui Bouma ... schöi gwochsn wöi draxld* SCHLICHT Altheimld 187.– *Jmdm eine d.* u.ä. eine Ohrfeige, einen Schlag geben, °OB, °NB, °OP vereinz.: °*dem hab i a Saubere drechslt* Simbach PAN;– die Meinung sagen, zurechtweisen, °OB, °NB, °OP, °MF vereinz.: °*dem howe oane drechslt für sei blöds Gschpött* Wildenroth FFB.– °*Dem werd is zoang, wia s Drachsln geht!* eine Rüge, einen Verweis erteilen Reit i.W. TS.– *Jmdm etwas / eines d.* u.ä. Böses antun, Schaden zufügen, °OB, °NB, °OP, °MF, °SCH vereinz.: °*oam ebbs drachsln* „eins auswischen" Dachau; °*dem drechsl i oans, daß er seiner Lebtag an mi denkt* N'viehbach DGF.– Schnaderhüpfel: *wen i e mai Bäiwerl denk und e sai Drakslbenk, is so guat Draksln gwen und äits hots an End* Bruck ROD.– Auch kunstfertig herstellen allg., NB vereinz.: *si a Gwand draxln lassn* Passau; *Dutn* [dreieckige Papiertüten] *drachsln* BAUER Isarlandl 56.– Scherzh. übertr.: °*wenn dir der net guat gnug is, dann wart halt, bis da oan drachsln* „zu einem Mädchen, dem kein Mann gut genug ist" Schönbrunn LA.– **1b** auf der Drechselbank bearbeiten, OB, NB, OP vereinz.: *die Boaner drachsln* Wasserburg.
2 Part.Prät., schön geformt: *a drakslts Gsicht* Mchn.
3 geschickt in die Wege leiten, bewerkstelligen, °OB, °NB, °OP vereinz.: °*da Vorstand håt des Fest wunderbar draxlt* „organisiert" Lenggries TÖL; *dös håst fein draxlt, er håts går nöt gschpannt* Passau.
4 weismachen, °OB, °NB vereinz.: °*einem etwas drechseln* „einen Bären aufbinden" Limbach PA.

Etym.: Mhd. *dræhseln*, *drehseln*, Abl. von →*Drechsel*; KLUGE-SEEBOLD 215.

SCHMELLER I,565.– WBÖ V,224f.

Komp.: [**ab**]**d.** **1** wie →*d.*1a, °OB, NB, OP vereinz.: °*den Kegl håd ar åwa ned schee åhdraxld* Ebersbg.– Phras.: *wie abgedrechselt* von runder Form, NB, OP vereinz.: *a Khoobf wia ådragsld* runder Kopf Vilshfn;– von schöner Form od. Gestalt, OB, NB, OP vereinz.: *dea hot a Kui wia odrachslt* „ebenmäßiges Kinn" Cham;– *Dèr Buə' is wiə à'drácks·lt* „beweglich, lebhaft" SCHMELLER I,565.– *Dea hot sö an Khobf odrachsln loßn* „hat einen runden Kopf" Wiesbach MÜ.– **2** Part.Prät.– **2a** wie →*d.*2, NB, OP vereinz.: *dös is ganz a adrachselter Khobf* schöner, ebenmäßig gebauter Kopf Adlersbg R.– **2b** schlau, gewitzt, hinterhältig, °OB, NB, OP vereinz.: °*a gansa Åhdraxlda!* Ebersbg; *das ist ein abdrachselter Kerl* „Mensch, der durch Erfahrung geübt ist" DELLING I,2.

DELLING I,2; SCHMELLER I,565.– WBÖ V,225.

[**an**]**d.** **1** andrehen, etwas Minderwertiges zu teuer verkaufen, °OB, °OP, °MF vereinz.: °*dem howi wos odraxlt* Rgbg.– **2** anhängen, in die Schuhe schieben, °NB vereinz.: °*der möcht mia wos andrechsln* H'schmiding WOS.– **3** schwängern, (ein Kind) aufhängen: *er hat ihr zerscht scha a Kind ahdraxlt* Passau.– **4** Böses antun, Schaden zufügen, in Phras.: *jmdm etwas / eines a.* °OB, °NB, °OP vereinz.: °*dem draxln mir oans o* Schrobenhsn.– **5** wie →*d.*4: °*den drachslad i owa wos o* „würde ich einen Bären aufbinden" O'viechtach.

WBÖ V,225.

[**hin-auf**]**d.** die Meinung sagen, zurechtweisen, in Phras.: °*den hobi jetz oane naudraxlt* Brunnen SOB.

[**aus**]**d. 1** wie →*d.*1a, ä.Spr., in heutiger Mda. nur in Phras.: *Ein langlet büchßlein von helffenbain, auf das dünnest außgedraxelt* Mchn 1598 AbhMchn 125 (2004) 90.– Phras.: *wie ausgedrechselt* lebhaft, temperamentvoll: „Lebhafte Kinder sind *wia ausdrachselt*" Stemplinger Altbayern 47.– **2** Part.Prät.: *ausdraxlt* „x-beinig" Train KEH.

Schmeller I,565.– WBÖ V,225.

[**ein**]**d.** wie →[*an*]*d.*3, in Phras.: °*dera ho i wos eidrachslt* Sulzkchn BEI.

[**einhin**]**d.** wie →[*an*]*d.*3, in Phras.: °*da Sepp hat in Nandl oans einidraxlt* „sie geschwängert" Passau.

[**ver**]**d.** Part.Prät. **1** krumm, verdreht: *die Wab'n* [PN] *is ganz verdrachselt g'wachsen* Stemplinger Ovid 38.– **2** verzwickt, verworren, °OB, OP vereinz.: *a ganz a vodrachslte Gschicht* Höll WÜM; *Die Welt ... ein Teufelsnest, vodrachselt und voschobn* Sturm Lieder 30.– **3** †: *və'drácks·lt* „wunderlich" Schmeller I,565.– **4** †wie →[*ab*]*d.*2b: „verschlagen ... *Er ist ein verdrachselter Mensch*" Westenrieder Gloss. 616.– **5** †: *və'drácks·lt* „bösartig" Schmeller I,565.

Schmeller I,565; Westenrieder Gloss. 616.– WBÖ V,225.

[**hin**]**d. 1** bewerkstelligen, hinbiegen.– **1a** wie →*d.*3, °OB, °OP vereinz.: °*dös hot a wieda sauba hiedrachslt* „fertig gebracht" Weilhm.– **1b** hinbiegen, in Ordnung bringen, °OB vereinz.: °*dös wern ma scho hindraxln* Rottach-Egern MB.– **2** wie →*d.*4: °*des weri eam scho aso hidraxln, daß as glabbd* Ebersbg.– **3** in Beziehung setzen: *draxelts euch den Spruch auf unsern heitigen Disput hin* Mchn.Stadtanz. 16 (1960) Nr.8,6.– **4** wie →[*hin-auf*]*d.*, in Phras.: °*dem hams was hidrachslt* eine Rüge, einen Verweis erteilt Kemnath.

[**zu-sammen**]**d. 1** notdürftig, unordentlich herstellen, °OB, °NB, °OP vereinz.: °*dem dua i schnell was zammdrexln* Reit i.W. TS; *d Schneida hamt n Anzug gleich zamdraxlt* „zusammengeschustert" Hengersbg DEG.– **2** aushecken, °NB, °OP, °SCH vereinz.: °*do werd i was zamdrexln* Fronau ROD.– **3** wie →*d.*4: °*dem kannst was zamdrachsln, der glabd alles* „Unwahres erzählen" Thanning WOR. M.S.

Drechsler

M. **1** Drechsler, °OB, °NB, °OP, MF vielf., SCH mehrf.: °*Draxla* Neufraunhfn VIB; *Drexlar* Mering FDB; *De Säuln ... de han draht gwen oizsamm, von an Draxler* KÖZ BJV 1952,29; *steinmetzen und drehseler* Berthold vR I,147,12; *Gleicherweis ... haben ... die ... Drexler ... in vnnsern Holzern ... Irer notdurfft nach Holz geschlagen* Mchn 1551 Inn-Oberld 21 (1936) 12,4; *er* [Dreschflegel] *macht ... so gute Dienst, als einer von Drexler her* Bucher Jagdlust 65.

2 †Dreher, Arbeiter an der Drehbank: *dem Träxler für ds ausdrähen von M*[*essing*] *4x: ... zurück* Rosenhm 1780 Stadtarch. Rosenhm PRO 1216, 133.

Etym.: Ahd. *drâhsilâri*, mhd. *dræhselære* stm., Abl. von →*Drechsel*; Et.Wb.Ahd. II,753.

Schmeller I,564.– WBÖ V,225.

Komp.: [**Bein**]**d.** Drechsler, der Knochen od. Horn bearbeitet, OB vereinz.: *Boadraxler* O'audf RO; *Beindrechsler* Ingolstadt Hazzi Aufschl. II,1,431-433.

WBÖ V,225.

[**Brezen**]**d.** scherzh. Bäcker: °*Bretzndrachsler* Kammer TS; *Bäck ... Bretzendrachsler* Altb. Heimatp. 8 (1956) Nr.45,7.

[**Dorn**]**d.** Neuntöter, OB vereinz.: *Doarndraxla* Truchtlaching TS.

[**Gottes-gaben**]**d.** scherzh. wie →[*Brezen*]*d.*: *Gottesgabndrechsler* „Bäcker" Reisbach DGF.

WBÖ V,226.

[**Laiblein**]**d.** scherzh. wie →[*Brezen*]*d.*, °OB, °NB vereinz.: °*Loawödraxla* Erling STA; „Bäcker ... *Loabidrechsler*" Queri Kriegsb. 98.

[**Leim**]**d.** Töpfer, Hafner: *Loamdraxla* Wdmünchen.– Zu →*Leim* 'Lehm'.

[**Rädlein**]**d.** Wagner: *Radldraxler* Gauting STA DWA II,34.

[**Schneid**]**d.**: *Schneiddrexla* „Messerschleifer" Staudach (Achental) TS.

[**Zahn**]**d.** scherzh. Zahnarzt: *Zådraksla* Ambg. M.S.

Drechslerei

F. **1** Drechslerhandwerk, OB, OP, SCH vereinz.: *Drakslarei* Kochel TÖL; *bei der Draxlerei Is was Kommods dabei ... Weilst da net gar*

so schwitzt, Balst an der Drehbank sitzt DINGLER Handwerksleut 16.
2 Drechslerwerkstatt, OB, OP, SCH vereinz.: *d Drachslerei* Naabdemenrth NEW.
WBÖ V,226. M.S.

†-drechslung
F., nur im Komp.: [**Ab**]**d.** Herstellung durch Drechseln: *Von abträxlung der 2 Grossen Capedellen von Lindten Holz vf die Altar Säullen … 1 fl 10x* N'aschau RO 1759 JAHN Handwerkskunst 435f. M.S.

trechteln
Vb.: °*wos trechtlst a so!* „zappelst" Fischbachau MB.
Etym.: Herkunft unklar.
Abl.: *Trechtler.* M.S.

Trechtler
M.: *Trechtler* Leisetreter Bayrischzell MB. M.S.

Dreck
M. **1** Schmutz, Dreck, °Gesamtgeb. vielf.: *bist in Dreck neigfalln?* Mchn; °*bouß* [stampf] *an Dreck vo deine Schua, ehst in d Schtum einigehst!* Landshut; *tåu n Drek zerscht asarama* [aus den Ohren], *daßt gscheit häiast!* Etzenricht NEW; *Drög ön Schnurrbart* SCHLAPPINGER Niederbayer I,31; *inmundicies … treck* 1.H.15.Jh. Voc.ex quo V,2409.– Phras.: *D. und Speck* verstärkend dass., °OB, °NB, °OP, °SCH vielf., °MF mehrf., °OF vereinz.: °*mei, is dea oiwei voi Dreg und Speg!* O'neukchn MÜ; °*dea håut ma d Wuaschtmaschie mit santa Dreg und Schbeg zruckgem* „ungespült" Kchnthumbach ESB; *Döi picht va Dreek uu Speek!* BRAUN Gr.Wb. 100;– *dö håt öis banand, Dröck und Schpöck* [alles, was dazugehört] Hengersbg DEG.– *In D. und Speck* in schmutziger Kleidung, °OP, °OF vereinz.: °*der kimmt in Dreck und Speck daher* Brand WUN; *Sū konnst nit zon Dokter geih, in Drēk und Spēk!* BERTHOLD Fürther Wb. 42.– °*Nachm Reng doun d Kinda Dreeck schbuin* im od. mit Dreck spielen Wettstetten IN.– *Dem D. ein Eialein geben* in den Schmutz fallen, °OP vereinz.: °*haust äppa in Dreg a Eierl gebn?* Sulzkchn BEI.– °*Der find jedn Dreck* „ist ständig schmutzig" Passau.– *Da ist der D. daheim* u.ä. von einem schmutzigen, heruntergekommenen Haushalt, °OB, NB vereinz.: °*bei dene isch da Dreeg eh dahoam!* „verdreckter Haushalt" Dachau; „Freilich gibt es auch solche … *wo Dreck daheim ist*" SCHLAPPINGER Niederbayer II,57;– *dol is da Dreeg Hausvota* Staudach (Achental) TS;– *Bə'n Drék dəhaəm sei˜* „in übeln Umständen" SCHMELLER I,565.– *D. macht fett / Speck* u.ä. scherzh. Schmutz fördert die Gesundheit, °OB, °NB, °OP, °OF, °SCH vielf., °MF mehrf.: °*Dreek macht Speek* „wenn ein Kind mit schmutzigen Fingern ißt oder einen zu Boden gefallenen Bonbon in den Mund steckt" O'stimm IN; °*Drög mocht foast* Eging VOF; °*Dreek macht fätt* Pertolzhfn OVI; *Van Dreek wird ma fett!* BRAUN Gr.Wb. 100;– °*d Säu wern aa vom Dreck fett* Maxhütte-Haidhf BUL, ähnlich °OB, °MF vereinz.;– *unterm D. wächst der Speck* °OB, °NB, °OP, °MF vereinz.: °*untan Dreg wächst da Schbeg* „Dreck hat noch niemand geschadet" Dachau;– *es is no koa Sau im Dreck erstickt!* Wasserburg.– °*Dreeg waarmt* Rosenhm, ähnlich °OP, °MF vereinz.– °*Sieben Pfund Dreg muaß da Mensch im Jahr fressn* Grafing EBE.– °*Bei dem woaß ma net, ob er von Dreck oder Speck dick wird* „über einen schmutzigen Menschen" Rgbg, ähnlich °NAB.– °*Jetzt is d Marie scho wieda krank, de is aus lauta Dreeg zammpappt* „anfällig, schwächlich" Wettstetten IN.– *Hast an Dreck im Aug?* „siehst du denn nichts?" Wasserburg.– *D. im Hirn haben* u.ä. geistig beschränkt, dumm sein, °OP vielf., °OB, °NB mehrf., °OF, °MF, °SCH vereinz.: *dea håt an Dreeg drin öm Hiankåstn* Herrnthann R; °*wenn i af des Gschäft eigangat, müassat i doch Dreck im Hirn hom* Eichstätt.– *Dea is so bläid wöi nei Dooch Dreeg* „sehr dumm" Weiden.– *D. am Stecken haben* sich etwas haben zu Schulden kommen lassen, nicht unbescholten sein, °OB, °NB, °OP vereinz.: °*der solls Maul haltn, der hat selber Dreck am Stecka!* Reichersbeuern TÖL; *Däå(r) haoud Dreeg àm Stäggå* „auf dem Kerbholz" SCHÖNBERGER Graudschaissa 101;– °*der houd aa Dreck an der Hosn* „ist in eine ungesetzliche Sache verwickelt" Kchndemenrth NEW.– °*Dös is a bisserl viel Dreck auf oin Steckerl!* „zu viel verlangt" Vohenstrauß.– *Do host an Dreg auf zwoa Schdägal!* Ausruf der Bestürzung Elbach MB.– *Den dickeren D. an den Wädlein haben* u.ä. recht haben, im Recht sein, °OB, °NB vereinz.: °*dösmal hast du den dickern Dreck an de Wadl* Aschhm M.– °*Der hat aber dauernd Dreck am Engei* „ist vom Unglück verfolgt" Lam KÖZ.– *Dem D. sein*

D. ungeheuerliche Gemeinheit, Niedertracht, MF, SCH vielf., OB, NB, OP vereinz.: *des is an Dreck sei Dreck, so abgschamt!* Rieden AM;– erweitert: *dös is am Dreck sein Dreck sei Untersatzl* Deining WOR;– auch: *dös is dem Dreck sei Ausgschamts* Euernbach PAF;– *Dreck zweimal* das Allergemeinste Dietersburg PAN;– niederträchtiger Mensch, Lump, OB, NB, OP, SCH vereinz.: *du bist an Drög sei Drög!* „ganz miserabler Kerl" Mengkfn DGF; *Du bist in Drēk sei Drēk* Berthold Fürther Wb. 42;– auch: *dös is an Dreck sei Gfährt* Hztraubach MAL;– völlig unbedeutender Mensch, Nichts, NB, OP vereinz.: *du bist an Drög sei Drög* Reisbach DGF; *„Du bist an Dreck sei Dreck! …* Gar-Niemand" Queri Kraftbayr. 87;– auch: *a Händ voll Dreck* „Schwächling" Seyboldsdf VIB;– *I mach net an Dreck sein Dreck* [lasse mich nicht ausnutzen] Bekh Spruchweish. 17;– *du mägst an Drög sein Drög a no wissn* „alles bis ins Letzte" Ascholding WOR, ähnlich °OB vereinz.– *°Döi hom me behandlt wöi in Dreeg vom Dreeg* [sehr schlecht, entwürdigend] Weiden, ähnlich °OP vereinz.– *Der D. findet seinen D.* Menschen mit gleicher (schlechter) Gesinnung schließen sich gerne zusammen, °OB vereinz.: *°da Dreeg find sein Dreeg* „gleich und gleich gesellt sich gern" Frsg;– *da Dreck find sein Kameradn* Hallertau;– *°d Sau und da Dreck findn si* „zwei Menschen, die nicht geachtet sind" Rosenhm, ähnlich °OB, °NB vereinz., Kaps Welt d.Bauern 1;– *Dà Dreeg schdinggd und d Sau schmeggd, und àso finddn-s zamm* Kaps Welt d.Bauern 1.– *Du bist 'ən Drék sā˜ Gsəll* „zu einem Prahler" Bay. Wald Schmeller I,565.– *Schlechter wie der D. auf der Gasse* äußerst charakterlos, niederträchtig, °OP vereinz.: *schlächter wöi de Dreck auf da Gass* Mehlmeisel KEM.– *Und nacha san ma dag'standen wie der allaletzte Dreeg, als Greuel der Menschheit* Mchn.Stadtanz. 17 (1961) Nr.7,3.– *Der is koan Haufa Dröck wert* „verachtenswert" Galgweis VOF.– *Sixt, wia d bist, und daß nix bist wiar a Dreg* „völlig unscheinbar, unbedeutend" Staudach (Achental) TS, ähnlich SUL.– *Der schamt se vorm Dreg af da Gass* „schämt sich sehr" Seligenporten NM.– *Im D. sitzen / liegen / stecken* u.ä. in einer unangenehmen, aussichtslosen Lage sein, °OB, NB, °OP, °MF, °SCH vereinz.: *do hot mi mei Votarn in Dreg stecka lon* „nicht geholfen" Staudach (Achental) TS; *Öitza sitzma … oowa wieda drinna in Dreek* „da sind wir wieder schön in Schwierigkeiten geraten!" Braun Gr.Wb. 100;– *den D. im Schächtelein haben* u.ä. °OB, °NB, °OP vereinz.: *°hättst an solidn Handwerksmoasta gheirat, na werst guat versorgt, so aba host an Dreck im Schachterl* Erding; *„Iatz host an Dreeg im Schachterl drin …* die Bescherung" Ilmberger Fibel 48.– *Aber Dreck im Schachterl!* [weit gefehlt!] Mchn.Stadtanz. 17 (1961) Nr.41,7.– Im Wortspiel mit Bed.5eα: *da ist D. Trumpf* u.ä. von einem schmutzigen, heruntergekommenen Haushalt, °OB mehrf., °NB, °OP, °SCH vereinz.: *°do isch Dreack Trumpf* Eresing LL; *da: is dre:g drumpf* „verschmutz[t]e Wohnung, Saustall" Kilgert Gloss.Ratisbonense 187;– es herrscht Unglück, Aussichtslosigkeit, steht schlecht um etwas od. jmdn, °OB, °NB, °OP, °OF, °SCH vielf., °MF mehrf.: *°wennst jetzt des Darlehen net kriagst, dann is Dreeg Trumpf* O'stimm IN; *°då is Drög Drumpf* „er wird vom Mißerfolg verfolgt" Lohbg KÖZ; *Dee hab'n ja as Zwölfeläuten scho g'hört und da is nacha bei dee Weißwürscht' … Dreck Trumpf* Pestenhofer Drahtverhau 34;– auch: *da ist D. und Rammelsbach / Ramersdorf* OB, NB vereinz.: *då is Drög und Rammösbach* Reisbach DGF;– es herrscht Ungerechtigkeit, Unmoral, Niedertracht, °OB, °NB, °OP, °OF, °SCH vereinz.: *da ist Dreck Trumpf* „unsaubere Geschäfte" St.Englmar BOG; *°dou is Dreck Trumpf* das Böse siegt Schönwd REH.– *Von jedem D. ein Muster / Bröcklein / Schärtlein / Eialein* u.ä. von allem etwas, °OB, °NB, °SCH mehrf., °OP, °MF vereinz.: *°dea Ruach mecht vo jedn Dreg a Breckei håm* Dachau; *°der muas vo jedn Dreg a Musta hom, ända gibt a koa Ruah* „von noch so wertlosen Dingen" Ruhstorf GRI; *dea braucht vo je:dm dre:g a musta* „über einen Vielfraß" Kilgert Gloss.Ratisbonense 192;– im Wortspiel mit Bed.5eα: minderwertige Karten von versch. Farben im Kartenspiel, °OB, °NB vielf., °SCH mehrf., °OP, °MF vereinz.: *°vo jedm Dreck a Musta* Mchn; *I hab von jedn Dreck a Musta!* Schlappinger Niederbayer II,44;– auch: *°vo jedm Dreck an Hund und vo Hundsdorf zwe* „schlechte Karten von jeder Farbe" N'bergkchn MÜ.– *Von jedem D. ein Muster / Eialein haben müssen* u.ä. alles wissen wollen, °OB, °NB, °OP vereinz.: *°vo jedm Dreck a Eierl håbn müssn* Weiherhammer NEW;– überall dabei sein müssen, °OB, °NB, °OP vereinz.: *°der muß von jedm Dreck a Muster håbn* Bodenmais REG, ähnlich °OB, °NB, °OP vereinz.– *Jmdn in den D. einhinreiten / -rennen* u.ä. in eine unangenehme, aussichtslose Lage bringen, °OB, °NB, °OP, °SCH vielf., °MF mehrf., °OF vereinz.: °*do host di scho sejba an Dreg eigrien* Weildf LF; °*du hast mi schö in Drek einögrennt!* „ins Unglück gestürzt“ Arnstorf EG; °*der hot mi am Gricht schö in Dreck eigritn* „mit einer Aussage belastet“ Beratzhsn PAR;– *jmdn in den D. einhinhauen / -drucken / -tauchen / -ziehen / hineinreiben* u.ä. °OB, °NB, °OP, °OF, °SCH vereinz.: °*der had mi sauber an Dreg eighaud* „verpfiffen“ Perach AÖ; °*döi homan in Dreek eitunkt* Brand WUN;– °*jemanden den Dreck eibrockn* in Unannehmlichkeiten bringen Tutzing STA.– *Jmdn in / durch den D. ziehen / im D. umherziehen* u.ä. verunglimpfen, verächtlich machen, °NB, °MF, °SCH vielf., °OB, °OP mehrf., °OF vereinz.: *oan in Dreg umanandschloapfn* Rosenhm; °*den hamands beim Wahlkampf gscheid durchn Dreeg zogn* Kötzting;– *jmdn in den D. einhinhauen / -treten / -drucken / -tauchen* u.ä. °NB, °OP, °SCH mehrf., °OB, OF, °MF vereinz.: °*moanst, i laß mi vo dir in Dreck neitretn, di zoag i oo!* Fahrenzhsn DAH; °*wej kamma bloß oan, dea niat dou is, so in Dreg einehaua* Weiden;– *oan mit Dreck aschmeißn* Haarbach GRI, ähnlich M;– *zum Dreck machen* Mainburg.– *Dreck tragn* verleumden Holzen WOR.– *Jmdn in den D. einhinhauen* u.ä. zusammenschlagen, verprügeln, °OB, °NB, °OP, °MF vereinz.: °*du ghörst ja glei in Dreck neighaut für deine Sprüch!* Lenggries TÖL.– *Dös is da Dank, daß ma dö außazogn håt aus an Dreck* „aus einer Notlage herausgeholfen“ Pfarrkchn.– *da Bua … Wenn er de ersten Schritt macht, dann sagt ma, aus an größtn Dreck is er scho heraußt* [die größten Schwierigkeiten hat er überwunden] Roider Jackl 218.– °*Hau nur her, du haust net in Dreck eine!* „du hast es nicht mit einem Schwächling zu tun“ Starnbg.– *Den D. auf- / anrühren* u.ä. Unfrieden, Verwirrung, Schaden verursachen, °OB, °NB, °OP vereinz.: °*öitz host n Dreeg erscht afgröiat* Nabburg;– °*in den Dreck neistiera* Schongau;– erweitert: *der stiert in jedn Dreeg umi, aft frißt ern no selm* „schadet sich selbst dabei“ Staudach (Achental) TS.– *In den D. einhinlangen / -hauen* u.ä. keinen Erfolg, Pech haben, °OB, °NB, °OP, °OF vielf., °MF mehrf.: °*mid dem Weib hod a an Dreeg einighaud* Taching LF; °*der hot in Drök eiglangt* „eine Fehlentscheidung getroffen“ Rottersdf DEG; °*do host awa gschät en Dreeg äneglangt, wejst des Glump von an Werkzäch kaft host* Rötz WÜM; *Etza hob ih in'n Dreeg glangt!* „Mi[r] ist etwas daneben gegangen“ Fähnrich M'rteich 170;– °*wousd hilangst, glangst in Dreek ei* [was immer du anfängst, geht schief] Wdsassen TIR;– *Wer in Dreck einiglangt muaß si d Händ selber waschn!* [muß die Folgen seines Tuns selbst tragen] Haller Waldlersprüch 32;– *in den D. hineintreten / -fallen* u.ä. °OB, °NB, °OP, °SCH, °MF vereinz.: °*en Dreck einefolln* Vilzing CHA; *Etz isa aba amoi einidappt in Dreeg, der Angeber!* Altb.Heimatp. 54 (2002) Nr.15,8;– *sich in den D. setzen* u.ä. NB, OP vereinz.: *då håst de bäis in Dreek ghockt* „böse hereingefallen“ Fürnrd SUL.– *Dem D. eine Watsche / Ohrfeige geben* u.ä. einen (groben) Fehler machen, °OB mehrf., °NB, °OP, °MF vereinz.: °*dem Dreck a Fotzn gebm* „genau das Verkehrte tun“ Schönbichl FS; °*öitz håust an Dreg a Schälln gebm* „eine falsche Karte ausgespielt“ Sulzkchn BEI; *àn Dreeg à Wàdschn gem* Kaps Welt d.Bauern 108;– auch: *dem D. ein Eialein geben* u.ä. °OB, °NB, °OP, °MF, °SCH vereinz.: °*da hast an Dreck a Neierl gebn* Hausen KEH; *Etza ho ih an Dreeg a Oierl gemm* „Das hätte ich … anders machen sollen“ Fähnrich M'rteich 170;– etwas verschlimmbessern, °NB vielf., °OB mehrf., °OP, °MF, °SCH vereinz.: °*dem Dreck a Fotzn gebn* Pfeffenhsn ROL; *Etz houst … in Drēk a Ouherfeing gēm!* Berthold Fürther Wb. 42;– auch: °*dem Dreck a Eierl gebn* eine Sache besonders gut machen wollen und dabei das Falsche tun U'föhring M, ähnlich °OP vereinz.;– sich unnütz abmühen, °NB, OF, °MF vielf., °OB, °OP mehrf.: °*ob ich s so mach oder so, des is allweil an Dreck a Watschn gebn* Teisendf LF; °*an Drög a Fotzn gebn* „nichts ausrichten“ Bodenmais REG;– auch: °*üitz hom ma an Dreek an Eierl gebn* „etwas Unnützes getan“ Kchndemenrth NEW, ähnlich °NB, °OP, °MF vereinz.;– °*der git an Dreck sein Nama* „tut etwas Unnützes“ Brunnen SOB;– °*den Dreck dreschn* Ambg;– °*jatz håb i den Dreck gspitzt* Pleinting VOF;– *den Dreck ans Ba någschmiert* Marktl AÖ;– schlampig arbeiten, °NB, °OP, °OF vereinz.: °*der gibt dem Dreck a Schelln* „wenn jemand nur oberflächlich sauber macht“ Weiden;– auch: °*mit deiner Putzerei gibst bloß wieder am Dreck a Muster* O'stimm IN;– unumwunden seine Meinung, eine unbequeme Wahrheit äußern, °OB, °NB vereinz.: °*dem Dreck a Watschn gebn* O'eichhfn EBE;– sich aus einer mißlichen Lage befreien, °OB vereinz.: °*dem Dreck a Watschn gebn* Bayrischzell MB.– *An Dreck obagreiln* „scharf zurechtweisen" Heiligkreuz TS.– *In den D. einhinlangen / -hauen / -stechen* u.ä. mit einer unbedachten Äußerung einen Fauxpas begehen, °OB, °NB, °OP, °MF vereinz.: °*då håb i sauber in Dreck neiglangt, wie i gsagt håb, daß ihr Mo a Preiß is* Mchn; °*jetz hast in Dreck eighaut* „die Situation verdorben" Passau;– °*då håb i den Dreck grührt!* „Unangenehmes angesprochen" Breitenbg WEG, ähnlich °OB, NB vereinz.– *Den (alten) D. aufrühren* u.ä. absichtlich etwas Unangenehmes wieder zur Sprache bringen, °OB, °NB, °OP vereinz.: °*iaz fangas a mitn Dreck aufwuala* „kramen sie die alten Geschichten hervor" O'ammergau GAP; *Du brauchst neat dean ålt'n Dreck wieda … aafröihan!* Braun Gr.Wb. 100;– *wenn ma an Dreg röiat, nåu stinkt a* Weiden.– °*An Dreg soll ma eitrickin lassen, sist schdinkt er* „eine unangenehme Angelegenheit soll man ruhen lassen" Tittmoning LF.– *In den D. einhinhauen* u.ä. unflätig reden, °OB, °NB, °OP vereinz.: °*in Drög eihaua* „Zoten erzählen" Mötzing R.– °*In der Wohnung is so dreckig, daß man n Dreck scho im Finstern riecht* „sehr schmutzig" Aidenbach VOF, ähnlich °OB, °OP vereinz.– *Den D. im Finstern schmecken / riechen / finden* u.ä. einen überempfindlichen Geruchs- od. Geschmacksinn haben, °NB vereinz.: *der riacht an Drek in da Finstern* „ist heikel" Arnstorf EG;– eine rasche Auffassungsgabe, einen guten Spürsinn haben, °OB, °NB, °OP, °OF vereinz.: °*der find an Dreck im Finster a no* Reichersbeuern TÖL; *der schmeckt den Dreck in der Finstern* Denz Windisch-Eschenbach 134;– auch: *der riacht an Dreg drei Stund gegan Wind* Stadtamhf R;– (aufgrund eingebildeter Anzeichen) unheilvolle Vermutungen anstellen, °OB, °NB, °OP vereinz.: *der find an Dreck in da Finster a* Seyboldsdf VIB; *du schmeggst n Dreeg im Finzdan* „hörst das Gras wachsen" O'wildenau NEW;– besserwisserisch sein, °OB, °NB, °OP vielf., °SCH mehrf., °OF, °MF vereinz.: °*der schmeckt an Dreck scho in da finstern Nåcht* „Wichtigtuer" Pittenhart TS; *„Der schmeckt an Dreeg in da Finzan …* neunmalklug" Heinrich Gschichtla u. Gedichtla 88.– *Der traut dem Treg auf der Gass net* Gefahr wittern Seligenporten NM.– *Jetzt boßt sich der D. vom Lämmlein* u.ä. die Sache klärt sich, °OB, °NB, °OP vereinz.: °*jatzt boust se da Dreck vom Lampö* „langsam blicke ich durch" H'schmiding WOS; *Iàzz boussd se dà Dreeg von … Làmbbe* Kaps Welt d.Bauern 120.– *Dreeg bleibt Dreeg* „es gibt keinen Unterschied" Staudach (Achental) TS;– *Dreck oder Speck, is net viel um!* „ist dasselbe" Wasserburg.– °*A jeda Dreg stinkt* [Unrecht läßt sich nicht verbergen] Sulzbach-Rosenbg.– °*Der hat mit n Teufl Dreck droschn* „hat Sommersprossen" Bodenmais REG, ähnlich °M.– *Da Dreck weicht niemand aus!* [ein Unglück kann jeden treffen] Wasserburg, ähnlich Wdmünchn.Heimatbote 20 (1989) 65.– *Ziacht ma an Dreck weit, schtinkt a weit* viel Lärm um nichts Gartelsrd AIC.– °*Der schmeißts Geld an Drek eichi* „wirtschaftet unrentabel" Reit i.W. TS, ähnlich °MAL.– *A Bauer, der in Dreck speit, bringt d Sach net weit!* [wohl wer mit kleinen Beträgen achtlos umgeht, bringt es zu nichts] Wasserburg.– *Drek und drei Nuss sein o vier Stuk* „scherzhaft von einem Viertelacker" Derching FDB.– °*Wåu ka Dreg is, is ka Göld!* [ohne Unredlichkeit kein Reichtum] Kchnthumbach ESB, ähnlich °NB vereinz.– *Geld wie Dreck habn* „viel Geld" Babilon KEM.– *Dea is vorwartskemma wia da Dregg auf da Schaufi* [durch Protektion beruflich vorangekommen] Staudach (Achental) TS, ähnlich Truchtlaching TS.– *Do schaut da Dreck üwas Haferl außi* „die Frau ist größer als ihr Mann" Adlersbg R, ähnlich PAR.– *Früher hat der D. gestunken und jetzt …* u.ä. wenn jmd etwas tut, was ihm nicht zukommt, °OB vereinz.: *friha hat da Dreg gschtunka, jetz raucht a!* „wenn ein Dreikäsehoch raucht" Mchn; *Früher hat der Dreck gestunken, jetzt redet er* Kanz Heimat 80.– °*Dreg bleib unt oder i friß di numoi!* „Spruch nach einem Rülpser" Grafing EBE.– „zu einem, dem etwas auf den Boden gefallen ist … *Nim àn Dreeg à d Hendd, deà blàibddà biggà*" Kaps Welt d.Bauern 49, ähnlich °KEM.– Ausruf: *Dreck über Dreck!* Schmach und Schande! Mainburg.

2 Erde, Lehm, Mörtel.– **2a** (feuchte) Erde, Morast, °OB, NB, °OP vereinz.: °*s Troad in Dreck einibaun* „in den nassen Boden säen" Steinhart WS; *Dreek* „Morast" Fürnrd SUL; „*drēg* … zu nasser Erde" Ehekchn ND nach SBS XII,92.– Ortsneckerei: „*Amberg im Dr*[*eck*]… in einem muldenförmigen Kessel auf … mergeligem Boden, der leicht aufweicht" Bronner Schelmenb. 35.– **2b** Lehm, Ton, °OB, °NB,

°SCH vereinz.: °*leg dir an Haufa Dreck drauf, na vageahts wieder!* Eurasburg FDB; „Material der Hafenmacher ... *Dreck*" Haller Geschundenes Glas 40.– **2c** Mörtel, °OB, °NB, °OF, °SCH vielf., °MF mehrf.: °*håst ma an Dreck gricht?* Lenggries TÖL; °*wenn da Dreck goa is, macht ma Feiaramt* Limbach PA; *Dreek* „in der Maurersprache" Singer Arzbg.Wb. 54. **3** Kot, Absonderung des Körpers.– **3a** Kot, Ausscheidung des Darms, °OB, °NB, OP, SCH vereinz.: *Drög* „Losung" Klinglbach BOG; *da Dreg is a guada Dung* „Mist" Beilngries; *dann fressn sie Kohlrabi zsamm ... bis daß der Dreck zum Loch naußspritzt* Queri Kraftbayr. 92; *wan er stult, so nimb denselben dreck und streich im dem pferdt also warm uber das uberbein* Roßarznei (Brunnbauer) 106.– Phras.: °*der hat die Hosn voll Dreck* „Angst" Arnstorf EG.– °*Da hast n Dreck in da Hosn!* „das ist dir gründlich mißlungen!" Eitting MAL.– *Den D. in der Hose heimtragen* u.ä. stark betrunken sein, °OB, °NB vereinz.: °*da Sepp håd scho oft an Dreg in da Hosn hoamtrogn* O'neukchn MÜ;– Unwahres glauben (u. weiterverbreiten), °OB, °NB, °MF vereinz.: °*der tragt an Dreck in da Hosn hoam* Arnstorf EG.– °*Vom Dreck af afziang* „vom Säugling, Wickelkind an" Bruck REG.– *Das letzte D.lein geschissen haben* u.ä. das Leben verlieren, tot sein, °OP, °OF vereinz.: °*öitz wennst niat bal an Fried gitst, nou houst dei letzts Dreckl gschissn!* „Drohung" Windischeschenbach NEW; *'s letza Dreck'l gschiß'n hoo(b'm* Braun Gr.Wb. 100.– *Kleine D.lein scheißen* bescheiden sein, °OP vereinz.: °*göll, öitza kinnts kloine Dreckla scheißn* „könnt ihr nicht mehr so angeben" Weiden; *Wo də' Schmàlhans Kuchlmaəster is, dà wiə'st klaəné Dréckə-ln scheiss-n* Bay.Wald Schmeller I,565.– °*Der scheißt a koan bessan Dreeg!* „ist auch nichts Besseres, obwohl er so tut" Ebersbg, ähnlich °ED;– *sai Drög stingt a* Aicha PA.– „*Däanan saa Dreek stinkt besser* sagt jemand ... der sich zurückgesetzt fühlt" Singer Arzbg.Wb. 54.– Als Dim. auch Kotklumpen am Rind, °NB, °OP vereinz.: °*Dreckerl* Lam KÖZ.– **3b** Eiter, °OB, °NB, °OP, °OF, °SCH vielf., °MF vereinz.: °*da Sepperl hot an Oaß ghabt, mei do werd da Dreg gschbritzt sei, wia eam da Dokta eigschnien hot* O'neukchn MÜ; °*a Mordsbatzn Dreck* Straubing; *d Dreek mou aassa* Singer Arzbg.Wb. 54.– **3c** Schweiß, Absonderung der Schweißdrüsen, OB, °NB, OP, OF vereinz.: *dem lauft da Drög awa* Simbach PAN; „dann tanze ich mit dir, bis mir *der Dreck* herunterrinnt" Lauerer I glaub, i spinn 10.– **3d**: *da Drög* Rotz Mittich GRI.– **3e**: „*Dreek* ... Auswurf" Singer Arzbg.Wb. 54.– **3f** (austretendes) Blut, °OB, °NB, °OP, °MF, °SCH vereinz.: °*na is ma da Dreck außagruna* Fischbachau MB.– Phras.: *bis auf den D. fragen* u.ä. unnachgiebig ausfragen, °OB, °NB vereinz.: °*der frogt aufn Dreg ei* Weildf LF;– erweitert im Wortspiel mit Bed.1 od. Bed.3a: °*der frågt bis aufn Dreck und den draht er a noch um* Parsbg MB;– *fragen, bis der D. hergeht* u.ä. °OB mehrf., °NB, °OP, °SCH vereinz.: °*dei Bua fragt oan, bis der Dreck hergeht* Lam KÖZ.– *O Dreck vo da Katz!* „Ausruf des Erstaunens oder der Verärgerung" Neustadt KEH.– **3g** Ejakulat: *Unser Knecht ... kratzt so lang sein altn Beutl, bis daß der Dreck rausspritzt* Queri Bauernerotik 41.

4 Wunde, Abszeß, Gerstenkorn.– **4a** kleine Wunde, Abszeß, NB, OP vereinz.: *da Drög duad ma so weh* Iggensbach DEG.– **4b** Gerstenkorn am Augenlid: °*wej no so a kloana Dreeck so wejh dou ko!* Wettstetten IN; „Beschwörung ... bei ... Gerstenkorn ... *wüa* [fort!], *dreckl, wüa bis di nimmar sia*" wohl Michelsneukchn ROD Ernst Opf. Heilzauber 23f.

5 Minderwertiges, Wertloses, Unbrauchbares, Rest.– **5a** allg., °OB, °NB, °OP, °MF, °SCH vereinz.: °*des is a scheena Dreeg, wosd då kaffd håsd, des Glumb werd glei hi sei!* Ebersbg; °*tu doch den Dreck weg, der is nimmer zu brauchen!* Ambg; „Die Bauern bringen *Dreck* zur Mühle und wollen viel und gutes Mehl dafür" Lettl Mühl 122; *der Semelwastl ... hat mi ... nider krissen ... ist mein huet ... olls ẽ lauther dräkh worn* Landshut um 1650 Jb.Schmellerges. 2012 39,41-46.– **5b** unbrauchbarer Rest, Abfall, °OB vereinz.: °*Dreck duachschlogn* [Heublumen aussieben] Emmering EBE; *dre:g* „Pflückabfall" Meister Hallertauer Hopfenbauern 60.– **5c** Rückstand, Bodensatz, OB, NB, OP, MF vereinz.: *Dreck* „Pfeifensaft" Tutzing STA; *da Drek* Bodenkruste beim Schmelzen schlechter Butter Offenstetten KEH.– Phras.: °*auf d Letzt schwimmt da Dreck oben* „letztlich klärt sich alles auf" Kchndemenrth NEW.– **5d** schlechter Tabak: *der raucht an rechtn Dreck* Palling LF; *Dös Kraut, dös schadt mir nix ... i vertrag an jedn Dreeg* Ilmberger Fibel 49.– **5e** Karten im Kartenspiel.– **5eα** schlechte Karten, °OB, °NB, °OP, °OF vielf., °MF, °SCH vereinz.: °*du* *håst ma a so an Dreck gem!* „sagt man zum Geber, wenn man schlechte Karten gekriegt hat" Stulln NAB; °*a Händ vull Dreek* Nürnbg.– Auch: °*ez hobi den Dreck a nu gwunna* „Solo mit schlechten Karten" Weiden.– Solo, bei dem der Spieler keinen Stich machen darf, °OP, °MF vereinz.: °*Dreg* „Bettelsolo" Ambg.– **5eβ** nicht ausgeteilte, verdeckt auf dem Tisch liegende Karten, °OP, °MF vereinz.: °*Dreck* „die drei Ersatzkarten beim Tarock" Lauf.

6 abwertend kleines Ding, kleiner Gegenstand, meist in der Fügung: *kleiner D.* u.ä. °OB, NB, °OP vereinz.: °*nixige Dreckla* „sehr kleine Dinge" Pfreimd NAB; *Ä Dreggla* „kleines unbedeutendes Ding" MAAS Nürnbg.Wb. 104.– Auch alles, x-beliebiges, in der Fügung: *jeder D.*: *Zu jedem Dreg brauchst du ein Ketschap!* LAUERER I glaub, i spinn 27.

7 meist abwertend von Menschen.– **7a** kleiner Mensch, kleines Kind, auch Kosen., meist in der Fügung: *kleiner D.* u.ä. °OB, °NB, °OP vereinz.: *du bist a gloana Dreg* Ebnath KEM; „Ausdruck der Liebkosung ... *o du Dréckə-l·du!*" SCHMELLER I,565.– **7b** unscheinbarer, unbedeutender, unterlegener Mensch, OB, °NB, OP, MF vereinz.: *so a Dreckla* Altdf N; *Geecha mi bist du doch nea(r a klåina Dreek!* BRAUN Gr.Wb. 100; *der Gerichtsschreiber ... wäre nur ein ... Dreck gegen ihme* 1719 BREIT Verbrechen u.Strafe 304.

8 Angelegenheit, Geringfügigkeit, mißliche Lage.– **8a** (unangenehme) Angelegenheit, Sache, Kram, °OB, NB, °OP vereinz.: °*hosch dein Dreck vergessn, den d augriag hosch?* „Hausaufgaben" Brunnen SOB; *ich wollt, ich wüßt vo dem Dreck nix* von der ganzen Geschichte Schmidmühlen BUL; *Kümma di um dein åigna Dreek* BRAUN Gr.Wb. 100.– **8b** Geringfügigkeit, Nichtigkeit, °OB mehrf., °NB, °OP, °MF, °SCH vereinz.: °*wia schaugts denn da aus? A Saustall is a Dreeg dagegn!* O'stimm IN; °*der ka se üwa jedn Dreeg giftn* Weiden; „*Dös is koa Dreeg ned!* ... hoher Geldbetrag, schwere Beleidigung" ILMBERGER Fibel 48.– Phras.: *(k)einen D.* u.ä. gar nicht(s), °Gesamtgeb. vereinz.: *si an Drek drum schean* „nicht darum kümmern" Fürstenfeldbruck; °*du houst in mein Gartn an Drök valorn* Selb; *dös geht di an warmen Dreck o ... daß d' as woaßt!* PODDEL Schnurrenb. 80f.; *Koan Dreckl kümma fast mehr toan* STURM Lieder 99.– *Einen D.!* u.ä. schroffe Verneinung od. Ablehnung eines Anliegens, °OB, °NB, SCH vereinz.: °*a Geld mogst? An Dreeg! Nix kriagst!* O'stimm IN; *Was hat s' di? Og'lacht? An Dreck, ausg'lacht hat s' di!* PESTENHOFER Drahtverhau 95;– erweitert: *an Drög, wennst mågst!* Mengkfn DGF;– *An Dreeck, Herr Pfarer!* SCHEMM Internist 71;– *An Dreck auf zwoa Schoatn!* QUERI Kraftbayr. 35.– **8c** unangenehme, aussichtslose Lage, Schlamassel, °OF mehrf., °OB, °NB, °OP vereinz.: *då samma schee in Dregg drin* Fürstenfeldbruck; *So, etz hobe an Dreck, i ... richt me extra schee zamm für di ... und Du machst ma so Mais* [Unannehmlichkeiten] *her!* Altb. Heimatp. 66 (2014) Nr.23,27.

9 Geschwätz, dummes Gerede, °OB, OP, SCH vereinz.: °*an Dreck verzapfa* „dumm daherreden" O'ammergau GAP.

10: °*Dreck* „Geld" Senkenschlag DAH.

11 scherzh. Arznei in Pulverform, OB, OP vereinz.: *a Dreck* Sengkfn R.

12 verstärkendes Erstglied in Komp., z.B. *-ähndig*, *-fad*, *-lieb*, *-naß*.

Etym.: Ahd. *-drëc*, mhd. *drëc* stm., germ. Wort idg. Herkunft; Et.Wb.Ahd. II,763-765.

SCHMELLER I,565.– WBÖ V,359-363.

Abl.: *dreckeln*, *drecken*, *dreckerln*, *dreckern*, *dreckig*, *Dreckler*(*er*), *Drecklerei*.

Komp.: **[Augen]d.** Augenbutter, °OP vereinz.: °*Aungdrek* Illschwang SUL.

[Papp(en)]d. Wolliger Schneeball (Viburnum lantana): „*Papp(a)dreckl* (Dreck, der pappt)" Hohenfels PAR MARZELL Pfln. IV,1096.

[Bär(en)]d. Lakritze, °OB, °NB, °OP, °OF, MF vereinz.: °*mogst du an siaßn oda an sauan Beerndreeg?* Stammham AÖ; °*Beadreg* Selb; *Mir wälln fir fimf Pfeng Bärndreek!* SCHMIDT Säimal 6.

WBÖ V,363.

[Beerlein]d. wie →*D.*8b: °*Berldreck* „Kleinigkeit, nichts" Perach AÖ.

[Pferde]d. Pferdeapfel, Pferdemist, °OP, °OF vereinz.: °*Pfadrek* Roßapfel Trevesen KEM; *So ein Mensch die Kolica oder Reissen in Leib hat, der zwinge drey Tropfen aus Pferdräck* ERNST Heilzauber u. Aberglaube Opf. 32.

[Bisam]d. Kot der Bisamratte, in Phras.: *B. und Marderdreck nicht auseinanderkennen* u.ä. das Einfachste nicht wissen, begreifen, °OB, °NB, °OP vereinz.: °*der kennt Bisam- und an Marderdreck net ausananda* Hohenschäftlarn

WOR; *Er kennt Bisam und Marderdreck nicht auseinander* Baier.Sprw. II,187.

[**Bremen**]**d.** Sommersprosse(n), °OB, °NB, °OP, °MF vereinz.: °*s ganze Gsicht voi Bremadreg* Dietfurt RID; *bremədrẹkh* Raitenbuch WUG nach SBS II,306.

[**Tauben**]**d. 1** Taubenkot, °OB, NB, OP, SCH vereinz.: °*a Hauffa Daumdreeg* Ebersbg; „Der ... hat sich immer *Taubendreck* über die Oberlippe geschmiert" Graf schimpflich 76.– Phras.: *Taumdreeg ön Hian håm* „sehr dumm sein" Herrnthann R.– *Loöng um an Tamdrög* wie gedruckt Bischofsmais REG.– Vkde: Gegen schwachen Bartwuchs soll man *T.* auftragen (ED; KEH, KÖZ, REG; BUL, OVI, TIR, WEN; FDB), besser noch *außn Heni* (Honig), *der ziagt, einwendi Daumdreg, der schiabt* Passau, ähnlich °OB, NB, OP, SCH vereinz. od. auch *innen an Henadreck zum Schiabn, außn an Taumdreck zum Ziagn* Straubing, ähnlich CHA.– **2** †wie →*D.*8b: *Es zanken sich ... unser gelerten heutigen tag ... machen vil aufruer ... und ist alles ... umb ein taubendreck zu tuen* Aventin IV,444,3-5 (Chron.).
WBÖ V,363.

[**Teufels**]**d.** Stinkasant (Ferula assa-foetida), daraus gewonnenes Harz, OB vereinz.: *Deifösdrög* Elbach MB; *Nehme Wehrmuth Schwarzen Kiml ... Teufelstrek* Obermeier Abdeckersleut 92; *In Ohnmachten ... soll man ihnen Bibergeil, oder Teufelsdreck ... vor die Nase halten* Schreger Haus-Apotheke 81.
WBÖ V,363.

[**Fliegen**]**d. 1** Fliegenkot: °*Flijngdreg* Rottendf NAB; „Von der Dummheit ... *Es gibt Leut, de ramma an Fliagndreck mit der Schaufe weg*" Bekh Spruchweish. 124f.– **2** wie →[*Bremen*]*d.*, °OB, °NB, °OP, °MF, °SCH vereinz.: °*rote Haar und s ganze Gsicht volla Fliangdreck* Sommersprossen Straubing.– **3** wie →*D.*8b: °*dös is ja a Fliagndreck* „geringfügige Erkrankung oder Verletzung" Winklsaß MAL.
WBÖ V,363.

[**Vogel**]**d. 1** Vogelkot: °*saubana Vogldreck am Spiegl* O'lauterbach PAF.– **2** wie →[*Augen*]*d.*: °*putz dir d Augn aus, håst noch Vogldreck drin!* „nach dem Schlafen" Töging AÖ.

[**Gans**]**d.,** [**Gänse**]**- 1** Gänsekot, NB, OP vereinz.: *Gensdrek* Wildenrth NEW.– Phras.: *Prinz Amon hat ... Selbst d'Schwester um an Gänsdreck g'führt* [getäuscht] Sturm Lieder 111.– *Für oft oan is da Gänsdreck aa no a Schmalz!* Haller Waldlersprüch 30.– *Gensdregg schbitzn und ön d Ead eischlågn!* „sagt man, wenn ein Neugieriger fragt, was man gerade tut" Reisbach DGF.– **2** Gemüse.– **2a** Spinat (Spinacia oleracea), °OB, °NB, °OP, °MF, °SCH vereinz.: °*min Gönsdrög kånnst mö schprönga* „verjagen" Wimm PAN.– **2b** Frucht der Gartenbohne, °OB, °OP vereinz.: *Gonsdregg* Grüne Bohnen Staudach (Achental) TS.– Auch: *Gansdreck* „zu weich gekochte Bohnen" Passau.– **3** Dim., (schlechte) Zigarette, OP vereinz.: °*rauch Gensdreckla, na höast bal af!* „zu einem starken Raucher" Nabburg.– **4** wie →*D.*8b: °*Gensdreck* Kleinigkeit Wiesau TIR.– Phras.: *an Gänsdregg, wannst mågst (kånnst kriang)!* „ungezogene Ablehnung einer Bitte" Altmühltal.
WBÖ V,363.

[**Gaul**]**d.** wie →[*Pferde*]*d.*: °*Galdreg* Roßbollen Hahnbach AM.

[**Ver-geh**]**d.** Dim., (abheilendes) Gerstenkorn am Augenlid, °OP, °OF vereinz.: „um das *Wiadreckl* zu heilen, spricht man es als *Vagöihdröckl* an" Naabdemenrth NEW; „[heilende] Formel ... *Werredreckel – Vergehdreckel*" Tirschenrth Ernst Opf. Heilzauber 35.– Wortspiel mit →[*Werre(n)*]*d.*, dessen Bestimmungsw. volksetym. zu *Werde-* umgedeutet ist.

[**Geiß**]**d.** Kot der Geiß: °*Geißdreck* Rottendf NAB; *ein gaizz drechk* Indersdf DAH 1419 Voc. ex quo 2327.
WBÖ V,363.

[**Häuslein**]**d.** Abortfäkalien: *fröiha, wos in da Stodt no net in Häusldreck ins Wassa einigschwemmt håbm* CHA.
WBÖ V,363.

Mehrfachkomp.: [**Scheiß-häuslein**]**d.** wie →[*Häuslein*]*d.*, OB, NB vereinz.: *Scheißheisldröck mit Ådlgruam gmischt is da beste Dungat* Tölz.
WBÖ V,363.

[**Hennen**]**d. 1** Hühnerkot, °OB, NB, °OP, SCH vereinz.: *aiwendö an Henadrög, dea schoibt, und auswendö a Heni* (Honig), *dea zoigt* „Bartwuchsmittel" O'kreuzbg GRA; *So, jetzad muaß i amal nachschaun, was Hennadreck* [im Traum] *bedeit!* Altb.Heimatp. 5 (1953) Nr.43,

10.– Phras.: *gelb wie ein H.* u.ä. von gelber Gesichtsfarbe, NB, OP vereinz.: *gelb wiera Henadrög* Aicha PA.– *Dea håd an Heenadreeg en sain Hian* „ist dumm“ EIH.– °*Du bist an Hennerdreck sei Dreck!* „weniger als nichts“ Weiden.– *Den H. erschlagen* u.ä. beim Dreschen den letzten Schlag machen, °OB, °NB, °OP, °MF vereinz.: °*dea håd an Hennadreg daschlång* Dachau;– °*den Hennendreck erschlagn* „den Takt beim Dreschen nicht einhalten“ Bodenmais REG.– *Jmdn mit dem H. erschlagen / erschießen* Drohung, °OB vereinz.: °*i derschlåg di ja glei mit n Hennadreck!* Teisendf LF.– °*Der ghört mit Hennadreck ogstricha!* [Verwünschung einer Person] Hohenschäftlarn WOR.– *Über den H. stolpern* u.ä. ungeschickt gehen, laufen, grundlos stolpern, OB, OP vereinz.: *der stolpert über an Hennadreck und bricht sa an Fouß* Emhf BUL.– *Nacha is da Henadrek gspitzt!* „die Sache ist abgemacht!“ O'nzell WEG.– *Blutiger H.!* Fluch, OB, NB vereinz.: *o bluatinga Hennadreck!* Neustadt KEH; *Bluatiger Hennadreck, jetza ham s' an Bene in da Reißen* Pestenhofer Drahtverhau 47.– Reim: °*i bins holt a so a Ramme -amme -amme, wos e fand, dös name name name, fande owa an Hennadreg, den name name name net* Stadlhf ROD.– Schnaderhüpfel: °*du brauchst nöt lang singa, du brauchst nöt lang schrei, sunst steht da dei Schnabal in Hennadreck nei* Lalling DEG.– Vkde: Wie →[*Tauben*]*d.* gilt *H.* als bartwuchsförderndes Mittel OB, NB (dazu NAB; REH), s.a. oben. Auch „wird *Hennadreck* auf die Sommersprossen gelegt, damit sie vergehen“ Bayrischzell MB. „Zur Heilung eines kranken Auges wird *gelba Henadrek* ins Auge gestrichen“ Tittling PA. „Wenn das Kind ein *Weherle* (Wunde) hat, bläst man hin und sagt … *Heila, Heila, Hennadreck, Bis morgen früh ist alles weg*“ Pollinger Landshut 307.– **2**: *Hennadreck* „grober bayerischer Senf“ Brannenburg RO.– **3** wie →[*Bremen*]*d.*, °OB, °NB, °OP vereinz.: °*Henadreeg in da Fozn* Sommersprossen Rgbg.– **4** wie →*D.*4b: °*Henadreckl* Gerstenkorn am Auge Neustadt.– **5** abwertend von Menschen.– **5a** wie →*D.*7a, °OB, NB vereinz.: *a söchana Henadrög!* „kleiner Knirps“ Aicha PA.– **5b** (kleiner) geltungssüchtiger Mensch: *so a Hennadröck, schauts n na grad ah, wiera aufdraht!* Hengersbg DEG.– Auch in Phras.: *a a(u)fgstellta Hennadreek* „kleiner Wichtigtuer“ Singer Arzbg. Wb. 99.– **5c** wie →*D.*7b, °OB, NB vereinz.: *was bejdsd da denn ei, du Henadrög!* Passau; „*I bi do koa Hennâ:dregg* … Wenn man seine Stellung oder Persönlichkeit behaupten will“ Christl Aichacher Wb. 262.– **6** wie →*D.*8b, °OB, °NB, °OP vereinz.: *wås kümmerst di a um an jedn Hehnadrög!* „um jede Kleinigkeit“ Passau; „Sonst müssen wir … wegen jedem *Henadreck* einen Beschluß fassen“ SZ Ebersberg 51 (1995) Nr.153,6.– Phras.: *einen H.* gar nichts, °NB vereinz.: °*dös geht dich an Hennerdreck o!* Landau.– *An gschissna Henadrög!* [schroffe Verneinung od. Ablehnung eines Anliegens] Aicha PA.– **7** †Vergißmeinnicht (Myosotis): *Das Hennə̃dréckə-l* Schmeller I,1115.

Schmeller I,1115f.– WBÖ V,363f.

[**Hexen**]**d.** **1** Erdgallert (Nostoc commune), °NB vereinz.: °*Hexndreck* „Schleim an den Gräsern einer nassen Wiese“ Heilbrunn BOG; *fand ih an … Hexndreck, den naahm ih net!* Queri Bauernerotik 41.– **2** Pilz.– **2a** Stäubling (Lycoperdon): °*Hexndreck* „Stinkbovist“ N'viehbach DGF.– **2b** Kartoffelbovist (Scleroderma vulgare): °*Hexndreck* „des Teufels Schnupftabak“ Aidenbach VOF.– **2c** alter Hexenröhrling (Boletus luridus): °*Hexndreg* „für den gut schmeckenden Hexenpilz, wenn er alt und nicht mehr genießbar ist“ Dachau.

[**Hühner**]**d.** **1** wie →[*Hennen*]*d.*1, °OB, NB, OF vereinz.: *den Haarboden mit Häiadreck areim* Lauterbach REH.– Phras.: *gelb wie a gelber Hühnerdreck* „gelbe Gesichtsfarbe“ Germannsdf WEG.– **2** wie →*D.*7a: „Kosename … *kleiner Hühnerdreck!*“ Schlappinger Niederbayer 28.

WBÖ V,364.

[**Hunds**]**d.** **1** Hundekot, OB, NB, OP, SCH vereinz.: *Hundsdrög* Mittich GRI; *aber den Hundsdreck wegramma müassn's S' sowieso* SZ 53 (1977) Nr.20,12; *Nimb hundsdreck, stoß den zu puluer* Roßarznei (Brunnbauer) 136.– Phras.: *weiß wie a bleichta Hundsdreck* „sehr bleich im Gesicht“ Freyung WOS.– **2** wie →*D.*8b, °MF, SCH vereinz.: °*des is blouß a Hundsdrek* Kleinigkeit Regelsbach SC.– Phras.: *einen (warmen) H.* gar nicht(s), °OP vereinz.: °*an woamer Hundsdreg grijgst!* Rottendf NAB; *des ka-iat an Walna* [PN] *an Hundsdreg oa* Böhm Falkenbg 212.– *Einen (warmen) H.!* schroffe Verneinung od. Ablehnung eines Anliegens, °NB vereinz.: *an Hundsdrög!* Aicha PA.

WBÖ V,364.

[Kasematten]d. 1 Fäkalien in einer Kasematte, in Phras.: °*dåu stinkts wöi a Kasamattndreeg* „penetrant" Weiden;– erweitert: *du schdingschd irga wia da Kasematndreg, den wo d Schbitzbuam scheißn* Haimhsn DAH.– *Schlechter / so schlecht wie K.* u.ä. hundsgemein, sehr niederträchtig, OB, °NB, OP vereinz.: °*der is ja schlechter wia da Kasamattndreck* Winklsaß MAL.– Übertr.: *dös is a Kassemattndreck* das Allergemeinste Kareth R.– **2**: °*do moust zerscht åmoi den Kasemattndreeg wegrama* „sehr alter Schmutz im Haus" Kötzting.

[Katzen]d. 1 Katzenkot, OB, NB, OP, SCH vereinz.: *da Khåtzndrög im Droathauffa* Mittich GRI; *Katzndreeg* Judenmann Opf.Wb. 92; *Nimb roßdreck, katzen- und geißdreck ... machs zu puluer ... und blas dem pferd in die augen* Roßarznei (Brunnbauer) 49.– Phras.: °*mir stinkt a wia Katzndreck* [er erregt starken Widerwillen], *wenn i an den Schwindl denk* Schönbrunn LA.– °*Beinand bin i wia frischgschissner Katzndreck* „verkatert" Bayrischzell MB.– °*I daschiaß di, aber mit Katzndreg, daßt an Stinga hiwerst* „scherzhafte Drohung" Grafing EBE, ähnlich Judenmann Opf.Wb. 92.– Spruch: „Wundsegen ... *Halè, halè Katzèdreek, Übe*r*morng is alles weg*" Vogt Sechsämter 34, ähnlich °SEL.– **2** wie →[*Augen*]*d.*: °*Katzndreg* „nach dem Aufwachen im Augenwinkel" Grafing EBE.– **3** wie →*D.*8b: °*si über jedn Katzndreck aufreng* Kleinigkeit Arzbach TÖL.

WBÖ V,364.

[Kehr]d. Kehricht: *Keadregg* Kehricht Ingolstadt; *kheirdrēgh* Daiting DON nach SBS X, 109.

WBÖ V,364.

[Kuh]d., [Kühe]- 1 Kuhmist, Kuhfladen, °Gesamtgeb. vielf.: °*die stinkt in der Kirch a no noch Kuadreck* Lenggries TÖL; °*schau, da bist in Kuahdreck eitretn!* Pleinting VOF; *gegna d Summamialn* [Sommersprossen] *hilft nix bessas, als wos an woama Kouhdreg aflegn* Cham; *Vor das Derm-vergift. Nim ... ein lofeluol Kieh dreck* Höfler Sindelsdf.Hausmittelb. 8; *daou is da der Köihdreeck gspröitzt, wenn der* [mit dem Auto] *durchs Dorf pfiffm is!* Schemm Stoagaß 32; *Wan das ma mir nit gley an Khietröckh agstrichä, I ... wer des Todts verblichä* 1685 J. Bolte, Der Bauer im dt. Liede, Berlin 1890, 200.– Phras.: *gelb wie da Küahdreck* „im Gesicht" Waidhfn SOB.– *A Gsicht wie a Kuhdreck* „sommersprossiges Gesicht" Rosenbg SUL.– *Du bist ja dümmer wöi klopfta Köihdreek* [sehr dumm] Singer Arzbg.Wb. 125.– *So rein wia da Kuahdrög ön Muattaleib* „scherzhaft zur Bezeichnung höchster Reinheit" Reisbach DGF.– *Der glankt wia da Kiahdreeg af da Woatoim* [Fln.] „ist ausreichend vorhanden" Staudach (Achental) TS.– *Dea moit a, äs is da Käidrek sa Bruada* „er ist sehr eingebildet" Bruck ROD, ähnlich ESB;– erweitert: *der moint, es is da Köidreg sei Voda und da Hund sei Ded* [Pate] Bruck ROD.– *K. dreschen geholfen haben / beim Kuhdreckdreschen gewesen sein* u.ä. Sommersprossen haben, °OB, °NB, °OP mehrf., °MF, °SCH vereinz.: °*der hat Kuadreck dreschn helfn* Scheyern PAF; °*die is beim Kühdreckdreschn ganz vorn gstandn* Arnstorf EG;– *mit dem Teufel K. gedroschen haben* u.ä. °OB, °NB, °OP, °MF vereinz.: °*de hat mit m Deifi Kuahdreck droschn* Rosenhm; „Spott ... *Rousmuggada* [Sommersprossiger], *hosch min Deifl Kuadrejk droscha?*" Wölzmüller Lechrainer 136;– *in den K. hineingehauen haben* u.ä. °OB, °NB vereinz.: °*de håd in Kuadreck neigschlågn* Passau.– *Wém 's gfälld, wàlzld si in Köydrék* [jeder kann tun, was ihm gefällt] Schönwerth Sprichw. 29.– °*Es regnet Köihdrägg* „wenn es bei Sonnenschein regnet, sollen Mädchen im Haus bleiben, weil sie sonst Sommersprossen kriegen" Kehnthumbach ESB, ähnlich Dt.Gaue 12 (1911) 294.– Vers: *O du schöina woarma Köihdreeg, wöi bist du doch sua gout, in Winta fia an Brustfleeg, in Summa fia an Hout* Heinrich Gschichtla u. Gedichtla 94.– Vkde: Wie →[*Hennen*]*d.* wird warmer *K.* als Mittel gegen Sommersprossen verwendet (M; DEG; CHA, NEW, WEN), s.a. oben. Er wird auch auf Krampfadern (FFB) u. blutende Wunden (KÖZ, PA) aufgelegt.– **2** wie →[*Bremen*]*d.*, °OB, °NB, °OP, °OF, °SCH vereinz.: °*Kuahdreg in da Ledschn håm* Dachau; „Sommersprossen ... *Kuhdreck(e)*" ESB Dt.Gaue 12 (1911) 294.– Auch: *der hat des Gsicht voll Kuadreck* „voller Leberflecken" O'ammergau GAP.– **3** Huflattich (Tussilago farfara): *Kuhdreck* Fraunbg ED.

WBÖ V,364f.

[Land]d. Quecke (Agriopyrum repens): *Landdreck* Münchner Neueste Nachrichten 70 (1917) Nr.386,2.

[**Laus**]**d. 1** wie →*D.*5a, OB, NB vereinz.: *Lausdreck* „schlechtes Ding" Wasserburg.– **2** von Menschen.– **2a** Lausbub, °NB vereinz.: °*gi dönast döm Lausdrög a Wadschn!* Lohbg KÖZ.– **2b**: *Lasdrög* „nichtsnutzige Person" Zandt KÖZ.– **3** wie →*D.*8b, °NB vereinz.: °*es fehlt um an Lausdreck* Blossersbg VIT.

[**Leim**]**d.**: *Loamtreckal* „Schusser, Murmeln, aus Lehm geformt und gebrannt" JUDENMANN Opf.Wb. 104.

[**Leute**]**d.**, [**Leuts**]- **1** Menschenkot, NB, OP vereinz.: *an Laitsdreg iwalögn* Behandlung von Geschwür Stadlern OVI.– **2** wie →*D.*7b: *du bist a Leitdrög* „ein Nichts" Mengkfn DGF.
WBÖ V,365.

[**Ludwigs**]**d.** Dim., Silbermünze mit dem Bild König Ludwigs I.: *Ludwigsdröggerl* „als Schmuck getragen" Reisbach DGF; „Die Braut mußte mit 60 Kreuzerlein (den sogenannten *Ludwigsdreckerln*) das Kraut pfeffern, die als Dank der Köchin ... gehörten" Inn-Salzach-Land 1 (1949) Nr.5,2.

[**Maurer(s)**]**d.** wie →*D.*2c, °OB, °OP, °MF vereinz.: °*an Mauradreeck braucht a* Mörtel Wettstetten IN.

[**Maus**]**d.**, [**Mäuse**]- **1** meist Dim., Mäusekot, °OB, °OP vereinz.: *Meisdräggla* Sulzbach; *Mausdreckel* KILGERT Gloss.Ratisbonense 62; *mûsdrech* Schäftlarn WOR 12.Jh. StSG. IV,80,30.– Phras.: (*so groß* / *klein*) *wie ein aufgestellter M.* u.ä. klein, von geringer Körpergröße, °OB, °NB, °OP, °OF, °MF vereinz.: °*du wirst doch net a so a kloans Weiberl zur Frau habn wolln, die is ja net größer als wia a aufgstellter Mausdreck* Straubing; *a Kerl wöi a aufgstellter Mausdreck* Brand WUN.– °*Der liggt doud untn wij a Mausdreg* „bewegungslos am Boden" Rottendf NAB.– °*Des is a Gwold, sagt da Müllna und walzld s Mausdreckl üba d Stejgn affi* Weiden.– °*Mausdreck spitzn und in d Erdn neihaun* „Antwort auf die Frage, was man gerade tut" Baumburg TS.– Rätsel: *Neun Bauarn bringa 's niad af iran Rigl, obar a Nadari af ira Naodl ... S'Mausdreckl* O'viechtach SCHÖNWERTH Leseb. 292.– **2**: *Meisdreck* „Mohnsamen" Mchn.– **3** abwertend von Menschen.– **3a** wie →*D.*7a, meist in Phras.: *aufgestellter M.* u.ä. °Gesamtgeb. vielf.: °*der aufgstoide Mausdreck mecht a scho redn* Tandern AIC; °*du Mausdreck!* Ruderting PA; *afgstellta Mausdreeg* „kleiner Mann" JUDENMANN Opf.Wb. 109.– **3b** wie →*D.*7b, °OB vereinz.: °*des werd so an aufgstäida Mausdreeg sei* „unscheinbare Person" Siglfing ED; *à auf-gschdejdà Maus-dreeg* KAPS Welt d.Bauern 63.– **3c** wie →[*Hennen*]*d.*5b, nur in Phras.: *aufgestellter* / *aufgedrehter M.* °OB, °OP vereinz.: °*manndl di net so auf, du aufdrahter Mausdreck!* Baumburg TS; *à:fgštellts mausdreckl* „Angeber, Wichtigtuer, Besserwisser" KILGERT Gloss.Ratisbonense 185.– **4** wie →*D.*8b: °*es fehlt ihm grad no um a Mausdreckerl* „um sehr wenig" Wettstetten IN.– Phras.: °*des gehd di an Mausdreg o* „gar nichts" Neufraunhfn VIB.
WBÖ V,365.

[**Mucken**]**d. 1** wie →[*Bremen*]*d.*: °*dem sei Gsicht is voller Muckendreck* Sommersprossen N'viehbach DGF.– **2** wie →*D.*4a: °*dös is nur a Muggendreck* kleine Wunde Rehling AIC.

[**Ohr**]**d.**: *Ordräk* „Ohrenschmalz" Tölz.
WBÖ V,365.

[**Roß**]**d.** wie →[*Pferde*]*d.*, °OB, °NB, OP, SCH vereinz.: *a Roussdrek* Pferdekot Derching FDB; *Gib inen 3 Handvoll Roßtrek ein* OBERMEIER Abdeckersleut 137.
WBÖ V,365.

[**Sau**]**d.**, [**Säue**]- **1** Schweinekot, Schweinemist, OB, °NB, OP vereinz.: *Saudreg* Stadlern OVI; *Saidreek* BRAUN Gr.Wb. 514; *thue sie in ein riehr siebl vnd drej saudrekh vnter den rüehr siebl* Roßarznei (DEINHARDT) 49.– Spruch: *Drud, Saudreck vor die Ohren!* [sagt man, damit die Hexe nicht hört, was man sagt] Bärnau TIR SCHÖNWERTH Opf. I,209.– Vkde: Um die Windsbraut, in der sich dem Volksglauben nach Hexen befinden, zu bannen,„wirft man ein Messer hinein und schreit: *Saudreck*" DAH, FFB OA 41 (1882) 128.– **2** wohl unordentlicher, sehr schmutziger Zustand: *Saudrek* „Schweinerei" Wasserburg.– **3** Augenbutter, Gerstenkorn.– **3a** wie →[*Augen*]*d.*: °*Saudreck* getrockneter Augenschleim Friedbg.– **3b** wie →*D.*4b, °OB, °NB vereinz.: °*de Kinda ham an Saudreg an Augn, dö müassn net ganz gsund sei* Ruhstorf GRI.– **4** verhüllend Teufel, Satan: *Die eine Hälfte* [des Regenbogens] *gehört U. L. Frau, die andere dem Saudreck* Falkenstein ROD WINKLER Heimatspr. 148; *Und dem Teufel ist kein Namen mehr zuwider, als wenn man ihn einen ... Saudreck heißt* BUCHER Charfreytagsprocession 145.– Sprüche: *Saudröck, tua*

Tatz wög! „sagt man, wenn man etwas Verlorenes sucht" Eichendf LAN.– „Wenn euch Kinder der böse Feind zusetzt, so könnet ihr ihn nicht ehender vertreiben, als wenn ihr sagt ... *gehe du Sautreck, Sautreck, Sautreck!*" MEIDINGER Verfall 69.– **5** Schimpfw., bes. für Kinder: *Saudröck* O'nzell WEG; *So a Saudreck, so a verfluchter* A.H. LEHMANN, Hengst Maestoso Austria, München 1993, 158.– **6** Windsbraut, Wirbelwind, OB, NB, OP, SCH vereinz.: *da Saudreck* „Wirbelwind im Sommer" Derching FDB; *Der Säudreck jagt* OP Bayerld 12 (1901) 408.

WBÖ V,365.

[**Scheiß**]**d. 1** Kot, Ausscheidung des Darms, v.a. vom Menschen, OB, °NB, OP, OF vereinz.: *Schaisdreg* Mchn; *Scheißdreeg* „Scheiße" BRAUN Gr.Wb. 535.– Phras.: *braun wia a Scheißdreck* „von brauner Gesichtsfarbe" Anzing EBE.– *Einen S. im Hirn haben* u.ä. geistig beschränkt, dumm sein, OB, NB vereinz.: *dea håd an Scheisdrög ön Kobf drin schdådn Hian* Reisbach DGF; *Wenn oana an Scheißdreck im Hirn hat ... därf er sih net schneizn, sunst kimmt's auf!* QUERI Kraftbayr. 87.– *„Dös is ma zwiida wöi Scheißdreek oam Boa* ... Widerwillen" SINGER Arzbg.Wb. 198.– *Der håt min Daifö Scheisdrög droschn* „hat Sommersprossen" Berchtesgaden, ähnlich °OB vereinz.;– *die is beim Scheißdreckdreschn vabeiganga* Gmund MB, ähnlich °OB, °NB vereinz.– **2** wie →*D.*5a: *Scheißdreck* „Minderwertiges" Passau.– **3** von Menschen.– **3a** wie →*D.*7a: *du kloana Scheißdreck* „Kosename" Passau.– **3b** verachtenswerter Mensch: *du Scheißdrög!* Mengkfn DGF.– **4** Angelegenheit, Geringfügigkeit.– **4a** unangenehme Angelegenheit, Sache: °*ijtz derfe den ganzn Scheißdreg numa macher!* Rottendf NAB; „widerliche Angelegenheit ... *Jetzt geht der ganze S*[*cheißdreck*] *wieder von vorn los!*" ZEHETNER Bair.Dt. 301.– **4b** wie →*D.*8b, °OB, °NB, °OP, MF vereinz.: °*der streit um a jeds Scheißdräggl* Weiden; *der nimmt se aa üm jeedan Scheißdreek oa(n'* „um jede Kleinigkeit" BRAUN Gr.Wb. 535.– Phras.: *einen S.* u.ä. gar nicht(s), OB, NB, °OP vereinz.: *si an Scheißdrek drum schean* Fürstenfeldbruck; *Des gäid den än Scheißdreeg oo* MAAS Nürnbg.Wb. 211.– *Einen S.!* u.ä. schroffe Verneinung od. Ablehnung eines Anliegens, OB, NB, OP vereinz.: *an Scheißdrög!* Mengkfn DGF.

WBÖ V,365f.

†[**Schmalz**]**d.**: *Schmalzdreck* „das Untere, das Unreine, welches beim Auslassen der Butter unten bleibt" HOHENEICHER Werdenfels 58.

DELLING II,138; SCHMELLER I,565.

[**Schnepfen**]**d.** Schnepfendreck, OB, NB vereinz.: *n Schnepfndrög össn* Mittich GRI; *ist das Schnepfendreck?* DREHER Schußzeit 2; *so richtet man die Semmel-Schnitten auf eine Schüssel oder Teller an, und das zugerichtete Eingeweyd oder Schnepffen-Dreck darauf* SCHREGER Speiß-Meister 99.

WBÖ V,366.

[**Straß(en)**]**d.** Schmutz auf der Straße, MF mehrf., OB, NB, OP, OF, SCH vereinz.: *Stroßndreg* Rechtmehring WS; *Schdrousdreeg* Nabburg.

[**Wampen**]**d.**: *Wampmdreg* „Innereien der Kuh" Hallbergmoos FS.

[**Werre(n)**]**d.**, [**Werrlein**]**-**, [**Ge-werren**]**- 1** meist Dim., wie →*D.*4b, °OP, °OF mehrf., °OB, °NB, °MF, °SCH vereinz.: °*du hast an schön Querndreck drin, den druck ma außa* Schönbrunn LA; °*da Werldreck dut ma weh* Hexenagger RID; *Wiadräggl* „Gerstenkorn am Augenlid" KONRAD nördl.Opf. 45.– **2** wie →*D.*8b, OB, °NB, °OP vereinz.: *Wealtreg* „unbedeutende Kleinigkeit" Stadlern OVI.

[**Wurm**]**d.** Dim., wie →*D.*4b, °OP mehrf., °MF vereinz.: °*a Wurmdreckl hob i im Aug* Eslarn VOH; „*Das Wurmdreckl* ... ein Aißchen am Augenlied" ERNST Opf. Heilzauber 24. M.S.

dreckeln

Vb. **1** Schmutz verbreiten, schmutzig sein, werden.– **1a** Schmutz verbreiten, eine Verunreinigung erzeugen, °OB vereinz.: °*dräckla* „kleckern" Bernbeuren SOG; *dreckeln* „Schmutz machen" KILGERT Gloss.Ratisbonense 61.– **1b**: *bei dene Leut dregelts* „da ist es nicht sauber" Wasserburg.– **1c** im od. mit Schmutz spielen, mit Schmutz hantieren u. sich dabei schmutzig machen, °OB mehrf., °NB, °OP, °MF, °SCH vereinz.: °*Franzl, glei hörst auf mit dem Dreckln, hast ja dei Sonntagsgwand o!* Hzkchn MB; °*geh, drecklt net goar a so, schau dei Hosn o!* Metten DEG.– **1d** schmutzen: °*des Gwand dreggäd a so* „nimmt leicht Dreck an" Grafing EBE.
2 Kot, Fruchtwasser ausscheiden.– **2a** unkontrolliert Kot ausscheiden, °OP vereinz.: °„ei-

ne Kuh *dreckelt*, wenn sie in der Rübenkrautzeit Durchfall hat" Mintraching R.– **2b** Reste des Fruchtwassers nach dem Kalben ausscheiden: °*drejgchla* Dünzelbach FFB; *drekxün* Huglfing WM nach SBS XI,115.

3 bei nassem Boden säen od. ackern, °OB vereinz.: „bei guter Witterung soll man gleich säen, weil man sonst *dreken mua*" Erding.

4 unangenehm riechen, stinken, v.a. nach Mist, °NB mehrf., °OB, °OP, °MF, °SCH vereinz.: °*drecken* nach Kuhmist stinken Dachau; °*wenn der in der Stubn war, dreckelts hernach* Mallersdf; *Dreckeln* „nach Dreck stinken" Delling I,133.

5 trödeln.– **5a** langsam arbeiten, lange zu etwas brauchen, °OB, °NB mehrf., °OP, °MF, °SCH vereinz.: °*dea Mara dröckäit häd wida* Bodenmais REG; °*dreckl niat so lang!* Erbendf NEW; *dreken* „mit einer Arbeit nicht fertig werden, weil man sich mit Kleinigkeiten befaßt" nach Kollmer II,93.– **5b** langsam, in kleinen Schritten gehen, °OB, °NB, °OP, °MF, °SCH vereinz.: °*geh zua, tua a wengl gschwinda geh, net gar a so dreggln!* Rosenhm.

Etym.: Abl. von →*Dreck*. In Bed.5 wohl Abl. von mhd. *trecken* 'ziehen, gehen', Intensivbildung zu →*-trechen*; DWB XI,1,1,1575.

Delling I,133; Schmeller I,646.– WBÖ V,367.

Komp.: **[ab]d. 1** beschmutzen, °OB, °NB, °OP vereinz.: °*jetz is Bett scho obdrecklt* Euernbach PAF; °*dröggäi dö nöt so o!* Bodenmais REG.– **2**: °*die Schuh abdreckln* „abputzen" Weiden.– **3**: °*abdreckln* „eine Schuld nach und nach abbezahlen" Marktl AÖ.

[abhin]d. sich wichtig machen: °*abidreckln* „wichtig tun" Vornbach PA.

[an]d. 1 wie →[*ab*]*d.*1, °OB, °SCH vielf., °NB mehrf., °OP vereinz.: °*heut hast dö wieda schö adrecked* Garching AÖ; °*itz host dei neis Kload scho wieda åndrecklt* Cham; „Das ... *Sonntagsgwand* war ... oft schon mittags *o'drecklt*" Schrobenhausener Ztg 170 (2020) Nr.140,27.– **2** verleumden, beschimpfen.– **2a** verleumden, °OB vereinz.: °*odreckeln* „mit falschen Anschuldigungen" Tuntenhsn AIB.– **2b** beschimpfen: °*odreckeln* Steinhögl BGD.

WBÖ V,367.

[um-ein-ander]d. 1 Schmutz verbreiten, schmutzig werden.– **1a** wie →*d.*1a, °OB, °NB, °SCH vereinz.: °*drege do mit deine Hoizschua net a so umanand, an jedn Drid kennst!* O'neukchn MÜ.– Auch verschmutzend verbreiten: °*dreckl den Sand ned so umanander!* Lenggries TÖL.– **1b** wie →*d.*1c, °OB, °NB, °OP vereinz.: °*wennst no lang in da Wassalagge umanandadrecklst, kriagst a Watschn!* Trostbg TS.– **2** trödeln, zögern.– **2a** trödeln.– **2aα** langsam arbeiten, lange zu etwas brauchen, °OB, °NB, °OP, °SCH vielf., °MF vereinz.: °*wenns no lang umananddrecklts, kima heit s Mittagessn fürs Nachtessn hernehma* Landau; °*da Franz drecklt bei da Hausaufgab wieder umananda* Maxhütte-Haidhf BUL; *Was habm die Leut umananda drecklt, 6 Wochan und 3 Tag* Haller Dismas 106.– **2aβ** wie →*d.*5b, °OB, °NB vereinz.: °*jetzt dreckelt nöt lang umanander!* „schau, daß du vorwärts kommst!" Aidenbach VOF.– **2b** zögern, unschlüssig sein, °OB, °NB vereinz.: °*dreckelts net lang umanand, sagts ja oder nein!* Fürstenstein PA.– **3** herumprobieren, herumkurieren.– **3a** herumprobieren, herummurksen, °NB, °OP vereinz.: °*gehts amoi zu an richtinga Fachmann und drecklts nöt so vui mit dera Sach umanand!* Limbach PA.– **3b** herumkurieren, °OB, °NB, °OP, °SCH vereinz.: °*mit mein Årm dreckelt i scho so lang umanånd und wird nix ånders* Würding GRI; °*dou dreckelt er allaweil an seina Krankheit umananda, göi zum Dokta, nacha woaßt, wöis dro bist!* Nabburg.– **4** kränkeln, °OB, °NB, °OP, °SCH vereinz.: °*d Marie dregget oiwei a so umananader, net gsund, net krank* Pfarrkchn.– **5** unpers., wie →[*abhin*]*d.*: °*den dräckelts owa umanand* „der hat es wichtig" Nittenau ROD.

WBÖ V,367.

[der]d. 1 wie →[*ab*]*d.*1, °OB, °NB, °OP vereinz.: °*teats ma de putzte Stubn net dadrecken mit eire dreckign Schuah!* Bayrischzell MB; °*do host di wieda schee dadreckelt, du Sau!* Rdnburg.– **2** beschimpfen, verhöhnen.– **2a** wie →[*an*]*d.*2b: °*derdreckeln* „beschimpfen" Steinhögl BGD.– **2b** verhöhnen, °OB vereinz.: °*der hot mi schö dadreckelt* O'högl BGD.

[ein]d. 1 in nassen Boden säen, setzen, °OB, °NB, °OP vereinz.: °*heia hama den ganzn Woaz eidrecklt, dös duat eam guat, do wochst a* Ruhstorf GRI.– **2** bei nassem Boden ackern, °OB, °NB vereinz.: °*da Huawa håd sein untan Ånga eidreked, då isch vom letztn Reng s Wassa drin gschdåna* Dachau.

Mehrfachkomp.: **[hin-ein]d.** wie →*[ein]d.*1, °OB, °SCH vereinz.: °*der hot sei Troad neidreckelt* Schönbichl FS.

[einher]d. 1 Schmutz hereintragen: °*nix ois einadreggän doans heid, de Kin, moanst de ziang se ihre Schuah o!* G'holzhsn RO.– **2** nach u. nach hereinkommen, eintrudeln, °OB, °NB, °OP vereinz.: °*jetzad dregglns eina* „zu einer Versammlung" Rosenhm.

[einhin]d. 1 Schmutz hineintragen, °OB vereinz.: °*dea dreckeit in Hausgang eini* Moosach EBE.– **2** wie →*[ein]d.*1, °OB, °OP vereinz.: °*der håt an Roggn einidrecket, koa Wunder, daß er net worn is* Ebersbg.

[ver]d. 1 wie →*[ab]d.*1, °OB, °NB, °OP, MF, SCH vereinz.: °*de Tischdeckn is scho wieda vodrecklt* Frsg.– **2**: °*s Brot verdrecklan* verbröseln Ried FDB.– **3** vergeuden.– **3a** (Geld, Vorrat) vergeuden, °OB, °NB, °OP, °SCH vielf., °MF vereinz.: °*do werd do wos kaft und do wos kaft und nacha is des ganz Göid verdrecklt* Rosenhm; °*då vadrecklst dös ganz Gaid mit denö dumma Sachan, wennst nacha amai was Gschaids brauchst, håst koa Gaid nöt* Limbach PA; *fatrekxln* „Vorräte" SCHWEIZER Dießner Wb. 39.– **3b** (Zeit) vergeuden, vertrödeln, °OB, °NB, °OP, SCH vereinz.: °*üitz hama scho den ganzn Noumttoch vodräcklt und nix is gschehng* Kchndemenrth NEW; „So wird im Stadtbauamt die Zeit *verdreckelt* mit Spielereien" Münchener Ratsch-Kathl 14 (1902) Nr. 32[,2].– Auch verstreichen, vergehen: *dö schö Zait vaträkln laßn* Piegendf ROL.– **4** verlegen, verschlampen: *verdreckeln* Passau.– **5**: *eine Sache verdreckeln* „verpfuschen" Passau.
WBÖ V,367.

[da-her]d. 1 wie →*d.*5b, °OB, °NB, °OP mehrf., °MF, °SCH vereinz.: °*der kann bloß noch a bissl im Hof daherdreckeln* Eitting MAL; °*dea dräkld dåhea wäi a gloins Kind* Sulzbach-Rosenbg.– **2** daherkommen, aufkreuzen.– **2a** nach u. nach daherkommen, °NB vielf., °OB mehrf., °OP, °MF, °SCH vereinz.: °*mei, bis die wieder oisam daherdreckän!* Mchn; °*dou dreckelt oins um des ander schö langsam daher, mir kinna niad anfanga zur rechtn Zeit* Nabburg.– **2b** ungelegen aufkreuzen, °OB, °OP vereinz.: °*ausgrechnet jetzt muaßa daherdreckeln!* Fahrenzhsn DAH.

[da-hin]d. 1 trödeln.– **1a** wie →*[um-ein-ander]d.*2aα, °OB, °NB, °OP vereinz.: °*der drägät mit seina Oawat gråd a so dahi* Eging VOF.– **1b** wie →*d.*5b, °OB, °NB, °OP, °MF, °SCH vereinz.: °*dahidreckeln* „schlendern" Bayrischzell MB; °*toats nöt so dahitreckeln, damit ma weiterkeman!* Landau.– Auch: °*as Auto dreckelt dahi* „fährt sehr langsam" Maxhütte-Haidhf BUL.– **2** wie →*[um-ein-ander]d.*4, °OB, °NB vereinz.: °*der drecket oawei so dahi* „ist immer kränklich" Scheyern PAF.

[kuh]d., [kühe]- nach Kuhmist riechen, °OB, °NB, SCH vereinz.: °*d Dirn dout kejhdreckln* Wettstetten IN.

[leute]d.: *da leitdrögglds* „riecht es nach Menschenkot" Reisbach DGF.

[maus]d.: *mausdreggin* nach Mäusen riechen Griesstätt WS.

[nach]d. 1 wie →*d.*2b: „die länger andauernde Reinigung nach dem Kalben ... *nōxdrękxlə*" Prittriching LL nach SBS XI,114.– **2** langsam hinterherlaufen, nicht Schritt halten, °OB vereinz.: °*dreckelts net so nåch!* Schongau.

[scheiß]d.: *schaiströkln* „nach Kot riechen" Aicha PA.

[um]d. wie →*d.*5a, °NB, °SCH vereinz.: °*wia kon ma denn går e so umdreckeln!* „so lange brauchen" Neukchn KÖZ.
WBÖ V,367.

Mehrfachkomp.: **[her-um]d. 1** Schmutz verbreiten, schmutzig werden.– **1a** wie →*d.*1a, °OB vereinz.: °*d Maura tean allwei arg rumdreckln* „viel Dreck machen" Anzing EBE.– **1b** wie →*d.*1c, °OB, °OP, °SCH vereinz.: °*dreckl ned so rum!* mit Schmutz spielen Lenggries TÖL.– **2** wie →*d.*2b: „die länger andauernde Reinigung nach dem Kalben ... *rumdręgln*" Wulfertshsn FDB nach SBS XI,114.– **3** trödeln.– **3a** auch refl., langsam arbeiten, lange zu etwas brauchen, °OB, °NB, °OP, °SCH vielf., °MF vereinz.: °*jetz ziag di amal o und dreckl net so umanand, mir wolln doch zur Tante gehn!* Hzkchn MB; °*heut habts euch wieder herumdreckelt* „langsam gearbeitet" Osterhfn VOF; *Also jetzt müssen wirs packen. Jetzt dürfen wir nicht mehr lang rumdreckeln* VALENTIN Werke III,132.– **3b** wie →*d.*5b, °OB, °SCH vereinz.: °*jetzt dreckl net so rum, geh schneller!* Hohenpeißenbg SOG.– **4** wechselhaft sein (vom Wetter), °OB vereinz.: °*wenn des Weda so rumdrecket* O'bibg WOR.– **5** herumprobieren, herumkurieren.– **5a** wie →[*um-ein-an-*

der]*d.*3a, °OB, °NB, °OP, °SCH vereinz.: °*geh halt glei zum Maurer, bevorst lang selber rumdreckelst!* Perchting STA.– **5b** wie →[*um-ein-ander*]*d.*3b, °OB vielf., °NB mehrf., °OP, °MF, °SCH vereinz.: °*der drecket a scho lang rum mit sein Hax und werd nix* Perchting STA; °*seit Wochn dreckelt a am Halsweh rum, statt daß a zum Doktor geht* Ihrlerstein KEH.– **6** wie →[*um-ein-ander*]*d.*4, °OB vielf., °NB mehrf., °OP, °MF, °SCH vereinz.: °*i bi net krank und net gsund, i dreckel oiwei so rum* Vilsbiburg.

[**umher**]**d.** **1** wie →*d.*1c: °*mußt du den ganzn Tag umadreckeln!* mit Schmutz spielen Ambg.– **2** wie →[*ein*]*d.*2: °*de Acka hab i gscheit umadrecket* übermäßig naß ackern Ensdf MÜ.– **3** trödeln.– **3a** wie →[*her-um*]*d.*3a, °OB, °NB, °OP vereinz.: °*hör auf mit dem Umadreckeln, fang richtig s Arbeitn an!* Pauluszell VIB.– **3b** wie →*d.*5b: °*öitz dreckelt a scho di ganz Zeit im Wald umma, dou wirds finsta, bis ma hoim kumma* langsam, in kleinen Schritten gehen Nabburg.– **4** wie →[*um-ein-ander*]*d.*3a, NB, °OP vereinz.: °*göi, treckl do niat so lang umma, låß göi!* Nabburg.

[**zu**]**d.** wie →*d.*5b, °OP vereinz.: °*da dräcklt a a so zou* langsam gehen O'viechtach. M.S.

drecken

Vb. **1** im od. mit Schmutz spielen, °OB vereinz.: °*drecka* Pittenhart TS.

2 Reste des Fruchtwassers nach dem Kalben ausscheiden: °*dreckcha* Hohenpeißenbg SOG; *drekxə* Steingaden SOG nach SBS XI,115.

3 in den Grund des Nachbarn hineinpflügen: °„mein Nachbar *dreckt* immer wieder in mein Feld" Parsbg.

Etym.: Abl. von →*Dreck*. In Komp. wohl teilw. zu mhd. *trecken*, s. →*dreckeln*.

WBÖ V,367.

Komp.: [**abhin**]**d.** stark beschmutzen, °OP vereinz.: *s Gwanta oidräcka* „durch Beschmutzen fast unbrauchbar machen" Stadlern OVI.

[**an**]**d.** beschmutzen, °OP, °SCH vereinz.: °*du host me voll odreckd!* Brennbg R.

[**um-ein-ander**]**d.** **1** Schmutz verbreiten, mit Schmutz hantieren.– **1a**: °*umananddrekhng* „Schmutz hinterlassen" Garmisch GAP.– **1b**: °*umananddrekhng* „im Schmutz arbeiten" Garmisch GAP.– **2**: °*mei, dreggd dea lang umananda!* an einer Krankheit herumkurieren Brennbg R.

[**der**]**d.** wie →[*an*]*d.*, OB, °NB, °OP vereinz.: °*da hast da dei Gwand schee dadreckt* Griesbach DGF.

WBÖ V,367.

[**ein**]**d.** **1** wie →[*an*]*d.*, °OP vereinz.: °*de Wasch is eidreckt* Rgbg.– **2** in nassen Boden säen, °OB, °NB, °OP vereinz.: °*des Troid hout ma heia gscheit eidräkn möin* Sulzbach-Rosenbg.– **3** wie →*d.*3: °*eindrecken* „in den Nachbaracker hineinpflügen" Parsbg.

Mehrfachkomp.: [**hin-ein**]**d.** wie →[*ein*]*d.*2, °OB vereinz.: °*des hama wieder neidreckn miaßn* Peißenbg WM.

[**einhin**]**d.** **1** wie →[*ein*]*d.*2, °OB, °OP vereinz.: °*der håt n ja direkt eihidreckt* „den Weizen bei schlechtem Wetter gesät" Steinhögl BGD.– **2** bei nassem Boden ackern, °OB, °MF vereinz.: °*einedregn* „naß ackern" Frasdf RO.

[**ver**]**d.** **1** wie →[*abhin*]*d.*, °OB, NB, °OP, SCH vereinz.: °*bei dem Sauwetter is s Gwand richtig verdreckt* Rgbg; *Zimmer werd'n ruinirt und 's ganze Haus verdreckt* Münchener Ratsch-Kathl 14 (1902) Nr.85[,2].– **2** sehr schmutzig werden: °*vadreckn* „im Schmutz ersticken" Arzbg WUN.

WBÖ V,367.

[**da-her**]**d.** langsam gehen: °*Jesses, schlåf net ei, wias du daherdreckst!* Schönbrunn LA. M.S.

dreckerln

Vb., nach Mist riechen: °*dea dreckerlt* Fronau ROD.

Etym.: Abl. von →*Dreck*. In Komp. wohl meist Abl. von mhd. *trecken*, s. →*dreckeln*.

Komp.: [**um-ein-ander**]**d.** **1**: °*dea dreckerlt bloß umanand* „arbeitet langsam" Fronau ROD.– **2** herumkurieren: °*der dreckerlt scho lang umanand* Arnschwang CHA.

[**aushin**]**d.** über den eigenen Grund hinauspflügen: *außidreckaln* Finsing ED.

[**hin**]**d.** langsam, in kleinen Schritten zu einem Ort gehen: °*wo wird dea wieder hindreckerln?* Fronau ROD.

[**her-um**]**d.** wie →[*um-ein-ander*]*d.*2: °*du willst allerweil herumdreckerln, geh zum Arzt!* Fronau ROD. M.S.

dreckern

Vb. **1** bei nassem Boden auf dem Feld arbeiten: °*dä muaß bei jedm Wetter drekern* G'berghfn DAH.

2 sich hinziehen, trödeln.– **2a** sich hinziehen, nicht enden wollen: °*den sei Krankat dreckat a langsam, bis a wieda gsund is* Brunnen SOB.– **2b**: *dräkan* „herumtrödeln, langsam arbeiten" nach LECHNER Rehling 175.

3: °*der dreckat zwischn krank und gsund* „kränkelt" Brunnen SOB.

Etym.: Abl. von →*Dreck*. In Bed.2, 3 wohl Abl. von mhd. *trecken*, s. →*dreckeln*.

Komp.: [**ab**]**d.** beschmutzen, °OB vereinz.: °*s Gwand hot a odreckat* Tandern AIC.

[**an**]**d.** wie →[*ab*]*d.*: °*host di jetz scho wieda a so ondreckat!* Geisenfd PAF.

[**hin-ein**]**d.** in nassen Boden säen, °OB vereinz.: °*heir hot ma an Woazn neidreckan miaßn* Tandern AIC.

[**her-um**]**d. 1** Schmutz verbreiten, mit Schmutz hantieren.– **1a** Schmutz verbreiten: °*de dreckat mehr rum, ois's sauba bring* Tandern AIC.– **1b**: °*rumdreckan* im Dreck herumpatzen Tandern AIC.– **2**: °*der dreckat a lang rum mit sein Heiratn* „zögert lange" Brunnen SOB. M.S.

dreckig, -icht

Adj. **1** schmutzig, dreckig.– **1a** mit Schmutz behaftet, voll Schmutz, °OB, °NB, °OP, OF, SCH vielf., °MF vereinz.: *da Boch is dröckö* Ascholding WOR; *a dreggös Beddåu* Zandt KÖZ; °*Köih san drecke, die hom gånze Schedan* [Kotklumpen] *ån de Schenkl* Sulzbach-Rosenbg; *Etz hou i iewerall nausbudsd, und er ... weedschd* [trampelt] *mer mid die dreckiga Schuach durchs ganz Haus!* WÖLZMÜLLER Lechrainer 147.– Phras.: *dös wa ma lang z dräcki* „unter meiner Würde" Pommelsbrunn HEB.– *D. macht speckig / fett* u.ä. scherzh. Schmutz fördert die Gesundheit, °OB, °NB, °OP vereinz.: °*drekat macht fett* Kchmatting SR; *Dreckat macht speckat* SCHWEIGER Sauhändler 105.– °*Machst du mi dregge, mach i di dregge* [wohl wie du mir, so ich dir] Grafing EBE.– *Dös Dröckö hinein und dös Gschissn heraus* „umgekehrt (bildlich von einer gewendeten Hose)" Reisbach DGF.– Subst. in Ortsneckerei: „Schrobenhausen. *Dreckige* ... Der Boden der Gegend weicht leicht auf, das Städtchen ist dann schmutzig" BRONNER Schelmenb. 135.– Scherzh. übertr. voll Zwetschgenkompott: *d'Nu*[d]*ll dröggö macha* „in Zwetschgenbrühe eintauchen" Reisbach DGF.– **1b** mit Schmutz, Beschmutzung einhergehend, OB, NB vereinz.: *drökös Wöda* „schlechtes Wetter" Aicha PA; *Dene Junga is holt de Arbeit z'dreckat* SZ 7 (1951) Nr.19,4.– **1c** unreinlich, ungepflegt, °OB, NB, °OP vereinz.: *dräckat* „unrasiert" Ingolstadt; *a dröckös Doaf* Hengersbg DEG.– **1d** ungesund, verdorben (vom Blut), °OB, °NB, °OP vereinz.: °*dös dregge schwarze Bluat muß außa, sunst wird koa Rua* Tirschenrth.

2 aufgeweicht, schmierig (vom Erdboden), °OB, °NB, °OP, °MF vereinz.: °*der Bodn is drecki* Dingolfing.

3 schmutzfarben, OB, OF vereinz.: *a dröckögö Farb* Hohenpeißenbg SOG.

4 unanständig, böse.– **4a** frech, unverschämt, °OB, °NB, OP, SCH vereinz.: *der hot mi dreggi ogredt* Wollomoos AIC; *dreckig dreischaugn* „spöttisch" Straubing; *des dreckerte Lachn, des werd euch no sauber vergehn* ORFF Welttheater 109 (Astutuli).– **4b** anzüglich, NB vereinz.: *dröggö dahearödn* Reisbach DGF.– **4c**: *dräggad* „moralisch unsauber" ILMBERGER Fibel 48.– **4d** hinterhältig, gemein, niederträchtig, OB, NB, °OP vereinz.: °*a ganz dreckiger Kerl* Mantel NEW.

5 mißmutig, übellaunig, °OB, °NB vereinz.: *dem muaß wås übas Lebal gfahrn sei, weil a gar so drekat dreischaut* „verdrossen" Pfarrkchn.– Auch: *a dröckös Mai mocha* „trotziges Gesicht" Aicha PA.

6 übel, äußerst unangenehm, °NB, °OP vereinz.: *a dräggerte Gschicht!* „unliebsame Sache" Passau; °*der machts den Leutn dreckat* „schindet die Leute" Neusorg KEM; *Deanan gäihts nu dreckerta wöi uns!* SCHEMM Dees u. Sell 204.– Phras.: *dös war nöd dröggö!* „nicht übel, sehr gut" Reisbach DGF.

7 allg. abwertend od. verstärkend bei Schimpfwörtern, °OB, NB, °OP, MF, °SCH vereinz.: *hoit dei Fotz, dei dreckade!* Wiesbach MÜ; *a drökös Luada* Hengersbg DEG; *Dem spann ich die Gäul aus, nacher kann er seinen drecketen Karren selber ziehen* HOFMILLER Helmbrecht 40.– Auch: *dreggad kloa* „sehr klein" Rechtmehring WS.

WBÖ V,366-368.

Komp.: [**fliegen**]**d.** sommersprossig: °*fliegndreckig* Barbing R.

[**hennen**]**d. 1**: *henadreckat* gelblich Marschall MB.– **2** wie →[*fliegen*]*d.*, °OB, °NB vereinz.: °*hennadreki* sommersprossig Mchn.– **3** unanständig, böse.– **3a** wie →*d.*4a, °OB vereinz.: °lach net so hennadregge! „unverschämt" Starnbg; *Der taucht'n z'tiafft in d' Odlgruab'n ei' Und lacht recht hennadrecki* GLEITNER Bauerng'stanzl 20.– **3b** wie →*d.*4d: °*dös is hennadreckig!* „gemein" Nandlstadt FS.– **4** wie →*d.*5: °*der is aa wieda hennadregad aufglegt* schlecht gelaunt Taching LF.– **5** wie →*d.*6: °*es geht mir hennadreckig* Teisendf LF.– Phras.: *nicht h. sein* annehmbar, recht gut: *dö war net hennadrecki* Kreuth MB; *tees is net hęnatręki* „nicht 'ohne'" Weichering ND WEBER Eichstätt 167.

[**hunds**]**d.** wie →*d.*6, °OB vereinz.: °*hundstreckig beinanda sei* „sehr schlecht" Taching LF.

[**katzen**]**d.** **1** unfreundlich, gemein.– **1a** unfreundlich, nicht liebenswürdig: °*sei ned so katzndreckig!* „kratzbürstig, unhöflich" Aidenbach VOF.– **1b** wie →*d.*4d, °OB vereinz.: °*katzndreckig* „hinterfotzig" Uffing WM.– **2** mißmutig, gekränkt.– **2a** wie →*d.*5, °OB, °NB, °OP, °OF, °MF vereinz.: °*heit is a ganz katzndröckö, såg liaba nix zu ähm!* Limbach PA; *katzerdräcki* „übellaunig, mürrisch" BERTHOLD Fürther Wb. 109.– **2b** gekränkt, beleidigt: °*gej, sei doch niat glei sou katzndreckat!* Neustadt; *katzadräcke* SINGER Arzbg.Wb. 117.– **3** wie →*d.*6, °OB vereinz.: °*dem is katzndreckig ganga* „schlecht gegangen" Rottach-Egern MB.– Auch: °*der kommt heit katzndreckig daher* „kränkelnd" Burglengenfd.

[**kuh**]**d.**, [**kühe**]- **1** voller Kuhmist, von der Stallarbeit schmutzig: *dö suacha üns an Stoi hintn … Dö moana, mir macha üns küahdrecki!* GRAF Dekameron 77.– **2** wie →[*fliegen*]*d.*, °OP (v.a. N) mehrf., °OB, °NB, °OF, °MF, °SCH vereinz.: *kiahdrege an Gsicht* „voll Sommersprossen" Haimhsn DAH; *keidrägge* KONRAD nördl.Opf. 26.– Auch: mit Leberflecken übersät, OP vereinz.: *dej is so köidräggat* Vohenstrauß.– Fleckig auf der Haut allg., °OP vereinz.: *a khoudräkös Ksiacht* „fleckiges Gesicht, besonders bei schwangeren Frauen" Edelsfd SUL.– **3** wie →*d.*6, °OB vereinz.: °*do gehts kuahdrecki her* „unangenehme, schwierige Lage" Hohenschäftlarn WOR.
WBÖ V,368.

[**leute**]**d.** **1** wie →[*katzen*]*d.*1a, °OB, °NB vereinz.: °*mit dem kannst a nix macha, der is eh so leitdräckö* „nicht leutselig" Limbach PA.– **2** bedenklich, zweifelhaft: *dös is leitdröggö* „die Sache ist faul" Mengkfn DGF.– **3** schlecht, schäbig.– **3a** wie →*d.*6, °NB vereinz.: °*mir gehts ganz schö leitdröckö!* miserabel Lam KÖZ.– **3b** schäbig, minderwertig: °*i tat mi schama, wenn i eppan so a leutdreckigs Gschenk macha tat* N'viehbach DGF.

[**maus**]**d.** sehr klein, winzig, °OB vereinz.: °*du bist ma z mausdrecke* Edelshsn SOB.

[**sau**]**d.** **1**: *saudreckad* „sehr verdreckt, schmutzig" KILGERT Gloss.Ratisbonense 140.– **2** wie →*d.*6: °*es geht eahm saudreggeg* Weildf LF.

[**scheiß**]**d.** wie →[*fliegen*]*d.*: °*de is scheißdreckat* sommersprossig Wildenroth FFB. M.S.

Dreckler(er)

M. **1** mittelloser, bedauernswerter Mensch: *Soit eppa i ois a arma Dreckla … der Afra ewi Alimentn zoin* GRAF Dekameron 184.
2 langsam handelnder od. laufender Mensch.– **2a** umständlicher Mensch, langsamer Arbeiter, °OB, °NB, °OP, MF, °SCH vereinz.: °*mach a bißl schneller, du Dreckler!* Mchn; *Dreckler* „Langweiler" HÄRING Gäuboden 135.– **2b** langsam laufender Mensch, °OB, °OP vereinz.: °*dös is a so a Dreckler, dea dreckIt so langsam daher* Fronau ROD.
3: °*Drecklerer* „Wichtigtuer" Lindenloh BUL.
Etym.: Abl. von →*Dreck*. In Bed.2, 3 wohl Abl. von mhd. *trecken*, s. →*dreckeln*.
WBÖ V,366.

Komp.: [**Her-um**]**d.** wie →*D.*2a, °OB vereinz.: °*der werd a so a Rumdreckla sei!* Lenggries TÖL. M.S.

Drecklerei

F. **1** Ackern bei nassem Boden: °*des is a so a Drecklerei gwen* Lindbg REG.
2 langsames, nicht zügiges Gehen: °*Drecklerei* Thanning WOR.
Etym.: Abl. von →*Dreck*. In Bed.2 wohl Abl. von mhd. *trecken*, s. →*dreckeln*.

Komp.: [**Um-ein-ander**]**d.** **1** umständliches, langsames Arbeiten, °OB, °NB vereinz.: °*dem sei Ummanandrecklerei is koan Schuß Puiva wert!* Garching AÖ.– **2** wie →*D.*2: *I mag nimmer mit … seiner ewigen Umanandadregglerei … Vor jeds Schaufenster muß sich der Hansdampf hinstell'n* Mchn.Stadtanz. 16 (1960) Nr. 25,5.

[Da-her]d. Nach-und-nach-Daherkommen: °*dö Daherdrecklerei da, heut der und morgn der und übermorgn da ander!* Straubing. M.S.

tredeln, trellen

Vb. **1** geifern, sabbern, °OB, °NB, °OP, °SCH vereinz.: °*dredln* besonders von kleinen Kindern Ergolding LA.
2 kleckern, (Flüssigkeit) verschütten, °OB, °NB, °OP vereinz.: °*dredln* „mit dem Löffel beim Essen" Straubing.
3 weinen, °OB, °NB vereinz.: *trelln* Ergoldsbach MAL.– Vers: *dröl a weng, dröl a weng, kriagst a rots Oa, dröl no a weng, dröl no a weng, kriagst scho glei zwoa* „sagt man zu einem weinenden Kind" Mengkfn DGF.

Etym.: Abl. zur selben onomat. Wz. wie →*tredern*. Anders WBÖ V,414.

WBÖ V,414.

Komp.: **[an]t.** bekleckern: °*schau, wiest di wieder atredlt hast!* „vollgekleckert" Pauluszell VIB.

[um-ein-ander]t. wie →*t.*2, °OB, °NB, °OP vereinz.: °*dredl do net so umanand!* „tropf nicht so herum!" Pfarrkchn.

[ver]t. wie →*t.*2, °OB, °NB, °OP vereinz.: °*der håt d Milch verdreddlt* Eresing LL.

WBÖ V,414. M.S.

Treder

F., jmd, der kleckert, Flüssigkeit verschüttet: °*a so a Tredern!* Koppenwall ROL; *dre:dan* „Person, die dazu neigt, Flüssigkeiten zu verschütten bzw. sich vollzukleckern" KILGERT Gloss.Ratisbonense 62. M.S.

-treder

N., nur in: **[Ge]t.** wohl Gefurze: °*Getreder* Neusorg KEM. M.S.

Trederer

M. **1** von Menschen.– **1a** jmd, der geifert, kleckert.– **1aα**: °*oida Dräderer!* „Sabberer" Rgbg.– **1aβ** jmd, der kleckert, Flüssigkeit verschüttet, °OB, °NB, °OP, °MF vereinz.: °*jetzt host wieda ois verschütt, du Treterer!* Rdnburg; *Du oida Drεdara!* nach AMAN Schimpfwb. 48.– **1b** Verschwender, °OB, °NB, °OP, °MF vereinz.: °*Trederer* Arnstorf EG.
2 Geifer, Speichel, °OB, °NB vereinz.: °*Trederer* Rottenburg.
3 Speisefleck, Klecks: °*Trederer* „Suppenfleck an der Kleidung" Weiden; *dre:dara* „Tropfen, Klecks, noch flüssiger Fleck" KILGERT Gloss. Ratisbonense 62.
4 Kot, Ausscheidung des Darms: °*der håt an Trederer in da Hosn* „in die Hose geschissen" Eging VOF.

Komp.: **[Hosen]t. 1**: °*Hosntrederer* „Kind, das in die Hose scheißt" Bayersoien SOG.– **2** Bub, der die erste Hose trägt, °NB, °OP vereinz.: °*da habts aber öitz an nettn Hosnträtara!* Walkertshfn MAI.– **3** Feigling, °OB, °NB, °OP vereinz.: °*Hosnträtterer* Lam KÖZ. M.S.

Trederling

M., Geifer, Speichel, °OB, °NB vereinz.: °*dir rinnt da Dredaling owa* Bogen. M.S.

trederln

Vb. **1**: °*dredaln* geifern Miesbach.
2 kleckern, (Flüssigkeit) verschütten, °NB, °OP vereinz.: °*du trederlst ja wia a oida Spitaler* Schönbrunn LA.
3 Kot ausscheiden: °*dredaln* „von Rehen, Schafen, Rindern" Mintraching R.

Komp.: **[ab]t.**: °*du trederlst di allaweij ab* „kleckerst dich voll" Bayerbach GRI. M.S.

tredern

Vb. **1** kleckern, (Flüssigkeit) verschütten, °NB mehrf., °OB, °OP vereinz.: °*paß auf, treder do net übern ganzn Tisch!* Mallersdf; „Da konnte er schlürfen ... und *trödern*, wie es ihm gefiel" Altb.Heimatp. 44 (1992) Nr.26,7.– Auch: *dredαn* „umherstreuen" nach KOLLMER II,93.
2 scheißen, furzen.– **2a** (laut od. dünnflüssig) scheißen, den Darm entleeren, °OB, °NB, °OP vereinz.: °*tredan* „vom Kleinkind" Beratzhsn PAR; *drę̄dαn* „in die Hosen" nach DENZ Windisch-Eschenbach 269.– **2b** furzen, °NB, °OP, °OF vereinz.: °*dredern* „einen fahren lassen" Neustadt.

Etym.: Wohl onomat. Anders SCHMELLER I,648.

SCHMELLER I,648, 666.

Abl.: *Treder, -treder, Trederer, Trederling, trederln.*

Komp.: **[ab]t.** bekleckern, °NB mehrf., °OB, °OP vereinz.: °*schau, wia si da Opa åbtredat håt!* Ismaning M; °*iatzt host dei neie Joppn ganz abtredert!* Mallersdf; „das Kind hat sich beim Essen der Suppe ... *otretert*" HÄRING Gäuboden 170.

[**abhin**]**t.** **1**: °*oitredern* „hinuntertröpfeln" Beratzhsn PAR.– **2** wie →*t.*1, °NB, °OP vereinz.: *schau hi, wiast owetredast!* Winklsaß MAL.

[**an**]**t.** **1** wie →[*ab*]*t.*, °OB, °NB, °OP vereinz.: °*schau dei Gwand ån, da håst di åtredert!* Dingolfing; *o*[n]*:dre:dan* KILGERT Gloss.Ratisbonense 31f.– **2** mit Kot beschmutzen, °NB vereinz.: °*die Kloa håt ois voll oträdat* Schönbrunn LA.

[**um-ein-ander**]**t.** wie →*t.*1, °OB, °NB, °OP vereinz.: °*geh, dredat net so umanand!* Wildenroth FFB.

[**aus**]**t.** wie →*t.*1: °*schau hi, vom Ofn bis zum Tisch hosd d Suppm austredat!* Metten DEG.

[**der**]**t.** **1** wie →[*ab*]*t.*: *dadre:dan* „bekleckern" KILGERT Gloss.Ratisbonense 56; *də'trédə'n* „durch Tr[opfen] verunreinigen" NB SCHMELLER I,648.– **2** (Geld) vergeuden, verschwenden: °*der dertrettert sei Geld* Gangkfn EG.
SCHMELLER I,648.

[**ver**]**t.** **1** kleckern.– **1a** wie →*t.*1, °NB, °OP vereinz.: °*du vatrederst ja die ganz Suppm!* Weiden; *və'trédə'n* SCHMELLER I,648.– Auch: °*vertredern* Brot verbröseln Schierling MAL.– **1b** wie →[*ab*]*t.*: °*schau ner, der Sepp håt sei neis Hösl verträdert!* Kchndemenrth NEW.– **2** wie →[*der*]*t.*2, °OB, °NB, °OP vereinz.: °*vertreder s Gejd net so!* Bayersoien SOG.
SCHMELLER I,648.

[**voll**]**t.** **1** wie →[*ab*]*t.*, °OP, °MF vereinz.: °*jetzt håst di ganz vollträdat* „mit der Suppe" Waidhs VOH; *volldredern* „besudeln" KILGERT Gloss.Ratisbonense 170.– **2** wie →[*an*]*t.*2, °OP vereinz.: °*döi Gäns hom an ganzn Hausgang vollträdert* Kchndemenrth NEW. M.S.

trefeln[1]
Vb. **1** undeutlich sprechen: °*trefeln* Cham; *drevln* „unverständlich" KOLLMER II,93.
2: °*trefeln* „grantig daherreden" Cham.
Etym.: Nebenf. von →*triefeln*[2]; WBÖ V,368f.
WBÖ V,368f.

Abl.: *Treflerer.* M.S.

trefeln[2]
Vb., verschütten: *drefeen* „verschütten" Spr.Rupertiwinkel 24.
Etym.: Nebenf. von →*triefeln*[3].
WBÖ V,368f.

Komp.: [**ab**]**t.**: *odrefeen* „alles bekleckern (Essen)" Spr.Rupertiwinkel 67.

[**ausher**]**t.** heraustropfen, herausrinnen: °*da Foam drefed aus sein Mäi außa* Dachau. M.S.

trefer, †treffant
Adj., nicht koscher, unrein, ungenießbar (von Fleisch): *trēfer* „verboten ... nach den jüdischen Speisegesetzen ... nicht nach vorgeschriebener Form geschlachtet" BERTHOLD Fürther Wb. 234; *Swaz flaesch die juden tôtten ... ez werd treffant oder nicht, daz sůllen die flaeschhaeckel verchauffen auf der hindern panck* um 1365 Stadtr.Mchn (DIRR) 436,9-11.
Etym.: Aus hebr. *drejfe*; A. KLEPSCH, Westjiddisches Wb., Tübingen 2004, II,524-526.
SCHMELLER I,650. M.S.

Treff[1]**, Treft**
M., †N. **1** starker Schlag, Hieb, NB, °OP vereinz.: °*dea håut n an Treef gem, daß a hintigflung is* Kchnthumbach ESB; *n Treeft kröign* SINGER Arzbg.Wb. 239; *er hat ihm einen guten Tref gegeben* „ihn wol getroffen" PRASCH 24; *Er hat ihn ein rechtes Tref versezt* HÄSSLEIN Nürnbg.Id. 133.– Auch Hundename, OB, SCH vereinz.
2 Krankheit.– **2a** (leichter) Schlaganfall, °OB, °OP vereinz.: °*der håt an Treff kriagt* Rehling AIC; *Treff* „Schlagfluß, Gehirnschlag" FEDERHOLZNER Wb.ndb.Mda. 224.– Auch plötzliche Erkrankung: °„er hat einen *Treff* bekommen" Mchn.– **2b** gesundheitlicher Schaden, Gebrechen, °OB, °OP, MF vereinz.: °*i håb mein Treff in Rußland in da Gfangaschaft dawischd* Dietfurt RID; *Däer hout ... si an Trēf ... gsteckt!* „eine Verletzung ... zugezogen" BERTHOLD Fürther Wb. 234.
3 scharfe Zurechtweisung, Rüge: *heit hani mein Treff kriagt* Hengersbg DEG.
4 Schicksalsschlag, °OB, °OP vereinz.: °*mit dem Unfoi hot da Goribauer erst sein Treff kriagt* Pörnbach PAF; *des haut nan an Dreef gem* „schwer getroffen" KONRAD nördl.Opf. 94.
5: °*Treef* „finanzieller Ruin" Weiherhammer NEW.
6 Beeinträchtigung, Dämpfer: *Maa Reschpekt haout ... an Treeft kröigt* SCHEMM Stoagaß 102.
Etym.: Mhd. *trēf* stm./n., Abl. von →*treffen*; WBÖ V, 369.

DELLING I,133; HÄSSLEIN Nürnbg.Id. 133; PRASCH 24; ZAUPSER 77.– WBÖ V,369.

Komp.: †[**An**]**t.** Belange, Angelegenheiten: *Hirinn wirt erfündten, daß Juden umb sachen irer gassen und heuser … und anders antreff fur daz wachtding* [Bürgerversammlung] *gehoren* 1462 Urk.Juden Rgbg 16. M.S.

Treff[2]

(Genus?), Kartenfarbe Kreuz, °OB, °OP vereinz.: °*Treff* Arnschwang CHA.

Etym.: Aus frz. *trèfle* 'Klee'; Kluge-Seebold 927.

WBÖ V,369. M.S.

Treffen

N. **1** Treffen, Zusammenkunft: °*des Dreffm is an Samsda* Windischeschenbach NEW; *wann i mit ihr a Treffn vereinbarn könnt* SZ 20 (1964) Nr.35,13.

2 Scharmützel, Schlacht: *a Treffen* Passau; *mit auffgerecktem fändel wöllen wir ein treffen thun* Schönsleder Prompt. Ii8ᵛ.

3 †Schlag, etwas, das jmdn schwer trifft: *Ich wæne daz dich daz rechte treffen rüere* HadamarvL 71,285.

Etym.: Mhd. *trëffen* stn., Abl. von →*treffen*; Pfeifer Et.Wb. 1454.

Schmeller I,651.– WBÖ V,371f.

Komp.: [**Fünfziger**]**t.**: °*Fufzgertreffa* „Jahrgangstreffen aller Fünfzigjährigen" O'ammergau GAP.

†[**Haupt**]**t.** wohl Entscheidungsschlacht: *Alle alte Historien berichten von disem Lechfeld/ das auff selbigem so vil blutige Haupttreffen geschehen* Hueber Granat-apfel 58.

[**Hinter**]**t.** letzte Schlachtlinie, Reserveeinheit ohne Anspruch auf Beute, in Phras.: *ins H. kommen / geraten* in eine ungünstige, nachteilige Lage: °*der grout ins Hintertreffn* Weiden; *in's Hintatreff'm komma* „hintangesetzt werden" Braun Gr.Wb. 261. M.S.

treffen

Vb. **1** ein Ziel erreichen (u. verletzen, beschädigen), ins Ziel bringen.– **1a** (ein Ziel) treffen (von einem Schlag, Stoß, Geschoß u.ä.): *dö Kugl håd troffa* Mittich GRI; *und ăso hàt dă Schus allë zwoa troff'n* OB Bavaria I,356; *der Baam, der hot 'n denersch troffn* Dingler bair. Herz 122; *percutit … triffit* wohl Rgbg 1.H. 9.Jh. StSG. I,40,30; *daz der plitzen … niht alle zeit den menschen dertŏd, wenn er ez trift* KonradvM BdN 119,30f.; *des kam Fraw Mynne stral zúe in geflogen Vnd traff zúe mittem herczen das minnicliche weib* Füetrer Persibein 15f.,55f.– **1b** mit einem Schlag, Stoß, Geschoß u.ä. treffen, °OB, °SCH vielf., MF mehrf., °NB, °OP, OF vereinz.: *am Schlåf* [Schläfe] *håt an droffa* Hundham MB; °*dea hod den Bog ned droffa* Neufraunhfn VIB; *as Werfa host glernt, owa s Trefa niat* Bruck ROD; „beim Kegelschieben oder Schießen … *Der trifft wie ein junger Herrgott*" Stemplinger Altbayern 62.– Phras.: „*Der hat'n neig-haut nach treffa* … wenn einer seinen Kontrahenten schlug, ohne … darauf zu achten, wo er ihn traf" Schilling Paargauer Wb. 104.– *Es gut / schlecht t.* u.ä. (kein) Glück, (keinen) Erfolg haben, °OB, °OP vereinz.: °*du hasts guat troffen* „das Richtige getan" Bayersoien SOG; °*der håuts mit sein Wei schlächt droffm* Neuhs NEW; *i hab's guet troffa, bin an ausg'machti Frau* OA 121 (1997) 111;– °*du håst as troffa* „die richtige Entscheidung getroffen" Marktl AÖ, ähnlich DEG.– °*Do kimm i ned z treffa* „habe ich keine Chance" Grafing EBE.– **1c** (ein Geschoß u.ä.) ins Ziel befördern, °OB, °NB vereinz.: °*den Ball ins Kreuzeckerl treffa* „beim Fußballspielen" Edling RO.

2 ereilen, unerwartet widerfahren, Schaden zufügen, °OB, °NB, °MF, SCH vielf., °OP, °OF mehrf.: *da Schaua* (Hagel) *hot uns bös troffa* Haag WS; °*döm hod da Schlo drofa* Schlaganfall Lohbg KÖZ; *Den alten Schwaiger hat am Sunnta' 's Paralyß* [Schlaganfall] *troffa* L. Christ, Lausdirndlgesch., München, 1981, 11; *die plag Gots wird sy treffen und überfallen* Füetrer Chron. 81,8.– Phras.: *jmdn trifft es / etwas* jmd erleidet einen Schlaganfall, °NB vielf., °OB, °OP, °SCH vereinz.: °*dem hat was troffa* Winklsaß MAL; °*n Mirtlbauan hots troffa* Wiefelsdf BUL; *Hui'a hǫdn äps … drǫfa* Kollmer II,401;– *rechts troffa* Schlaganfall Mchn.– *Jmdn trifft es links* jmd erleidet einen Herzschlag, OB, NB vereinz.: *links troffa* Aicha PA.– *An Kloan, an Armer trifft's dreimoi, bis's an andern oamoi trifft!* Haller Dismas 43.

3 betroffen machen, beleidigen.– **3a** betroffen machen, im Innersten bewegen, erschüttern, OB, NB, OP, MF vereinz.: *dös hot mi bis in d Söi nei troffa* Allach M.– **3b** beleidigen, kränken: *Nach außen hin, da hat's so toa … als wenn s'de Katz moanat, aber in Wahrheit, da hat s'mi treffa wolln* SZ 14 (1958) Nr.192,6.

4 herausfinden, ausdrücken, darstellen, meinen.– **4a** herausfinden, erraten: °*du hasts troffn* „erraten“ Ohlstadt GAP; *Wer woaß, wos de Herren für einen Geschmack ham. Den muaß ma hoid treffa* SZ 34 (1978) Nr.81,23.– **4b** ausdrücken, darstellen.– **4bα** präzise zum Ausdruck bringen, °OB, OP vereinz.: °*der hat des troffa* „den Kern der Sache“ Zustorf ED; *der triffts* „erklärt es gut“ Zell RID.– **4bβ** (nicht) treffend od. vorteilhaft darstellen, abbilden, in Phras.: *gut / schlecht t.* u.ä. °OB, °SCH vielf., °NB, °OP, °OF, °MF vereinz.: °*du bist guat troffa* „auf einem Foto, in einer Beschreibung“ Steinhögl BGD; *niat guat droffm* Floß NEW; *dees woaß i' gwiß, Daß guat mei' Bildl 'troffa is* KOBELL Hausl' 49.

5 betreffen, meinen, zukommen.– **5a** betreffen, angehen, auf jmdn od. etwas Bezug nehmen, ä.Spr., in heutiger Mda. nur im Komp.: *Pertinere trgfcn [trefan]* Tegernsee MB 1.H. 11.Jh. StSG. II,749,17; *div siben gebete ... der driv ze gote treffent, uieriv ze des mennesscen sælde* Spec.Eccl. 150,11-13.– **5b**: °*Sepp, du bist troffn!* „du bist gemeint, angesprochen“ Pittenhart TS.– **5c** †zukommen, gebühren: *Da Hansl ... fangt da 's Rechna an, Was er All's hat und was ... An Pfarrer treffa kann* SEYFRIED G'schichtln 31.– Auch angemessen sein: *petlleuth ... bey denen underthanen der treffenten proportion nach ... in die natural-verpflegung ... zuverlegen* 1726 WÜST Policey 590.

6 †zu etwas führen, bewirken: *der tôtlich haz, diu unrecht girde ... diu treffent elliu zů der manslechte* O'altaicher Pred. 134,4-6.

7 begegnen, zusammenkommen.– **7a** jmdm zufällig begegnen, °OB, °NB, °OP vereinz.: °*ausgrechnat am Saumarkt ham mir uns droffa, wia wenn mas ausgmacht hättn* Pörnbach PAF; *Aaf sein Wech in Keller trifft er ... an Michl mit seiner Altn* SCHEMM Deas-Gsch. 15.– **7b** mit jmdm ein Treffen haben, aufgrund einer Verabredung zusammenkommen, °OB, °NB, °OP, °MF, °SCH vereinz.: °*nacha treff ma se um vier Uhr zum Tarockn* Kreuth MB; °*i håb an Hans in Grafenau troffa* Innernzell GRA; *wo i ihr doch vasprochn hob, daß mia uns vorm Amt treffan* HERRLEIN Wallfahrt 12.– Auch refl. mit präp. Obj.: °*i ho mi mitn Josef am Bahnhof droffn* Weiden.

8 †einen Kampf, eine Schlacht liefern, kämpfen: *bis die Beham ... sich wider trutzlich stelten und auf ein neus wider kecklich trafen* AVENTIN V,450,33f.

9 †reichen, sich erstrecken: *so ain aichpamb in ainem mitterzaun stiente und auf baider thail grund träf* O'teisendf LF 1671 GRIMM Weisth. VI,155.

10 vorfinden, antreffen: *wie mas halt bei de Bauan trifft* Furth CHA; *I woaß nöt ob in der Welt a Mittel z'treffa wär, das so mächti' auf ... Vatalandslieb' wirka könnt, als a Nationaltracht* SCHUBAUR Vermächtniß 95f.; *Wo sich ein beklagter ... verpürge ... allso das er nit woll zefinden oder zetreffen war* Passau 1536 WÜST Policey 259.

11 anstehen, auf Erledigung warten: *was trifft itzt? – das Lesn!* Haag WS.

12 refl., (durch Zufall) eintreten, sich ergeben, sich fügen: *dös trifft sö guat, daß d grad dahoam bist* Passau; *Er kimmt scho', no' dees hat si' troffa* KOBELL Hausl' 86.

13 †verabreden, vereinbaren, beschließen: *vertrag, teiding, geding treffen* AVENTIN I,422,9f.; *die verordnung dahin treffen vnd bestättigen wollen, daß ... die ... burger ... 6 kr. wacht-geldt ... zu bezahlen schuldig seyn sollen* Berchtesgaden 1765 WÜST Policey 357.

14 †betragen, ausmachen, sich belaufen: *dise wahr hat ... in allem zu Gelth zesamen .... getroffen 180 fl* 1682 POSCHINGER Glashüttengut Frauenau 81.

15 Part.Prät.– **15a** †trefflich, hervorragend: *Schmaizler ... Ganz troffa war a* SCHLICHT Altheimld 58.– **15b** verrückt, närrisch, in Phras.: *gut getroffen* °OB, °NB, °OP vereinz.: °*du warst ja guet troffa, des schlåg da bloß ausm Kopf!* Mchn; *Du bischt guat troffa!* THOMA Werke VI,427 (Wittiber).– **15c** anmaßend, unverschämt, in Phras.: *gut getroffen* °OB, °NB, °OP, °MF, °SCH vereinz.: °*du bist ja guat troffn!* „was fällt dir denn ein!“ Kreuth MB.

Etym.: Ahd. *trëffan*, mhd. *trëffen*, germ. Herkunft; KLUGE-SEEBOLD 927.

SCHMELLER I,651.– WBÖ V,369-373.

Abl.: *Treff*[1], *Treffen*, *treffen(t)lich*, *Treffer*, *Treffets*.

Komp.: **[an]t. 1** †(einen Ort) erreichen: *so sollen sj ... glait bej ainer vnnser ... zolstat ... an den gränitzen, da sj vnnser furstenthumb antreffen ... ersuechen* um 1552 WÜST Policey 433.– **2**: *net otroffa* „beim Eggen einen Streifen auslassen“ Umbertshsn KEH.– **3** †wie →*t.*2: *wenn in ein not antriffet von brunst oder von alters wegen* Vilseck AM 1410 GRIMM Weisth. VI,109.– **4** †wie →*t.*5a: „betreffen ...

əs trifft di' à~“ SCHMELLER I,651; *die sache … diu vnser herschaft antriffet* Rgbg 1287 Corp. Urk. II,287,6f.; *Die fürsten haben vollen gewalt von allen andern dingen, so land und leut antrift, zu handeln* AVENTIN IV,43,8-10 (Chron.).– **5** vorfinden, auffinden, ertappen.– **5a** wie →*t.*10, OB, NB vereinz.: *ohtreffa* „antreffen“ Kötzting; *I bin alle Tage zum o'treffa* THOMA Werke VII,248 (Jagerloisl); *wo sie verdechtige vnbekhanndte bej den heüsern antreffen* Berchtesgaden 1618 WÜST Policey 335.– **5b** auffinden, ausfindig machen: *na hôtar an weg oⁿtroffn* SCHWEIZER Dießner Wb. 137.– **5c** †ertappen: *die vberfarer … wie sie vf frischer that anzutreffen … zu verhaft genommen* Neuburg 1606 WÜST Policey 672.– **6** anstellen, etwas Verwerfliches tun: *Der hot wos Saubers otroffa* GRAF Werke XI,4,436.

DELLING I,27; SCHMELLER I,651.– WBÖ V,373f.

[**auf**]**t.** **1** wie →*t.*10: *Du wërscht it* [nicht] *schlecht schaug'n, daß du ins da auftriffst* THOMA Werke VI,383 (Wittiber).– **2** auch refl., wie →*t.*12, °OB, NB vereinz.: *dös trifft sö åmoi oi heiligö Zeitn auf* Hohenpeißenbg SOG; *is er entweder drobn oder herunt bliem, grod, wia's auftroffa hot* GEHRKE I und der Ludwig 122; *əs trifft oft au', dás I nét dəhaəm bi~* SCHMELLER I,651.– Refl. auch: °*des trifft si wieda guat auf* „ist gut gelungen“ Eresing LL.– **3** zu einem best. Zeitpunkt stattfinden: *da Pfarrer will eahm an Spottnama geb'n. Simpli oder Simpi … weil der Heilige* [Tag des hl. Simplizius] *auftrifft auf den Tag, wo's Kind geboren is* THOMA Werke VI,234 (Andreas Vöst).

SCHMELLER I,651.– WBÖ V,374.

[**be**]**t.** **1** wie →*t.*5a, NB, OP vereinz.: *si betroffn fühln* „wenn einen etwas angeht“ Schloppach TIR; *Von andern Puncten die letste Willen betreffend* Landr.1616 363.– **2** wohl †in etwas bestehen, seinen Inhalt haben: *jeden … in gelt betreffenden underhalts-betrag* 1726 WÜST Policey 591.– **3** Part.Prät.– **3a** betroffen, im Innersten erschüttert, Gesamtgeb. vereinz.: *der wor der ganz betroffn* Hohenstein HEB.– **3b** erstaunt, verblüfft, °OB, °OP vereinz.: *da wår a ganz betroffn* „baff“ Böhmischbruck VOH.

WBÖ V,374.

Mehrfachkomp.: †[**an-be**]**t.** wie →*t.*5a: *wegen ab handtlung, ettlicher des Gotts hauß anbedrefeten sachen* 1631 HAIDENBUCHER Geschichtb. 75.

[**ein**]**t.** **1** (an einem Ort) ankommen: *aufn Bunkt aintröffa* „pünktlich“ Mittich GRI; *daß de fimf ausländisch'n Henna-Waggons net eintreffa* SZ 5 (1949) Nr.123,9.– **2** wie →*t.*12: *es wiad a Uglück aitreffa* M'nwd GAP.

†[**für**]**t.** übertreffen, überlegen sein: *Precellenti vuritrefantemo* Tegernsee MB 2.H.11.Jh. StSG. I,788,26; *daz rîche dâ vur traf. Welf vil chûme entran* Kaiserchr. 392,17243f.; *da vnsere Pfleger … einen … grossen Hirschen/ Beern … oder andere Thier/ so andern Thieren etwas fürtreffen … gefangen* Landr.1616 780.

SCHMELLER I,651.

[**zu-sammen**]**t.** **1** begegnen, zusammenkommen.– **1a** auch refl., sich zufällig begegnen, °OB, °NB, °OP vereinz.: °*då håma se zamdroffa, ois wenn mas ausgmåcht hen* Dachau; °*zufälli san ma zammtroffa* Neuhs PA.– Auch mit präp. Obj., jmdm zufällig begegnen: *Wo i mit eahm z'samm'troffen bin, is er freundli g'wen zu mir, hat mi tröst, wenn i's braucht hab'* THOMA Werke VI,167 (Andreas Vöst).– **1b** auch refl., aufgrund einer Verabredung miteinander zusammenkommen, °OB, °NB, °OP, °SCH vielf., °MF vereinz.: °*um fünfi treffma uns zamm, daß fei a jeda kimmt!* Hzkchn MB; °*die ham si zum Schafkopfn zammtroffa* Pfeffenhsn ROL; °*auf Weihnachtn treffas alle in seim Haus zamma* Rgbg.– Auch mit präp. Obj., mit jmdm ein Treffen haben, aufgrund einer Verabredung zusammenkommen, °NB, °OP vereinz.: °*der håt si mit ihr zammtroffa* Reisbach DGF; °*dou bin i mit meim Vettan zamtroffa* Dietfurt RID.– **2** auch refl., wie →*t.*12: °*des hot se zammtroffa* „zufällig ereignet“ Wildenroth FFB; *Mei, dass des jetz ausgrechnet so dumm zamtreffa muaß!* Altb.Heimatp. 66 (2014) Nr.10,25.– **3** auch refl., sich einigen, eine Einigung erzielen, °OB, °NB, °OP, °MF, °SCH vereinz.: °*mit unsera politischn Anschauungen treffma mir nia zamm* Winklsaß MAL; °*do hama uns guat zammtroffa* Fronau ROD; *Mir treffan auf koa Ackerläng net* [keinesfalls] *zam* WAGNER Zuwanderung 12.

[**über**]**t.** wie →*[für]t.*, °OB, °NB, °OP, °MF vereinz.: °*dea iwadriffd dean bestimmt niat* „beim Wettlauf“ Windischeschenbach NEW; *üwatreff'm* „besser sein (mehr leisten) als ein anderer“ BRAUN Gr.Wb. 733; *Supereminet upartriphit* Tegernsee MB 1.H.11.Jh. StSG. II, 647,15; *Etleich sprechend, daz vns mangew tier v̊bertreffen an den fúnf sinnen* KONRAD vM BdN 143,14; *des ... khu^e^e vichs ... das der gu^e^ete halb, ainem ochsenfleisch, sich vergleicht, oder dasselb vbertreff* 1542 WÜST Policey 408.

WBÖ V,374.

[zu]t. **1** stimmen, den Tatsachen entsprechen: °*das trifft auf koa Aggaläng* [keinesfalls] *zua* Kumrt WOS; *nit zuTreffen* SCHÖNSLEDER Prompt. Kk1r.– **2** auch refl., wie →*t.*12, °OB, °NB vereinz.: °*dös hod si grod so zoutroffa* „zufällig" Wettstetten IN; °*wias no aso zuatreffa ko?* Essenbach LA; *zuTreffen* SCHÖNSLEDER Prompt. Kk1r. M.S.

†treffen(t)lich, trefflich

Adj. **1** triftig, stichhaltig: *wie oder wo ... Karolus warlich geporen sei, vind ich nit mit treffenlicher oder bewärter erklärung* FÜETRER Chron. 83,26-30.

2 angemessen, gebührend: *Herzog Heinrich antwortet der Landschafft bey mehr trefflichen Worten, er wollte mit seinem Vettern Herzog Albrechten in den Sachen unbekümmert seyn* Abensbg KEH 1445 BLH III,148.

3 wichtig, bedeutend, schwerwiegend: *Aller erst gedacht der künig, das die sach treffenlich und gros wär* FÜETRER Chron. 94, 26f.

4 vortrefflich, vorzüglich, hervorragend: *wo man sich ... nit vleist, das man alte tat einschreib, ist ain wârs zaichen, das man nichts guets oder treffentlichs tut* AVENTIN I,258,18-20 (Regensburg).

5 angesehen, ehrbar: *man soll nicht anschlagen ohne Wissen der Führer in den Dörfern, oder, wo die nicht vorhanden, der andern treflichsten in Dörfern drey oder vier* Landshut 1508 BLH XVII,145f.

6 bevollmächtigt: *schikt der ... kaiser der Persier ... ein treffenlich potschaft* [Gesandtschaft] *überal in sein reich* AVENTIN IV,324,13-15.

7 beträchtlich, ansehnlich, außerordentlich: *durch solchen Weg möchte Ew. Gnad eine trefliche und tapfere Summe ... gegeben werden* Ingolstadt 1507 BLH XVI,243.

Etym.: Mhd. *trëflich, trëffe(n)lich*, Abl. von →*treffen*; PFEIFER Et.Wb. 1454.

SCHMELLER I,651.– WBÖ V,375.

Komp.: **†[für]t.** **1** wie →*t.*4: *Von den fürtreflichen Thieren/ so in bestandt oder Gnadengejaidern gefangen werden* Landr.1616 780.– **2** †wie →*t.*7: *Auffschlag ... auf einen jeden Münchner Eimer Wein ... zehen Kreutzer ... welches ... ein fürtrefflicher, und hochwichtiger Auffschlag ist* Landtag 1542 60.

SCHMELLER I,651.– WBÖ V,375.

†[über]t. **1** wie →*t.*4: *Dieweil übertreffenliche kaiserliche hocheit schuldig ist zu verhüten, damit das jenig, so nach satzung ... rechtlich gehandelt wirdt, ân alles widerrufen kreftig bleibe* AVENTIN I,166,28-31.– **2** wie →*t.*7: *daß die Summe übertreflich groß, und Uns schwer ist* 1485 BLH VIII,422.

SCHMELLER I,651. M.S.

Treffer

M. **1** Schuß, Schlag u.ä. ins Ziel, OB, °NB, OP, SCH vereinz.: *a niada Schus a Tröffa* Aicha PA; *Treffa* BRAUN Gr.Wb. 671.

2 Preis, Gewinn.– **2a** Preis beim Wettschießen: *ön erstn Tröffa* Hengersbg DEG.– **2b** Lotteriegewinn: *da Treffa* gewinnbringendes Los Passau; *A solchenes Glück, mehra Treffa als wia Los!* VALENTIN Werke IV,120.

3 (leichter) Schlaganfall, °OB, °OP vereinz.: °*der hot an Treffa kriagt* Hohenschäftlarn WOR.

Etym.: Mhd. *trëffære* stm., Abl. von →*treffen*; PFEIFER Et.Wb. 1454.

WBÖ V,374f. M.S.

Treffets

N. **1** Krankheit.– **1a** (leichter) Schlaganfall, °OB, °NB, °OP, °MF, °SCH vereinz.: °*da Lugi hod geschdarn a Treffats khot* Wildenroth FFB.– **1b**: °*der håt sei Treffats weg* „gesundheitlichen Schaden" Weiden.

2 Zusammenkunft, Verabredung, °OB, °OP vereinz.: °*mia ham a Treffats ausgmacht* Bayersoien SOG; *Daß i mit meiner Frag verdirb Des Treffats, hab i gsehgn* EHBAUER Faust 111.

Komp.: **[Klassen]t.**: °*a Klaßntreffats* „Klassentreffen" Hohenpeißenbg SOG.

[Zu-sammen]t. wie →*T.*2: °*Zsammtreffats* „Verabredung" Fischbachau MB. M.S.

Treflerer

M.: °*Treflerer* „Schwätzer" Cham.

WBÖ V,369. M.S.

Dreh

M. **1** Drehbewegung, Schwung: „Alljährlich hört man die Schnalzer ... sich üben im Knallen [der Peitsche] ... um den rechten Schwung

(*Dreh*) herauszubringen" Rupertiwinkel Altb. Heimatp. 6 (1954) Nr.8,4.
2 (Kurbel der) Bremsvorrichtung am Wagen, OP vereinz.: *der Dra am Wong* Speinshart ESB; „Kurbel zum Festziehen der Bremse ... *drą̄*" Essing KEH SNiB VI,136.
3 Knoten, Schlinge, °OB, °NB, °OP vereinz.: °*in dös Ährenband muaßt an Drah neimacha* Hohenpeißenbg SOG.
4 best. geistige od. körperliche Verfassung, Krankheit.– **4a** Verrücktheit, Eigenheit, °OB, °NB, °OP, °MF, °SCH vereinz.: °*dem derfst net ois glam, der hat a weng an Dreh* Teisendf LF; °*der hot sein Dreh* „ist schwachsinnig" Weiden.– **4b**: *der Dra* Drehkrankheit der Schafe Bruckmühl AIB.
5 Trick, Streich.– **5a** Trick, Kniff: *dea hod den Dreh raus* „weiß, wie man sich vor der Arbeit drückt" Ried FDB; *Oje, oje i find hoid koan Dreh* Loew Grattleroper 90.– **5b** Streich, Scherz, °OB, °NB vereinz.: *Buam, dera deama heit wieder an Dreh o* Limbach PA.
6 Gewohnheit, Trott: °*der Umstand bringt mi ganz ausm Drah* Reit i.W. TS.
7 unbestimmter Zeitpunkt, nur in Phras.: *um den D. herum* ungefähr, etwa: *Um den Dree rum* „um diese Uhrzeit" Christl Aichacher Wb. 272.
WBÖ V,235f.

Komp.: [**An**]**d.** wie →*D.*2: *der Odrah* Theuern AM. A.S.H.

Dreh-auf, Spaßmacher, →[*Dreh*]*auf*.

Dreh-dich-hui
N., Kitsch nach typisch bayer. Art: „kein Schnickschnack, keine überflüssige Dekoration ... dieses *Dradihui* mag ich nicht" Rott WS Servus in Stadt & Ld 2016, H.10,79.
Etym.: Satzwort aus *dreh dich hui!* (→*drehen*). A.S.H.

Dreh-dich-um
M., wohl auch N. **1** Drehbewegung, Schwung: *in oan Dradeum dahi* „beim Tanz" Erding.
2 sich drehender Gegenstand.– **2a** Kinderkreisel: °*Dradium* O'neukchn MÜ.– **2b** Drehkreuz, °OB, OP vereinz.: *Draahdium* Burglengenfd.
3 Strudel, Wasserwirbel: *dea Dradium* N'taufkchn MÜ.
4 Verrücktheit, Eigenheit: °*Dradium* Günzenhsn FS.
Etym.: Satzwort zu →[*um*]*drehen*.
WBÖ V,250.

Komp.: [**Ochs**]**d.** etwas, um das man jmdn am 1. April schickt: °*Oxdradium* Ebersbg; „Kinder ... werden ausgeschickt ... um eine Portion *Oxdradium*" Lettl Brauch 43.
WBÖ V,250. A.S.H.

Dreh-dich-Waberl, Kreisel, →[*Dreh-dich*]*barbara*.

Drehe
F. **1** sich drehender od. zum Drehen geeigneter Gegenstand.– **1a** Kurbel, Bremsvorrichtung.– **1aα** Kurbel allg., °OP vereinz.: °*die Drah* „an Handmaschinen" Hohenburg AM; „Kurbel am Butterfaß ... *α drą̄n*" Enkering EIH nach SOB V,338f.; „eine *Schliffsteinwellen mit der Treh*" Wunsiedel 1702 Singer Vkde Fichtelgeb. 67.– **1aβ** Andrehkurbel, OP, MF vereinz.: *die Drahn* Anlasser im Kraftwagen Irlahüll EIH.– **1aγ** (Kurbel der) Bremsvorrichtung am Wagen od. Schlitten, °OP vielf., OF, MF vereinz.: *d voadra Drah, d hintra Drah* Hausen NM; „Die ganze Bremsvorrichtung ... *dei drą̄*" nach Steinhauser Mda.BUL 57.– **1b**: °*Drahn* Karussell Gündlkfn LA.
2 Geknotetes, Geknüpftes.– **2a** Knoten, Schlinge, °OB, °NB, °OP, MF vereinz.: °*dö Dirn håt dö Drah so gschwind gmåcht* „Garbenseilknoten" Ismaning M.– **2b**: °*die Drah* „aus Roggen- oder Weizenstroh gemachtes Garbenband" Miesbach.
3 Kurve, Wegbiegung, °OB, °NB, °OP, °OF vereinz.: °*noch 100 m bis zur Drah* Schwandf; *gache Drah* „enge ... steile Kurve" Sojer Ruhpoldinger Mda. 15.
WBÖ V,235f.

Komp.: [**An**]**d. 1** Kurbel, Bremsvorrichtung.– **1a** wie →*D.*1aβ: *Ondrah* Anlasser im Kraftwagen Emhf BUL.– **1b** wie →*D.*1aγ, OP (v.a. OVI) vielf., OF, MF vereinz.: *dö Odrah* Bremse am Wagen Kulmain KEM.– **2** Pflugwende: *Andrahn* Salzburghfn LF DWA VIII,49.
WBÖ V,236.

[**Brems**]**d.** wie →*D.*1aγ: „Kurbel der Bremse ... *bremsdrą̄n*" Böhmfd EIH nach SOB V,336f.

[**Ein**]**d.** wie →*D.*1aγ, °OP vielf., OF, MF vereinz.: *d Adra* Schwand OVI; *die Eidröih* Hainbronn PEG; *„d' Ei' drah* ... Bremsvorrichtung" Winkler Heimatspr. 69.

[**Schleif**]**d.** wie →*D.*1aγ, OP vereinz.: *d'Schlaifdrah* Bremse am Wagen Lauterhfn NM.

[**Um**]**d.** wie →[*An*]*d.*2: *Umdrah* Litzlohe NM; *Umdrah* Marzoll BGD DWA VIII,49.
WBÖ V,236.

Mehrfachkomp.: [**Her-um**]**d.** Herbstdrehwurz (Spiranthes spiralis): „Blüten, welche ähnlich der Stufen einer Wendeltreppe um den Stiel herum stehen … Im Volksmund … *Herumdrah*" Sachrang RO Altb.Heimatp. 72 (2020) Nr.43,11.

[**Wagen**]**d.** (Kurbel der) Bremsvorrichtung am Wagen, OP vereinz.: *d'Wongdra* Deuerling PAR.

[**Zu**]**d.** wie →*D.*1aγ, OP, MF vereinz.: *d'Zåudrah* Bremse am Wagen Kemnathen PAR.

A.S.H.

Drehel, Drä(n)del

M., N. **1** Drehbewegung, Tanz.– **1a** Drehbewegung: *drąl* „Drehen, Drehung" nach Kollmer II,91.– Auch: *drąl* „Windung" nach Kollmer II,91.– **1b** scherzh. Tanz, Tanzen: *„dǫ hǫbma gšåd … dåmar ą wīda hintan drąl kēmar is …* daß man auch wieder Gelegenheit zu tanzen hatte" nach Kollmer II,414.

2 sich drehender od. zum Drehen geeigneter Gegenstand.– **2a** Kinderkreisel, °OB, °NB, °OP vereinz.: °*s Dratl anpeitschn, sunst kummt er net vom Fleck* Rgbg; *Dranl* Heiligkreuz TS DWA XII,K.6; *Der … Drá-l, Drá˜l, Drádl* „Knopfform mit durchgestecktem Hölzchen" Schmeller I,560.– Phras.: *dö draht sö wia a Dra^{n}l* „wiegt sich beim Gehen in den Hüften" Simbach PAN.– *lauffà wià-r-à Drall* „einwandfrei funktionieren" Kaps Welt d.Bauern 113.– Auch †würfelartiger, dem Glücksspiel dienender Kreisel: *Der … Drá-l, Drá˜l, Drádl* „Würfel zum Umdrillen" Schmeller I,560.– **2b** Wetterfahne: °*Dradl* Rottau TS; *Der … Drá-l, Drá˜l, Drádl* „Windfahne" Schmeller I,560.– **2c** Windrädlein: °*Dratln auf der Dult* „gelbe und blaue Federn, die sich im Wind drehen" Rgbg.– **2d** Drehkreuz: *Drahdl* Teublitz BUL.– **2e** F., Rührbesen, Quirl: *eine Dra^{n}l* Höhenstadt PA.

3 Wirbel, Knoten, Locke.– **3a** Strudel, Wasserwirbel, OB, NB, °OP vereinz.: °*a Drahl* Wilting CHA; „als dieser … in den wirbel (*trâl*) des flusses sein netz warf" Aigen GRI Panzer Sagen II,35.– **3b** Wirbelwind, Windsbraut: °*a Dradl* „im Heu" Garching AÖ.– **3c** vom Haar.– **3cα** Haarwirbel, °OB, °NB, °OP vereinz.: °*dea hot an schönen Dradel am Kopf* Fronau ROD.– **3cβ** Haarknoten: °*Dradl* „geflochtener Zopf, der als Haarnest aufgesteckt wird" Ismaning M.– **3cγ** verwirrte, verfilzte Stelle im Haar: °*des Mal koscht ned kampin, weis i seina Büaschtn an Drahl din håd* Dachau.– **3cδ** Haarlocke: °*mit der Brennschere viele Dradl macha* Hohenpeißenbg SOG.

4 (kreisförmige) Stelle im Feld, an der das Getreide niedergedrückt ist, °OP vereinz.: °*a Dradl* „gilt als Werk des *Bilmesreiters* [Getreidedämons]" O'nrd CHA.

5 best. zum Drehen des Stammes geeignete Lage, Stellung der Zugkette beim Holzrücken: °*dra de Ketn afn Drahl* „das erste große Kettenglied wird auf die der Zugrichtung entgegengesetzte Seite des hängengebliebenen Baumes gebracht, sodaß er gedreht und herausgezogen werden kann" Eschlkam KÖZ.

6 †Gedränge, Getümmel: *I bi˜ gràd e˜n Drál* (Gewirr von Menschen) *eini kemə˜* Bay.Wald Schmeller I,560.

7 Verrücktheit, Eigenheit, °NB, °OP vereinz.: °*dea hot an Tradl* Fronau ROD.

8 Gewohnheit, Trott, °OB, °NB, °OP vereinz.: °*i bin ganz ausm Tradl kemma* Viechtach; *Er ist ganz aus dem Tradl kommen* Westenrieder Gloss. 584.

9 fahriger, unberechenbarer Mensch, MF, SCH vereinz.: *Drall* Wellhm EIH.

Schmeller I,560; Westenrieder Gloss. 584.– WBÖ V, 236.

Komp.: [**Dorn**]**d. 1** Neuntöter: *Turndradl* Weiboldshsn WUG; *Der … Dou'ndrá-l* Schmeller I,542; *dorndral* Tegernsee MB 12.Jh. StSG. III,29,1; *Von ·6· gehaltnen Dorndräll* 1678 MHStA Forstakten F.A. 436, fol.12^{r}.– **2** †kleine Kanone, Geschützart: *13 Dornndrädl* 1515 Gemeiner Chron. IV,273.
Schmeller I,542, 560.– WBÖ V,236.

†[**Drill**]**d. 1** wie →*D.*6: *In ə˜n Dri-l-Drá-l* (Gewirr, Gedränge) *hineinkommen* Bay.Wald Schmeller I,560.– **2** Durcheinander, Unordnung: *Hei˜t gêt mə˜ nicks zsam, bi˜ àlləwál e˜n Dri l drá-l* „von Gedanken" Bay.Wald Schmeller I,560.
Schmeller I,560.

[**Enten**]**d.** wie →*D.*3cα: °*Antndrahdl* Haarwirbel Kottingwörth BEI.

[**Haar**]**d.** wie →*D.*3cα, °OB, °NB, °OP vereinz.: °*den kennt ma vo hintn an sein komischn Haardradl* Gäuboden.

[**Wasser**]**d.** wie →*D.*3a, OB, NB vereinz.: *Wossadral* Arrach KÖZ.

[**Wind**]**d.** wie →*D.*3b: °*Winddradl* Windsbraut Rottau TS.

A.S.H.

Drehel-her-um

M., Strudel, Wasserwirbel: *da Tralarum* „sagen die Schiffer" Kchdf PAN.

Etym.: Satzwort zu *herumdreheln.* A.S.H.

dreheln, drä(n)deln

Vb. **1** (sich) im Kreis drehen.– **1a** etwas od. jmdn im Kreis (um seine Achse) bewegen, OB, OP vereinz.: *draln* Kochel TÖL; *Dazu drahdlt der Kaspar den goldenen Stern* HAGER Advent 20; *Nimm's bei da Mitt'n und trad'l sie* SCHUEGRAF Wäldler 72.– **1b** Kreisel treiben, °OB, °NB, °SCH vereinz.: *Khinda doa^n t draln* Mittich GRI.– **1c** auch refl., sich im Kreis um die eigene Achse bewegen, °OB, °NB vereinz.: °*der Kreisl dralld guat* „dreht sich gleichmäßig und lange" Polling WM; *die Feierradln ham si' drahdlt* FRANZ Pegasus 118.

2 (sich) zusammendrehen, kräuseln.– **2a** zusammendrehen, verdrillen, OB, OP vereinz.: *den Fadn dradl ma zerst* „um ihn leichter durch die Nadel einfädeln zu können" Mchn.– **2b** refl., sich verwickeln, verdrillen, ä.Spr., in heutiger Mda. nur in Komp.: *Də' Zwirm drá-lt, drá˜lt si'* SCHMELLER I,559.– **2c**: *drąln* „kräuseln" nach KOLLMER II,91.

3: *dralln* „Fußballspielen" JUDENMANN Opf. Wb. 44.

4 †ein Glücksspiel nach Art des Roulettes spielen: *ES sol ... Trädlen/ vnd dergleichen auf das blosse Glück gestelte Spil ... verbotten sein* Landr.1616 570.

SCHMELLER I,559f.– WBÖ V,236.

Komp.: [**an**]**d. 1** durch Drehen befestigen, festdrehen: *andrāhln* „Schraube, Rad" FEDERHOLZNER Wb.ndb.Mda. 20.– **2** Part.Prät.: °*der is o a bisla adralld* „geistig nicht ganz auf der Höhe" Polling WM.

[**auf**]**d. 1** aufzwirbeln, OB vereinz.: *an Bort aufdraln* Germering FFB.– **2** aufwickeln, wickelnd zusammenrollen: °*tua an Waschstrick aufdraadln* „zu einem Knäuel oder auf eine Spindel" Rosenhm.– **3**: °*dea drahlt heut schwar auf* „begehrt stark auf" Wildenroth FFB.

Mehrfachkomp.: [**hin-auf**]**d. 1** aufwirbeln, in eine wirbelnde, aufwärts gerichtete Bewegung versetzen: *der Wind ... hat 'n Schimmiwirt mitsamt die Tisch und Bänk' ... in d' Höch'n naufdradelt* FRANZ Lustivogelbach 26.– **2** in gedrehter Form hochstecken: °*dia hot seine Hoar naufdrald* „einen Haarzopfwirbel am Hinterkopf in die Höhe gestellt" Polling WM.

[**aus**]**d.** ausleiern, durch Drehen abnutzen: *ausdrahlt* „von einem Gewinde" Dietldf BUL.

[**ein**]**d. 1** wie →[*auf*]*d.*2: °*eidralln* aufrollen, aufwickeln (Schnur, Seil usw.) Weilhm.– **2**: *eindrāhlt* „gedrechselt" FEDERHOLZNER Wb.ndb. Mda. 66.

[**einher**]**d.**: *ąinadrąln* „herumdrehen, ringeln, locken (von der Locke)" nach KOLLMER II,40.

[**ver**]**d. 1** (sich) zusammendrehen.– **1a** wie →*d.*2a: „einen Faden, Strick usw. zusammendrehen ... *frtrẹdlα*" nach MOSER Staudengeb. 44; *er ... tuat sein Hut ganz wild verdrahdeln* STIELER Ged. 60.– **1b** wohl refl., wie →*d.*2b: °*da is alls vadradlt* „vom Haar" Ohlstadt GAP.– **2** †aus der Fassung bringen: *Mei Herz hat der Hans Mir verdrahdelt beim Tanz* SCHNEIDT Schnaderhüpferln 4.– **3** Part.Prät.: °*der is ja ganz vodrahlt* verdreht, schief Weilhm.

[**zu-sammen**]**d. 1** in wirbelnde Bewegung versetzen, in schneller Drehung bewegen: °*d'Hex* (Windhose) *hot schnö was zammdrahlt* Wettstetten IN.– **2** (sich) zusammendrehen, unordentlich zusammendrücken.– **2a** wie →*d.*2a, °OB vereinz.: °„die Flösser haben im Winter die *Widn* aus Ruten und die *Droht* aus 42 Drähten *zamdralt*" Lenggries TÖL; *Da brauch ma koan zum Fadn zsammdrahdeln* EHBAUER Weltgschicht I 52.– **2b** refl., wie →*d.*2b: °*die Schnur hat si zamdradlt* „ineinander verdreht" Eitting MAL.– **2c** unordentlich spinnen: °*zamdraln* Heilbrunn BOG.– **2d**: °*zamadralln* „Papier, Stoff zusammenknautschen, zerknüllen" Irlbach SR.– **3** schlecht, unordentlich herstellen, °OB mehrf., °NB, °OP vereinz.: °*wos der do zamadralt is a richtiga Murx* Mallersdf.– **4** unordentlich in Reihen legen: °*s Heu is zsammdralt* Bayrischzell MB.

WBÖ V,236.

†[**umher**]**d.**: *Und zu'n Ummə'drádln* (tanzen) *fált s mə' niə à˜'n Mádln!* SCHMELLER I,559.

A.S.H.

drehen, drä(n)en

Vb. **1** (sich) im Kreis drehen.– **1a** etwas od. jmdn im Kreis (um seine Achse) bewegen, °OB, °OP mehrf., °NB, °MF, °SCH vereinz.: °*den ganzn Tåg ho i d'Windmui* [Windfege] *draht* Halfing RO; °*Göppl dran* „dazu Vieh eingespannt, dient zum Dreschen" Schnaittenbach AM; *'s Lisei, dees hat 's Radl draaht, Und g'spunna für ihm hi* Kobell Ged. 281; *spindl dräen* Schönsleder Prompt. L6^{v}f.– Auch (Fahne) schwingen, NB, OP vereinz.: *Fana dran düins werend da Brozässio*^{n} Beilngries.– **1b** refl., sich im Kreis (um die eigene Achse) bewegen, OB, °NB, °SCH vereinz.: *d'Wejd drad sö* Aicha PA; *Spinnradl, draah di!* Dingler bair.Herz 89.– Phras.: *jmdm eine (Watsche) geben, daß es ihn dreht* u.ä. jmdn heftig schlagen, ohrfeigen, °OB, °NB vereinz.: *i gi da a söchanö, daß-dö draht!* Neukchn KÖZ; *balst aa no oan Wort sagst, na fangst oana, daß de rundum draht* Fabian Homer 30;– erweitert: *i gib da a Fotzn, dåß dö ne*^{n}*moi um d Wejd drat* Iggensbach DEG.– Auch †sich wirbelnd bewegen: *sô dan mit sînem ôsterwinde der heilig geist … durh sie* [Seele] *wispelende dræt* LamprechtvR 385,1752-1754.– **1c** tanzen.– **1cα** auch refl., einen Tanz, Tänze ausführen, °OB, °NB, °OP, °OF, SCH vielf., MF vereinz.: *dre mar ins* Peiting SOG; °*gestan bei da Houzad habts aba ös* [ihr] *zwoa richti draht* Innernzell GRA; °*am Sunnta gehma zum Drahn* Wiefelsdf BUL; *Deandl, heit draahn ma* Dingler bair.Herz 124.– Auch in Phras.: *einen / eines d.* °OB, °NB, °OP vereinz.: °*heut drah ma no oan* Schlehdf WM.– Als Part.Prät., N., Tanzveranstaltung: °*am nächsten Sunnta is beim Oberwirt a Drahts* Endlhsn WOR.– Auch einen Dreher, eine Drehfigur u.ä. tanzen, OP vereinz.: *drahn* „einen Dreher oder Kehraus tanzen" M'ldf NEW; „Siebenschritt … *Sieben Schritt' vor, sieben zurück, auseinand und wieder zamm, und dann drahn*" Tölz SZ Wolfratshausen 73 (2017) Nr.133,R7.– **1cβ** tanzend ausführen: *an Dreher drahn* Schongau; *Im Café Luitpold, da hamma Walzer draaht* L. Hollweck, Weiteres Weiss-blau Heiteres, München 1978, 95.

2 (die Bremsvorrichtung, bes. die Kurbel) durch Drehen festziehen, bremsen: °*dran* Wondreb TIR; *drą̄n* Painten PAR nach SNiB V,132.

3 durch Drehen entfernen, ablösen, herausreißen, °OB, °OP vereinz.: °*dea Sauwind haout d'Bäum asn Wurzlan dräiht* Kchnthumbach ESB; *Inquisit hatte derselben den Hüthstecken aus der Hand gedräht* Poppenrth TIR 1795 Wir am Steinwald 12 (2004) 57.

4 durch Drehen, Rollen, Schlingen formen, herstellen.– **4a** mit der Drehscheibe formen, töpfern, OB vereinz.: *jatzt hilfts an Hafna wieda amäö Scheißhäfa drah* Altötting; *Ich könnt ja wieder drahn … brauch i bloß runtergeh zur Drehscheibn* Altb.Heimatp. 71 (2019) Nr. 13,9.– **4b** drechseln, rund formen, OB, NB, OP, SCH vereinz.: *drea* Peiting SOG; *Sou a Tejer, des mou draht sei von an Achorn* KÖZ BJV 1952,32; *Einen Komodsessel von Nußholz gemacht mit gedrehten Füßen* 1854 Purucker Auftragsb. 173; *Tornauit drata* Tegernsee MB 2.H.11.Jh. StSG. I,612,52; *Man dræt scheft auz seiner hæut* KonradvM BdN 264,3f.; *1 häckhl mit ainem dräden stil* Frsg 1613 Frigisinga 7 (1930) 233.– Phras.: *wie gedreht* von schöner Form od. Gestalt, °NB, SCH vereinz.: °*de is wia draht* Grafenrd VIT.– *Der eine dreht, der andere schleift* u.ä. zwei arbeiten gut zusammen, ergänzen sich, °OB, °OP vereinz.: °*oana schleift, oana draht* „sie arbeiten Hand in Hand" Grafing EBE; *Der eine dreht, der andere schleift* „Eine Spielweise, bei der dem Gegner keine Chance gelassen wird" Peschel Schaffkopfen 114.– **4c** (Leuchtspäne) auf der Drehbank herstellen: °*Span draht* Bruckbg FS; *Ö mana Kinazeit hanö a no Hoizspa drahn hejfa mejssn, dös is amö a hoaddö Oawad gwön* Kerscher Waldlerleben 139.– **4d** durch Aufwickeln auf Lockenwickler u.ä. formen, °OB, NB vereinz.: *a gschnecklölds Lockal drahn* Hengersbg DEG.– **4e** zusammendrehen, verdrillen, zwirbeln, °OB, °NB, °OP, °MF, °SCH vereinz.: *heit hot er sei Bartl drat* „wenn es zum Tanz geht" Triftern PAN; *a drahte Goißl* Hitzelsbg ROD; *de Besn warn bundn, de Körb warn gflochtn und de Straoubanda warn draaht* Schmidt Säimal 9; *kazuirn&* [*kazuirnet*] … *kadrait* wohl Rgbg 1.H.9.Jh. StSG. I,60,4f.– **4f** durch Rollen formen, herstellen, °OB, °NB, OP vereinz.: *dau werdn d'Loab drat* Feldafing STA; *gne:dl drà:n* Kilgert Gloss.Ratisbonense 108.– Als Part.Prät., F., Zigarette: *A weng Towaak wennst ma schickn taatst, grod aaf a Draahte* Heinrich Gschichtla u. Gedichtla 12.– **4g** durch Schlingen herstellen, zu einer Schlinge o.ä. formen, °OB, NB vereinz.: °*Brezn drahn* Mchn; *Wie daß i' fang' und Schlingen draah'* Kobell Ged. 207.

5 †wickelnd, umwindend befestigen: *er trät äm um s rell* [Mundstück der Pfeife] *graeiss wutzln* [gerollte Tabakblätter] LENGLACHNER Gesängerb. II,325.
6 (sich) in eine andere Lage, Richtung drehen, wenden.– **6a** (sich) in eine andere Lage, Stellung drehen.– **6aα** refl., sich durch eine Drehbewegung in eine andere Lage, Stellung begeben, °OB, NB, °OP vereinz.: °*drah de nea am Bauch* Wdsassen TIR; *Der alte Platzhirsch ... Geh, draah di halt und zoag ma 's Blatt* DINGLER bair.Herz 75.– **6aβ** durch eine Drehbewegung in eine andere Lage, Stellung bringen: *Den obern Prügel, der fast grad in d' Höh steht, a bißl nach rechts drahn mit 'n Griesbeil* [Stange zum Holztriften] A. v.PERFALL, Die Achenbacher, Stuttgart u.a. 1897, 261; *muaßt einfach schnoi dein Bauch nach obn draahn* Mchn SZ 16 (1960) Nr.56,9.– **6aγ** auf die andere Seite drehen, umwenden: „(Heu) wenden ... *drehen*" Kchweidach AÖ DWA XIV,K.2.– **6b** (sich) in eine andere Richtung drehen, wenden.– **6bα** refl., seine Richtung durch Drehen od. Wenden ändern, sich in eine andere Richtung drehen, °OB, NB, SCH vereinz.: *da Wind draht si* Endlhsn WOR; *da Fluß draht se* Dasing FDB.– Phras.: *du magst di drahn und wendn wia d'willst, es nutzt da nichts* „um Verschiedenes bemühen, es in Betracht ziehen" Mchn, ähnlich PA.– **6bβ** in eine andere od. die entgegengesetzte Richtung drehen od. wenden, OB, NB, °OP vereinz.: °*den Pflou drahn* Rdnburg; „*Klar zum Drahn ...* Klar zur Halse" Chiemsee SZ 63 (2007) Nr.133,V2/3.
7 (sich) beim Gehen auffällig bewegen.– **7a** refl., sich beim Gehen in den Hüften wiegen, stolzieren, °OB, NB, OP, MF, SCH vereinz.: *wia si dö draht* N'motzing SR; *dö woaß net, wia sie si' drah'n soll, wenn's an ara Bürgersfrau vorbeigeh' muaß* LUTZ Zwischenfall 183.– **7b** (das Gesäß, die Beine u.a.) beim Gehen auffällig hin- u. herbewegen, °OB, °NB, °OP vereinz.: *wia die sei Untergstell draht* Theißing IN; °*dej draht da ihrane schejna Wadl, daß mas ja siad* Winklarn OVI.
8 refl., sich entfernen, Ausflüchte suchen.– **8a** sich (heimlich) entfernen, verschwinden, OB, °NB, °OP vereinz.: *drah ma uns* „schleichen wir davon" Mchn; °*drah dö!* „geh weg!" Wimm PAN; *Ö da Fruah steht a auf ... Und draht sö schä stad ausn Haus* MILLER Lkr. WEG II,31; *Dèr hàt si' àbə' drát, wiə ə' dés ghört hàt* SCHMELLER I,559.– **8b** Ausflüchte suchen: *si drahn* „sich aus einer Sache herauslügen" Mchn.– Auch in Phras.: °*der hat si draht und gwundn* „um nicht die Wahrheit zu sagen" Innernzell GRA.
9 unpers., schwanken, hinfallen, schleudern.– **9a** schwanken, wanken, von Schwindel befallen sein, °OB, °NB, °OP vereinz.: °*an Sepp hots scho ganz sche draht, zwoa Halbe het ea no braucht* O'neukchn MÜ; *dö drahts* schwankender Gang mancher Kühe Neukchn v.W. PA; *der hat Zähntweh, daß's ihn draaht* STIELER Ged. 118.– Lied: *Stad! Stad! Daß's uns nöt draht. Vorgestern hat's uns draht, Gestern hat's uns draht, Daß's uns heunt nöt sched* [gerade] *wieda draht. Stad! Stad! Daß's uns nöt draht* SCHLICHT Bayer.Ld 426, ähnlich °OB, NB vereinz.– **9b** hinfallen, stürzen, °OB, °NB, °OP, MF, °SCH vereinz.: °*in seim Suff hots n auf der Stroß draht* Steinhögl BGD.– **9c** schleudern, aus der Spur rutschen: °*beim Schlittnfahrn hats mi aus der Bahn draht* „geschleudert" Wiesenfdn BOG.
10 krank machen, werden, sein.– **10a** schwer (u. dauerhaft) krank, bettlägerig machen, °OB, °NB, °OP vereinz.: °*a Grangat hotn draht* Bodenmais REG.– Auch in Phras.: *es jmdm d.* °OB vereinz.: °*de schware Arbat hats eam draht* Hohenschäftlarn WOR;– °*a schwere Grippe hatn ins Bett draht* Herrsching STA.– **10b** unpers., (schwer) erkranken, bettlägerig od. ohnmächtig werden, °OB, °NB, °OP vereinz.: °*den Sepp hats schwar draht* Pfarrkchn.– **10c** unpers., an Drehkrankheit leiden, OB, °NB vereinz.: *s Schof drahts oiwei* Arrach KÖZ.– Part.Prät., an Drehkrankheit leidend, NB vereinz.: *a drahts Schåf* Plattling DEG.
11 töten, sterben, zugrunde gehen.– **11a** töten, jmds Tod verursachen, °OB, °OP vereinz.: °*a schwari Krankat håtn draht* Mötzing R.– Auch in Phras.: *es jmdm d.* °OB, NB vereinz.: °*nachat hot a no Gelbsucht griagg und de hots eam nacha draht* Hzhsn WOR; *der Schuß hätt eams boid draht* Pfarrkchn.– **11b** unpers., sterben, umkommen, °OB, °NB, °OP vereinz.: °*n Girgl hots draht* Wiefelsdf BUL; *Deesmal hats oan draht! – Und di drahts aa* CHRIST Werke II,114.– **11c** unpers., wirtschaftlich zugrunde gehen: °*den hats draht* „er ist pleite" Mettenham TS.
12 etwas Unrechtmäßiges, Ungehöriges tun.– **12a** stehlen, entwenden, °NB, °OP mehrf., °OB, °MF vereinz.: °*dem hab i epps draht* Bruckbg FS; °*wej i meine Schouch wieda*

azoing wollt, haout mas aner draht ghabt Eslarn VOH; *an ehrlicher Schneider … der den Leuten s'Tuach draaht* STEMPLINGER Obb.Märchen I,61.– **12b** etwas Unrechtmäßiges anstellen, ein Verbrechen begehen, meist in der Fügung: *etwas d.* °OB, °NB, °OP vereinz.: °*da Gust hot gern a weng wos draaht* unredliche Geschäfte abgewickelt Weildf LF; °*die ham a Gaunerei draht* Ihrlerstein KEH; *derf i vielleicht wissn, wos de zwoa Bazi eigentli draaht ham* Altb.Heimatp. 60 (2008) Nr.38,25.– **12c** hereinlegen, anschwindeln: *drahst mi net, Onstanga* [Stänkerer]*!* Pförring IN.– Phras.: *(jmdm) etwas / eines / es jmdm d.* einen Streich spielen, etwas Böses antun, °OB, °NB, °OP vereinz.: °*mei Liaba, dåmals habn ma ebbs draht* Pittenhart TS; °*dem howe oans draht* Deusmauer PAR.– Schnaderhüpfel: *znachst* [gestern] *hamas an Bauan ganz onaschta draht, ham den ganzn Tog gwetzt und nia gmaht* O'audf RO.

13 die Meinung sagen, zurechtweisen, nur in Phras.: *jmdm eine(s) / es jmdm d.* °OB vereinz.: °*den habe oans draht* „zu diesem Spruch dreht man die Nase" Hohenpolding ED.

14 (einen Schlag, eine Ohrfeige) geben, ä.Spr., in heutiger Mda nur in Phras.: *wer hat dir diese Maultasch* [Ohrfeige] *treht* Weilhm 1683 SCHMELLER I,559 (Passionsspiel).– Phras.: *jmdm eine d.* u.ä. dass., °NB vereinz.: °*dem hat er a gscheite draht* Gögging KEH.

15 filmen.– **15a** Filmaufnahmen machen, als Schauspieler in einem Film mitwirken: *weil i morg'n drahn muaß* Altb.Heimatp. 7 (1955) Nr.36,5.– **15b** als Film mit der Kamera aufnehmen: *am Tag fuima … Des kennan s' net, weil des wos die da drahn bei Nacht spuit* Mchn SZ 18 (1962) Nr.192,11.

16 lustig, übermütig sein, °OB, °OP, SCH vereinz.: °*host in da Lotterie gwunnga, weisd heut so draht bist!* Ismaning M; °*haint drama uns amal* sind wir lustig Kemnath.

17 refl., ein best. Thema zum Gegenstand haben: *um des drat si de ganz Gschicht* Kochel TÖL; *Am End hat sie's halt do dafragt, um was daß sa si draaht* BREITENFELLNER Spinnstubengesch. 110.– Phras.: *um jmdn dreht sich alles* jmd ist immer die Hauptperson, im Mittelpunkt des Interesses, OB, OP, MF vereinz.: *um den draht si allas* Irlahüll EIH.

18 (sich) verändern.– **18a** in best. Weise, zum eigenen Vorteil verändern, beeinflussen, darstellen, °OB, °NB, °OP, °SCH vereinz.: *döi Såch låußt sö dran, wöi mas braucht* Stadlern OVI; *a Gschicht kaa ma drah wia ma wej* WANDTNER Apfelbaum 32.– **18b** refl., sich verändern, anders werden, °OB, °NB vereinz.: °*de Gschicht håt si draht* Hfndf ROL; *Jetzt reißt's 'n, bal si 's Wetter draht* STIELER Ged. 39.– **18c** refl., seinen Standpunkt aufgeben, seine Meinung ändern, °OB, °NB vielf., °OP mehrf., °MF, °SCH vereinz.: °*dös håt lang dauert, bis a si draht håt* Arnstorf EG; *Bis i amal dro'kimm, ko'scht di leicht wieda drah'n* THOMA Werke VI,405 (Wittiber).

19 (einen Rundkurs) absolvieren, (eine Runde) gehen, fahren u.ä.: *Drammara Rundn* OP Schmankerl 1976, H.29,9.

20 gekonnt vortragen, darbieten: *Er drehte ein Gsangl ums andere* Altb.Heimatp. 6 (1954) Nr. 5,3.

21 †viel essen: *Buə', dèr kà˜ drá˜n!* „fressen" SCHMELLER I,559.

22 Part.Prät., auch in der Fügung: *schelch gedreht*.– **22a** gebogen, drehwüchsig.– **22aα** gebogen, gekrümmt, verzogen, OB, NB vereinz.: *drahte Herner* Wasserburg; *an dradn Schedl håm* „schiefen Kopf" Simbach PAN.– **22aβ** drehwüchsig, °OB, °NB vereinz.: °*der Stamm is draht gwachsn* M'rfels BOG.– Phras.: *D· Menschə' sán' schọlhh-drát und ésti' wiə 's Unbergə' Holz* „verdreht, arglistig" OB SCHMELLER II,405.– **22b** verkehrt, verzwickt.– **22bα** verkehrt, falsch: °*heut is ois schoidraht, koi Arwat funksioniert* Ruhstorf GRI.– **22bβ** verzwickt, schwierig: *scheldraht* Eibg PAN.– **22c** verrückt, verwirrt, betrunken.– **22cα** verrückt, närrisch, °OB mehrf., °NB, °OP vereinz.: *der is a bisl draht* Chieming TS.– **22cβ** verwirrt, durcheinander, fassungslos, °OB, °NB vereinz.: °*der is draht* Euernbach PAF.– **22cγ** irriger Auffassung, fehlgeleitet: °*da bist oba ganz schäjdraht* „hast dich gründlich getäuscht" Klingenbrunn GRA.– **22cδ** betrunken, berauscht, °OB, °NB, °OP, SCH vereinz.: °*da Miche is vom Neuwirt ganz draht außakemma* Ismaning M; *i bi drahd* Derching FDB.– **22d** hinterlistig, pfiffig, verschmitzt.– **22dα** hinterlistig, durchtrieben, °OB, °NB, °OP, °SCH vereinz.: °*dös is a ganz a Schäjdrahter* Würding GRI; *draad* „raffiniert" Spr.Rupertiwinkel 23; *der küeh bue der wär gleÿ so drät: und sagts den bauern stät* LENGLACHNER Gesängerb. II,459.– Auch in Phras.: °*der is neumal schelchdraht* „von einem hinterlistigen Menschen" Hohenpolding ED.– **22dβ** pfiffig, schlau, °OB, °NB vereinz.:

°*der ko scho so draht daherredn* St.Leonhard LF.– **22dγ** verschmitzt, schalkhaft, °OB, °NB vereinz.: °*der is draht* Julbach PAN.– **22e** frech, eingebildet, eigensinnig.– **22eα** frech, unverschämt, °OB, °NB, °OP vereinz.: °*der hot mi scho so draht agredt, daß i eahm oane schmiern hät kenna* Batzhsn PAR.– **22eβ** eingebildet, wichtigtuerisch, überheblich, °OB vereinz.: °*des is a Drahta* Schönbichl FS.– **22eγ** eigensinnig, starrköpfig, °sö.OB mehrf.: °*des is grod sei drade Wais* Tittmoning LF; „Einen starrköpfigen, eigensinnigen Menschen nennen wir … *draht*“ Tacherting TS Heimatb.TS 36.– **22f** mürrisch, übellaunig, °OB (v.a. SO) mehrf.: *a Drahter* zuwiderner Mensch Heiligkreuz TS.– **22g** faul: °*dea is draht* Moosach EBE.

Etym.: Ahd. *drâen*, mhd. *dræjen*, *dræn*, germ. Wort idg. Herkunft; KLUGE-SEEBOLD 215.

Ltg: *drą̄n*, *drą̄̃n*, daneben *drą̄̃* u.ä. östl.OB, NB (außer W) (dazu DON), ferner *drę̄n*, *drēn* (FFB, LL; FDB), *drę̄(j)ə* u.ä. (FFB, LL, SOG, WM; A, FDB), *drēα* MF (dazu ESB, NM; PEG, WUN), *dręiα* (ESB; PEG, REH; ER, FÜ, LAU).— 3.Sg.Präs., Part.Prät. *drą̄d*, *drą̄̃d*, auch *drą̄nd* (DAH, IN, SOB, WM; ND), ferner *drę̄d*, *dręid* u.ä. (FFB, LL, SOG, WM; ESB; PEG, REH; ER, FÜ, LAU; A, FDB), *drēd* MF (dazu ESB, NM; PEG, WUN).

SCHMELLER I,559. WBÖ V,237-241.

Abl.: *Dreh*, *Drehe*, *Drehel*, *dreheln*, *Dreher*(*er*), *Dreherei*, *-dreherisch*, *drehern*, *Drehets*, *Drehler*(*er*), *drehlern*, *drehlicht*, *Drehling*[1], *drehlings*.

Komp.: [**ab**]**d. 1** Part.Prät.: *Nach diesem Mahl wurden noch allerhand Tänz aufgeführt, zwiefache und abdrahte* [als best. Zwiefache getanzte] CHRIST Unsere Bayern 358 (Mathias Bichler).– Als M., best. Zwiefacher, °OB, °OP, MF vereinz.: °*Ohdrahter* „überschneller Bayerischer“ Lindenloh BUL; „Sie ließen nicht nur *Oadrahte*, sondern auch ganz einfache Zwiefache … sowie Landler, Polkas und andere Tänze erklingen“ Rudelzhsn MAI SZ Freising 58 (2002) Nr.37,R6.– Auch: °*Odrahta* „polkaähnlicher Tanz im Zweivierteltakt“ Hohenburg AM.– **2** (durch Drehen) festziehen, schließen, ausschalten.– **2a** wie →*d.*2, °OP, °OF vereinz.: °*Brems odrahn* Nagel WUN.– **2b** durch Drehen schließen: °*drah in Wächsl* [Wasserhahn] *o* O'viechtach; *o:drà:n* „(z.B. Wasserhahn)“ KILGERT Gloss.Ratisbonense 29.– **2c** die Zufuhr von Wasser, Strom, Gas unterbinden: °*hosd s Wassa odrahd?* Neufraunhfn VIB; *weil mir mei … Eheteil an Strom abdraht hat* Dt. Milchhandels- u. Feinkost-Ztg 72 (1950) 103.– **2d** ausschalten, abstellen, °OB, °NB, °OP vereinz.: *drah s Stalliacht a* Haag WS; *drahn S' amoi an Radio ab* Mchn SZ 20 (1964) Nr.168,13.– **2e** übertr. aufhören, Schluß machen, °OB vereinz.: °*jatzt drahst aba o!* Weilhm.– Phras.: °*jetzt is ganz odraht!* „es ist umsonst, zwecklos, vorbei!“ M'rfels BOG.– **3** durch Drehen lösen, entfernen, beschädigen.– **3a** (die Bremskurbel u.a.) durch Drehen lösen, lockern: *die Drah* [Bremse] *odrahn und o*[n]*drahn* Sulzkchn BEI.– **3b** wie →*d.*3, °OB, °NB, OP, SCH vereinz.: *a ådrada Knopf* Mittich GRI.– **3c** durch zu starkes od. häufiges Drehen beschädigen, zerstören, unbrauchbar machen: °*Uhr odraan* Rgbg; *a Gwind … odraaht haout ers ghat* SCHEMM Stoagaß 59f.– **4** abwickeln, aufwickeln.– **4a** abwickeln, durch Abwickeln leeren.– **4aα** von einer Rolle o.ä. abwickeln, abspulen, °OB, °NB, °OP vereinz.: „Faden von der Walze *abdrahn*“ Ruderting PA.– **4aβ** (eine Rolle o.ä.) durch Abwickeln, Abspulen von etwas befreien, °OB, °NB, °OP vereinz.: °*drah des Fo*[d]*nra*[d]*l* [Garnspule] *o!* Tandern AIC.– **4b** mit einer Haspel strangförmig aufwickeln, fachsprl., °OB, °NB vereinz.: °„das Garn auf einer Haspel zu einem gebündelten *Schweif* [Strang] *abdrehen*“ Reit i.W. TS.– **5** durch Drehen, Rollen formen, herstellen.– **5a** (ein noch nicht gebranntes Gefäß) beim Drehen auf der Töpferscheibe von überschüssigem Ton befreien, fachsprl.: *odrat* „Abdrehen des Bodens“ GRASMANN Hafner Kröning 384.– **5b** (ein Faß) auf der Drehbank außen glatt hobeln, fachsprl.: „Sind die Böden montiert, erfolgt das außenseitige Hobeln (*Abdrehen*)“ Mchn Donaukurier 11.5.2016, 15.– **5c** wie →*d.*4b, OB, °NB, OP vereinz.: *hülzanö, adrahdö Oar* Meßnerschlag WEG; „*Bua, du muasst odrahn lerna …* Drechseln von Holz“ V'freundf WOS Servus in Stadt & Ld 2017, H.1,131.– Phras.: (*als*) *wie abgedreht* von schöner, stattlicher Form od. Gestalt, °OB, NB, OP vereinz.: *dia hot a Khebfal as wej odrat* O'ndf KÖZ.– **5d** zur Herstellung von Leuchtspänen abschälen: *De birkan Stock han in Bo'ofa … bacha worn, de han hoaß o'draht worn* KÖZ, VIT BJV 1951,172.– **5e** wie →*d.*4e, °OB vereinz.: *d'Ehan odraht* „Ähren zusammengedreht“ Ascholding WOR.– **5f** wie →*d.*4f: „*Bauchstecherl* … mit welcher Fingerfertigkeit die oberpfälzische Bäuerin … einen ganzen Berg dieser kleinen Dinger *odraht*“ BJV 1967,179.– Als Part.Prät., F., fingerförmige Nudel aus Kartoffelteig, °OB, °NB vereinz.: °*Ådrahte* „auf dem Nudelbrett gedreht, in Fett gebacken“ O'bibg WOR.– **6** zentrifugieren, °OB, °NB, °OP, °MF vereinz.: °*dös is a odrahte Muich* Langquaid ROL.– **7** sich wegdrehen, eine andere Richtung einschlagen.– **7a** refl., sich wegdrehen, abwenden, °OB, °NB, MF vereinz.: °*der hod se schnej ådrat* „um eine Begegnung zu vermeiden“ Grafenrd VIT; *da aber hat sich der Geist abdraht und ist furtg'schlichen* Bay.Wald HuV 14 (1936) 54.– **7b** eine andere Richtung einschlagen, einen anderen Kurs nehmen, OB, °MF vereinz.: *d'Schiff drahn o* Mchn.– **8** refl., wie →*d.*8a, °OB, °NB, °OP, °SCH vereinz.: *wiara vån Zåin gheat hår, hår a sö ådrar* Ruhstorf GRI; [*sich*] *adráh'n* „sich auf die Seite machen“ Hoheneicher Werdenfels 15.– **9** unpers., wie →*d.*9c: °*da hats mi awa sche adraht* „beim Ackern aus der Furche geworfen“ Neuschönau GRA.– **10** das Interesse, die Nerven, den Verstand verlieren.– **10a** auch refl., das Interesse an etwas verlieren, gleichgültig werden, °OB vereinz.: °*langsam draht er o* „interessiert sich nicht mehr für einen Verein“ Hohenpeißenbg SOG.– **10b** meist Part.Prät., die Nerven, den Verstand verlieren, kopflos, verrückt werden, OB, °NB, OP vereinz.: °*mit dera konnst heit nix ausmacha, di is ganz odraht* „närrisch“ Mallersdf; *o:drà:n* „durchdrehen, verrückt werden“ Kilgert Gloss.Ratisbonense 29.– **11** wie →*d.*12a, °OB, °NB, °OP vereinz.: °*dem hab i 5 Zigretten ådraht* „entwendet“ Lohbg KÖZ.– **12**: °*abdrahn* abschlachten, umbringen Breitenbg WEG.– **13** Part.Prät.– **13a** mit dem Handrücken gegeben (von einer Ohrfeige), °OB, °NB, °OP, °MF vereinz.: °*des is a oodrahte Bretschn* Wildenroth FFB; °*den ho i glei a sechane Odrahte gschmiert* Beratzhsn PAR.– **13b** wie →*d.*22bβ, OB mehrf., NB, OP, MF, SCH vereinz.: *äbs ganz äbs Odrahts* etwas ganz Verzwicktes Plattling DEG; *was des für an odrahte Gschicht gebn taat* Breitenfellner Spinnstubengesch. 79.– **13c** ausgelassen, fröhlich, °OB, °NB, °OP vereinz.: °*der is heut ganz odraht* „lustig“ Aidenbach VOF.– **13d** hinterlistig, pfiffig, verschmitzt.– **13dα** wie →*d.*22dα, °OB, °NB, °SCH vielf., °OP mehrf., OF, °MF vereinz.: °*dem derfst nöt traun, dös is a ganz a Ådrahter* Landau; °*des is so a odrads Weibats* durchtrieben Cham; *beim Tarockspuin … Des hob i amoi odraht gspuit* Altb.Heimatp. 9 (1957) Nr.7,6; *daß mus wol ein abträter Gleißner gewest seyn| der sich vor uns nur so fromm gestelt* Selhamer Tuba Rustica I,303.– **13dβ** wie →*d.*22dβ, °OB mehrf., °NB, °OP, °SCH vereinz.: °*dea Bua is erst zwoa Johr oid und schaa so oodraat* Stammham AÖ; *dös is da an ådrahda Khobf* „schlauer Mensch“ Kötzting; *Fuchs, du bist der abdraahter von alle mitanand; du machst unsern General* Stemplinger Obb.Märchen II,29; *adraht* Zaupser Nachl. 8.– **13dγ** wie →*d.*22dγ, °OB, °SCH vereinz.: °*des is a recht Ådrahter* „verschmitzter Mensch“ Appersdf FS; *der Teufi … als a' junga Hüatabua … hat … Gschpaßln gmacht und recht o'draaht tho', daß se si' verlieba sollt in ihm* Schöppner Sagenb. I,55 (F. v.Kobell).– **13e** dumm, einfältig, ungeschickt, °OB, °NB vereinz.: °*der is ådraht* Arnstorf EG.– **13f** kühn, wagemütig, OB, °OP vereinz.: *dös is a ganz a Odrada* Schliersee MB; *wir … hätten vil lieber kecke| verwegne| abträte Gesellen* Selhamer Tuba Rustica II,55.– **13g** wie →*d.*22f: °*a Odrata* „unwillig, zuwider“ Kammer TS.

Delling I,2; Schmeller I,559; Zaupser Nachl. 8.– WBÖ V,241f.

Mehrfachkomp.: **[her-ab]d. 1** wie →*d.*1cα, nur in Phras.: *drah mar oan ro!* „Aufforderung zum Tanz“ O'alting STA.– **2** mit einer od. durch eine Maschine drehen.– **2a** wie →[*ab*]-*d.*6, °OB, °OP, °SCH vereinz.: °*de rodrahte Milli konn ma do net saufa* zentrifugierte Milch Fahrenzhsn DAH.– **2b** mit einer Drehbewegung durch eine Maschine rieseln, laufen lassen: „Getreide mit der Windmühle reinigen … *rǭdrān*“ Stadelhfn HIP SOB V,230f.– **3** unpers., abstürzen, herunterfallen, °OB (v.a. W) mehrf., °OP, °MF, °SCH vereinz.: °*den Fliaga håts rådrahnt* Senkenschlag DAH; °*dean hats gscheit rodraht* „vom Erntewagen“ Dietfurt RID.

–**[hér-ab]d.**: *hérodrat* „ist eine Frisur, die vom Scheitel heruntergekämmt und eingeflochten ist“ Frauensattling VIB.

–**[hin-ab]d. 1** unpers., hinabstürzen, hinunterfallen, °OB vereinz.: °*den hots va lauta Rausch untern Tisch nodraht* Polling WM.– **2** unpers., wie →*d.*11b: *den werds bald nodrahn* er wird bald sterben Eberfing WM.– **3** wie →*d.*12a: *nådrahn* stehlen Ingolstadt.– **4** gierig als Nahrung zu sich nehmen, verschlingen, °OB vereinz.: °*der hot an Keil Brot nodraht!* Autenzell SOB.

[**abher**]**d.** **1** wie →*d.*1cα, nur in Phras.: *einen a.* OB, OP vereinz.: *oin åwadran* tanzen Stadlern OVI.– **2** durch Drehen, Schneiden ablösen.– **2a** wie →*d.*3, °OB, °NB, °OP vereinz.: °*hon i mir glei an festn Keiln obadraht, weil is nimma dawoatn ho kinna* „ein Stück Brot vom Laib mit der Hand abgerissen" Mintraching R; „Bastlösereime ... *Pfeifal, Pfeifal, laß di owà dràhn*" Arnschwang CHA Brunner Heimatb.CHA 149.– **2b** (ungeschickt, als großes Stück) abschneiden, °OB, °NB, °OP vereinz.: °*tua ma no a Scheibm Brot åwadrahn* Kreuth MB.– **3** wie →[*ab*]*d.*4aα: °*s Tuch owadrahn* „das fertige Tuch vom Tuchbaum abwickeln" Fronau ROD.– **4** mit einer od. durch eine Maschine drehen.– **4a** zentrifugieren, °OB (außer W), °NB, °OP vielf.: °*de owadrahte Mejch geman Sauan* Nittenau ROD; *Da Schweiza hot grod d Mul einatrong zo da Zentrefu hi, daß s nacha s Kuchlmensch* [Küchenmagd] *owadrahn ko* Mintraching R F.X. Judenmann, Minikinera Gschichtn, Regensburg 1981, 30.– Als Part.Prät., F., Magermilch, °OB, °NB vereinz.: °*die Åwadrahte* Wiesenfdn BOG.– Auch durch Zentrifugieren gewinnen: °*a frisch åwadrahter Rahm* Arnstorf EG.– **4b** wie →[*herab*]*d.*2b, °OB, °NB vereinz.: °*Troud owadrahn* „durch die Windmühle" Ruhstorf GRI.– **5** unpers., abstürzen, herunterfallen, °OB (außer W), °NB, °OP vielf.: °*geh runter vam Brucknglander, daß di net owadraht!* St.Leonhard LF; °*den håuts da von Baam oradraht, wöi da Ost obrochn is* Sulzbach-Rosenbg; *Bald werd's uns owadraahn* Mchn SZ 44 (1988) Nr.240,13.– Spruch: °*waar a net aufegstiegn, hets n net owadraaht* „die Folgen seines Tuns muß er selbst tragen" Weildf LF, ähnlich °OB, °NB, °OP vereinz.– **6** wie →*d.*12a, °OB, °NB vereinz.: °*åwadrahn* „stehlen" Arnstorf EG.– **7** abbetteln, von jmdm durch drängendes Bitten zu erlangen versuchen, °OB vereinz.: °*den howe an Keil Brot owadraht* Wildenroth FFB.– **8** eintönig vortragen, herunterleiern: *a Gedicht abadrah* Kchbg REG.– **9** auch refl., wie →[*hin-ab*]*d.*4, °NB, °OP vereinz.: °*der draht sö wieda an Keil owa* „weil ihm das Brot so gut schmeckt" H'schmiding WOS.

WBÖ V,247.

[**abhin**]**d.** **1** wie →[*abher*]*d.*4a, °OB, °NB, °OP vereinz.: °*a owidrahte Milli* Schönbichl FS; „Dann drehe ich die Kurbel ... bis Rahm und Milch aus den beiden Auslässen [der Zentrifuge] laufen. *Obidrahn* nennen wir diese Tätigkeit" M. Fischer, D. Steinbacher, Die Alm, München 2016, 63.– Als Part.Prät., F., Magermilch: °*a Oidrahte* Burglengenfd.– **2** tief pflügen: °*owidrahn* Lindenloh BUL.– **3** (durch Drehen) leiser stellen: *Die Gitarr' miassat ma a bißl obidrahn, die sticht sonst so raus* Reichenhall SZ 52 (1996) Nr.93,14.– **4** refl., hinabsteigen u. sich entfernen, verschwinden: *Na hamma uns staad vom Roß abidraht* Pletzer Orgl 18.– **5** hinabstürzen, hinunterfallen (lassen).– **5a** unpers., wie →[*hin-ab*]*d.*1, °OB, °NB, °OP, °OF vereinz.: °*so nieder is er scho gflogn, daß e ma denkt hob, den draht's owe* Starnbg; °*den hats von da Loata åwidraht* Neukchn a.Inn PA; „Lied ... *Maxei hob di stad ... daß di nöt obidraht* ... Kaiser Max auf der Martinswand" Fischbach RO Dt.Gaue 15 (1914) 74.– **5b**: °*da Wind hodn owedrahd* „abstürzen lassen" Rgbg.– **6** töten, sterben.– **6a** wie →*d.*11a, °OB, °OP vereinz.: °*dö Krankhat hotn owidraht* „seinen Tod verursacht" Winklarn OVI.– **6b** unpers., wie →*d.*11b, °OB, °OP vereinz.: °*iatz weadsn boid oidrahn* „er wird bald sterben" Rechtmehring WS.– **7** wie →*d.*12a, °OB, °NB, °OP vereinz.: °*der Kassierer hot zwanzgtausend owidraht* „wenn man das sagt, schließt man die offene Hand und dreht sie unter den Tisch" Passau.– **8** wie →*d.*18a: °*wia haschd dejs wida oidraad?* „hingedreht" Garmisch-Partenkchn GAP.– **9** wie →[*hin-ab*]*d.*4, °OB, °NB vereinz.: °*der draht da scho sechane Keiln Brout åi* „mit Gier hineinschlingen" Fürstenstein PA.

WBÖ V,247f.

[**an**]**d.** **1** in eine drehende Bewegung versetzen: *a*ⁿ*dran* Arbeit mit der Nähmaschine Zandt KÖZ.– **2** durch Drehen festziehen, befestigen.– **2a** wie →*d.*2, °OB, NB, °OP, °OF vereinz.: *an Weafö* (Bremskurbel) *ådran* Mittich GRI; *oadraahn* „den Schleifstock zum Bremsen des Wagens" Singer Arzbg.Wb. 160.– **2b** durch Drehen befestigen, festdrehen, °OB, °NB, °OP vereinz.: °*de Schraubm is schejch ondraht* Michelsneukchn ROD; *andrāhn* „Schraube, Rad" Federholzner Wb.ndb.Mda. 20.– **3** (durch Drehen) zuströmen lassen, einschalten.– **3a** (Wasser, Strom, Gas) durch Öffnen zuströmen lassen: °*geh an Brunn hi und drah s Wåssa o* Mauerbg AÖ.– **3b** einschalten, anstellen, °OB, °NB, °OP vereinz.: *drah s elektrischö Liacht a*ⁿ*!* Passau; *ǭdrę̄ə* Hohenpeißenbg SOG nach SBS X,85.– **4** aufwickeln,

(sich) herumwickeln.– **4a** auf eine Rolle o.ä. wickeln, °OB, °NB, °OP vereinz.: °*das Tuch andrahn* „auf den Tuchbaum“ Fronau ROD.– **4b** (junge Hopfentriebe) um einen Draht zum Hochranken wickeln: °„Hopfen um den Auflaufdraht *odrahn*“ Hohenwart SOB; *'o:^{n}drá:n* „Triebe (gewöhnlich zwei) rechtsherum um den Aufleitdraht winden“ MEISTER Hallertauer Hopfenbauern 40.– **4c** refl., sich herumwickeln, herumschlingen: °*adraht hådas se* „Stroh hat sich beim Dreschen um die Achse gewickelt“ Ensdf MÜ.– **5** durch Zusammendrehen, Verdrillen aneinanderknüpfen, v.a. zur Verlängerung der Kettfäden, fachsprl., OB, °NB, OP vereinz.: °*odran* „Garnenden aus dem Garnbaum und dem Webergeschirr verknüpfen“ Wiesenfdn BOG; *odra* „Garn oder Wolle anknüpfen“ Ramsau BGD Bergheimat 10 (1930) Nr.11,42.– **6** (mit einer Drehbewegung) eine Änderung der Lage, Richtung bewirken, erreichen.– **6a** (den Arm) auf den Rücken biegen: °*den Arm andrehen* „beim Raufen“ Weiden.– **6b** wie →*d.*6bβ: °*o^{n}drahn* „den Pflug wenden, umdrehen“ Steinhögl BGD.– **7** wie →*d.*12c, °OB, °OP vielf., °NB mehrf., °MF, °SCH vereinz.: °*do host mi schee odraht, host gsagt, du gehst zon Beichtn und gehst ins Wirtshaus, du Lump* Pörnbach PAF; °*du drahst mi net o!* Nabburg; *Mi als g'scheide Frau so odrahn!* WELSCH Mchn. Volks-Leben XI,16.– Phras.: *jmdm etwas / eine(n) a.* u.ä. einen Streich spielen, etwas Böses antun, °OB, °NB, °OP vereinz.: °*dem drahma was an* Aich VIB.– **8** unverschämt anreden, reizen, aufwiegeln.– **8a** unverschämt, beleidigend anreden, °OB, °OP vereinz.: °*da Max håt mi a^{n}draht zweng da Nachbarschaft – soj mir dös gfalln lassn?* Inzell TS.– **8b** zum Streit reizen, provozieren, °OB, °NB, °OP vereinz.: °*den hab i gscheit ådraht* Pleinting VOF; *Dèr is für nicks guad, als no˜ gràd allwàl zu'n A˜drá·n* Chiemgau SCHMELLER I,559; *Andrahn, einen* „mit einem Händel anfangen“ HÜBNER Salzburg 956.– **8c** aufwiegeln, aufhetzen: *adra* Berchtesgaden.– **9** aufschwatzen, einreden, hinterbringen.– **9a** (Minderwertiges, Unnötiges, Überteuertes) aufschwatzen, an jmdn verkaufen, °Gesamtgeb. vielf.: °*der Tante Resl hams an Staubsauger ådraht, eigentli wollts bloß an Besn kafn* Hzkchn MB; *moanst du, i låß ma no amoi so a Glump vo dir odrahn!* Landau; °*dös Radl håst ma teier ådraht* Mötzing R; *Eich kinnans jeden Krampf odraahn* LAUERER Wos gibt's Neis? 134.– **9b** einreden, weismachen, °OB, °NB, °OP vereinz.: °*ea loßt si nix odra* Taching LF; °*deam homs wos oadraht* „etwas Unwahres als Wahres mitgeteilt“ Tirschenrth; *Wie der dem Präsident Reagan unsere zwoa Millionen Arbeitslosen als Stabilitätsfaktor odraht ... hat* SZ 43 (1987) Nr.134,15.– Auch in der Phras.: *jmdm eine(n) a.* u.ä. °NB, °OP, °MF, °SCH vereinz.: *du kannst ma koane adrahn* Mauth WOS; °*dem homs oan andraht* „einen Bären aufgebunden“ Allersbg HIP.– **9c** hinterbringen, zutragen, °OB vereinz.: °*dejs hod eam gwis a sou a Radschkhadl å^{n}dra^{n}d* Todtenweis AIC.– **10** unterschieben, unterjubeln: °*dem dra i de foische Koatn å* Abbach KEH.– **11** unpers., (von einer Krankheit) befallen werden, °OB, °OP vereinz.: °*a Krankat hotsn odraht* „er ist plötzlich krank geworden“ O'viechtach.– **12** sich betrinken, betrunken machen.– **12a** refl., sich betrinken, °OB, °NB, °OP vereinz.: °*heit drahts mi, weil i mi adraaht hab* Rosenhm.– **12b** betrunken machen, nur in Phras.: *jmdm einen (Rausch) a.* u.ä. °OB, °NB, °OP vereinz.: °*dera hob i an schöna Schwips ondraht* Geisenfd PAF; °*dö ham eahm oan åndraht* Bayerbach GRI.– **13** Part.Prät.– **13a** wie →*d.*22bβ, OB, OP vereinz.: *des is a o^{n}drahte Gschicht* Mchn.– **13b** wie →*d.*22cα, °OB, °NB vereinz.: °*de spinnt ned direkt, aber o^{n}draat is* Halfing RO; *ɔdraad* „verrückt“ Spr.Rupertiwinkel 67.– **13c** wie →*d.*22dα, °OB vereinz.: *a o^{n}drahda Kambbl* gerissener Bursche Anzing EBE; *Ɔdraada* „raffinierter Mensch“ Spr.Rupertiwinkel 67.

SCHMELLER I,559.– WBÖ V,242f.

Mehrfachkomp.: [**hin-an**]**d. 1** wie →*d.*12c, nur in Phras.: °*dem hab i etwas naudraht* „ihn betrogen“ Rehling AIC.– **2** wie →*d.*13, nur in Phras.: °*den ho is nodraht* „die Meinung gesagt, dabei dreht man die Nase um“ Kohlgrub GAP.

[**anhin**]**d. 1** (Gewinde) hineinschneiden: *wöi er oanara zwazöllis Raouher a Gwind oiddraahn haout möin* SCHEMM Stoagaß 59.– **2** unpers., wie →*d.*9b: *den håts onidraht* er ist hingefallen Erling STA.– **3** unpers., wie →[*an*]*d.*11: °*a schware Krankheit hat's eahm onidraht* „hat ihn befallen“ Weilhm.– **4** wie →[*hin-ab*]*d.*4: °*der hot da an Keil Brot oinidraht* O'viechtach.

[**auf**]**d. 1** etwas im Kreis (um seine Achse) u. nach oben bewegen, ziehen, OB, NB, OP vereinz.: *d'Oan afdran* Zwiesel REG; *Jetz' draaht*

er seini Augn auf Kobell Ged. 18.– Auch aufwirbeln, in eine wirbelnde, aufwärts gerichtete Bewegung versetzen: °*da hots n Stab afdraht* Winklarn OVI.– **2** wie →*d.*3: °*aufdraht* ein vom Wind samt den Wurzeln ausgerissener Baum Laufen.– **3** durch Drehen öffnen, lösen, in Betrieb setzen.– **3a** durch Drehen öffnen, °OB, °NB, °OP, °MF, °SCH vereinz.: °*wennst a Bia willst, moußtn Wäxl* [Faßhahn] *afdrahn* Nittenau ROD; *Spritzbrunnen ... fürs Aufdrahn hab ich ein Markl kriegt* Valentin Sämtl.Werke V,387.– **3b** wie →[*ab*]*d.*3a, °OB, °OP, °OF, °SCH vielf., °NB, °MF mehrf.: °*tua Brems audrahn!* Brunnen SOB; °*wenn wir am Berg drunt san, dann drahst auf* Wiefelsdf BUL; *afdrahn* „Schraube" Ilmberger Fibel 16.– **3c** wie →[*an*]*d.*3a, °OB, °NB, °OP vereinz.: °*s Wossa audrah* Neufraunhfn VIB; *'s Gas hat er aufdraht* Valentin Werke IV,132.– **3d** wie →[*an*]*d.*3b, °OB, °NB, °OP, °OF, °SCH vereinz.: °*Lejcht, Radio afdrahn* „einschalten" Rottendf NAB; *Der Vatta Noah hat 's elektrisch' Liacht auf'draht* Franz Lustivogelbach 53.– **3e** (Uhr) aufziehen: °*Uhr afdraan* Rgbg.– Phras.: *wie aufgedreht* überaus angeregt, in Stimmung, übermütig, °OB, °NB, °OF vereinz.: °*du bist ja heut grad wia aufdraht* Winklsaß MAL;– °*der is wieder wie aufdraht* „recht unruhig, launenhaft" Hausen KEH;– *wie aufgedreht reden* u.ä. viel reden, schwätzen, °OP vereinz.: °*er redt heut wia aufdraht* Regenstauf R; *„däa redt wöi a A(u)fdraahta ...* sagt man von einem Schwätzer" Singer Arzbg. Wb. 23.– **4** (durch Drehen) lauter, heller, höher stellen.– **4a** lauter, heller stellen, °OB vereinz.: °*is dea dourad* [taub], *wei a an Radio goor so laud aufdraahd hod?* Stammham AÖ; *Wennst Fernsehen g'schaut hast, host voll aufdrahn müss'n, dass'd was verstanden host* SZ 73 (2017) Nr.182,32.– **4b** höher stellen, hinaufdrehen: *Docht aufdrahn* Mchn.– **5** (sich) nach oben biegen, heben.– **5a** in eine nach oben gebogene, geringelte Form bringen.– **5aα** aufbiegen: °*beim Dengeln hot's öahm an Dengel sauba aufdraht* Endlhsn WOR.– **5aβ** aufzwirbeln, OB, NB mehrf., °OP, SCH vereinz.: *dea hot an afdrahtn Schnaunzboat* „die Schnurrbartspitzen sind nach oben gedreht" Beratzhsn PAR; *Da Schnurrbart ist dir g'wachsen. Jetzt kannst 'n scho bald aufdrahn* Thoma Werke VI,261 (Andreas Vöst).– **5aγ** (Lippen, Nase u.ä.) schürzen, aufwerfen, rümpfen, °OB mehrf., °NB, °OP, °SCH vereinz.: °*des Roß hot an Fotz aufdraht, weis an schlechtn Howan griagt hot* Halfing RO.– Auch (das Maul von Tieren) gewaltsam öffnen, °OB, °SCH vereinz.: °„den kranken Tieren *muaß ma an Fotz audrahn*, um ihnen Medizin eingeben zu können" Brunnen SOB.– **5aδ** in die Höhe heben, recken, °OB, NB vereinz.: °*Kopf aufdrahn* Hohenschäftlarn WOR; *dö Kiah ham Zagl afdraht* Gottsdf WEG; *An Georgi drààd k Kuà àn Schwoàf auf* „Beginn des Weidebetriebs" Kaps Welt d.Bauern 27.– **5aε** ringeln, zu einem Ringel formen, OB, NB vereinz.: *„wens Schwanzal aufdraht*, ist das Schwein gesund" Mittich GRI.– **5aζ** (Feder) vorne am Hut aufrecht aufstecken: *Der Hiasl hat d' Federn am Hüatl aufdraaht* Bauer Isarlandl 50.– Auch (Hut) mit einer vorne aufrecht aufgesteckten Feder versehen: *den Hut aufdrahta aufhabn* Berchtesgaden.– **5b** refl., sich nach oben biegen, °OB, °NB, °OP, °SCH vielf., °OF, °MF vereinz.: °*da Dangl* [Dengel] *drahd se auf* „im harten Getreide oder wenn die Schneide der Sense zu breit und dünn gedengelt ist" Brannenburg RO; *dö besn Weiba kennt ma an ähnan afdrahtn Koi* [Kinn] Hengersbg DEG; °*dö Kouh hat owa schene afdrahte Heana* Nittenau ROD.– **6** aufwickeln.– **6a** wickelnd zusammenrollen, °OB, °NB, °SCH mehrf., °OP, °MF vereinz.: °*des Kawe muaß no aufdrahd wean* Rechtmehring WS; °*heut ham ma d'Woll afdraht* Wiesenfdn BOG.– **6b** aufkrempeln, OB, NB vereinz.: *d'Hemadiarmön aufdrah*ⁿ „tun die Bauernknechte, wenn sie schmutzige Arbeit verrichten" Pfarrkchn.– **6c** wie →[*an*]*d.*4a, °OB, °NB, °OP, °SCH vereinz.: °*Sepp, tua dös Seil aufdrahn!* „auf das Triebwerk am Heuwagen spannen" Pfarrkchn.– **6d** auf Lockenwickler u.ä. aufwickeln, °OB, °NB, °OP, °SCH vereinz.: °*i muaß ma heit meine Haar no aufdrahn* Aich VIB.– **6e** in gedrehter Form hochkämmen, hochstecken, NB, OP, °SCH vereinz.: °*an Zopf aufdrahn* Rohrenfels ND.– **7** refl., sich verwickeln, verdrillen, OB, NB vereinz.: *Fam, der sö oiwei aufdraht* Simbach PAN.– **8** entwirren, auseinanderdrehen.– **8a** (ungeordnet Verschlungenes) entwirren, auflösen, °NB, OP vereinz.: °*drah amål döi Schnua aaf, döi is vazwialt!* Sulzbach-Rosenbg.– **8b** (Zusammengedrehtes, Verdrilltes) auseinanderdrehen, °OB vereinz.: °*der Bauer hot a Schnur braucht, na hot er a oits Seu audraht* Lenggries TÖL.– **9** wie →*d.*6aγ, °OB, °NB vereinz.: °*wir müassn s Droaht auf-*

drahn „das gemähte Getreide auf dem Feld zum Trocknen mit der Hand umdrehen" Gögging KEH.– **10** mit dem Peitschenknallen beginnen: *aufdraa* „Schnalzen (Brauchtum) beginnen" Spr.Rupertiwinkel 5.– Kommando, mit dem das →[*Aper*]*schnalzen* beginnt: °*aufdraht, oane, zwo, und de dritt geht a so!* Weildf LF, ähnlich °OB vereinz., Spr.Rupertiwinkel 5.– **11** schimpfen, aufbegehren, (sich) erregen.– **11a** (lautstark) schimpfen, seinen Unmut äußern, °OB vielf., °NB mehrf., °OP, °OF, MF vereinz.: °*mei Liaba, der hot schwaar aufdraht, weil du dö Arbat nöt gscheit gmacht host* Reichersbeuern TÖL; °*du brauchst goa nöt a so afdra* Grafenau; *ą̄vdrą̄n* „wüst schimpfen" Denz Windisch-Eschenbach 104.– **11b** auch refl. (FFB), aufbegehren, protestieren, sich widersetzen, °OB, °NB, °OP, °SCH vielf., °OF, °MF vereinz.: °*de Bauern ham schwar aufdraht gegen den breißischn Kobradda* Miesbach; °*heut howö beim Burgamoasta ganz schwar aufdraht, wei Gmeindö unsa Straß nöt herichtn loßt* Ruhstorf GRI; *Wo'st hi'schaugst, drahn s' auf – z'Japan und z'Korea und in der Türkei: grad rebellisch sans und Revolutionen machen s'* Mchn.Stadtanz. 16 (1960) Nr.27,4.– **11c** in Erregung, Zorn geraten, erregt, zornig sein, °NB, °OP, MF vereinz.: *gleih aufdran wögn an jedn Scheußdröck* Hengersbg DEG; *des hätten S' erlebn solln, wia der Samuel 's letztemal aufdraht hat ... Der hat eahm 's Tischbein ... glei a so auf seine Hühneraugn aufisausn lassen* Mchn.Stadtanz. 18 (1962) Nr. 12,4.– **11d** in Erregung, Zorn bringen, reizen: „Kurze ... Stichelworte genügen, um den Alten *aufzudrahn*" SZ 29 (1973) Nr.73,10.– **11e** Getue, Aufhebens machen, OB, NB, OP vereinz.: *über dös draht a auf* Galgweis VOF.– **12** protzen, sich herausputzen.– **12a** prahlen, großtun, aufschneiden, °OB, °OP mehrf., °NB, °OF, °MF, °SCH vereinz.: °*der draht auf, oas wen er wunderwos waar* Polling WM; *bist grod so a Häuslmo, mogst a scho afdrah* Hengersbg DEG; *Und jetzt möchten S' hinterher no aufdrahn und 'n Protzen spielen?* Ruederer Morgenröte 117.– **12b** mit Geld verschwenderisch umgehen, °OB, °NB, °OP vereinz.: °*der draht auf* „führt ein kostspieligeres Leben, als er es sich leisten kann" Tuntenhsn AIB; *a jed's hat a Göid in der Taschen, und nacha werd aufdraht* Mchn.Stadtanz. 7 (1951) Nr.27,4.– Lied: °*und draahts no aaf und draahts no aaf, es liegt ja nixe dro, ja dro, weil ma s Göid aaf der Wöid ja aa net fressn ko* Stadlhf ROD, ähnlich °OB, °NB, °OP vereinz.– **12c** sich schön herrichten, aufwendig herausputzen, °OB, °NB, °OP vereinz.: °*aufdraht* „aufgeputzt" Aich VIB; *Erst recht drahn mir jetzt auf, wann der neue Herr Pfarrer kommt, und grad nobel und fein muß es werden wie in den Märkten und Städten* Altb.Heimatp. 6 (1954) Nr.11,6 (M. Peinkofer).– **13** in Stimmung kommen, lustig, übermütig werden od. sein, °OB, °NB, °OP, °SCH vielf., °OF, °MF mehrf.: °*der hat scho a bisserl a Bier, drum is er so aufdraht* St.Leonhard LF; °*heunt drahn ma auf, es muaß si was rührn* Schönbrunn LA; *Schnapsdeandl, drah nöt so af!* Schlappinger Wurzelholz 7.– Spruch: °*heut drama auf und drama um* Tuntenhsn AIB, ähnlich °OB, °NB vereinz.– **14** sich zur Höchstleistung steigern, alles geben, °OB, °NB, °OP, °OF vereinz.: *da Rö*[d]*na drat auf* Mittich GRI; *Vielleicht hat er vom Tschik Cajkovski de Anweisungen kriagt, daß er erst aufdrahn soll, wenn's scho z'spät ist* SZ 28 (1972) Nr.167,31.– **15** aufschwatzen, einreden.– **15a** wie →[*an*]*d.*9a, °OB, °OP, °OF, °SCH vereinz.: °*den homs wos Schäis afdrahd* Sulzbach-Rosenbg.– **15b** wie →[*an*]*d.*9b: °*des hab i eam aufdraht* „glaubhaft gemacht" Thanning WOR.– **16** †anstiften, anzetteln: *das si kain zwitracht und krieg zwischen herzog Hansen aus Baiern und herzog Hansen aus Brabant mit nichte aufdräen kunten* Aventin V, 556,3-5 (Chron.).– **17** Part.Prät., unruhig, geschäftig, °OB, °NB, °SCH vereinz.: °*aufdraht* „etwas nervös" Garching AÖ.

Schmeller I,559.– WBÖ V,243f.

Mehrfachkomp.: **[hin-auf]d. 1** (sich) nach oben biegen.– **1a** wie →[*auf*]*d.*5aβ, OB vereinz.: *an Båat naufdran* Ingolstadt.– **1b** wohl refl., wie →[*auf*]*d.*5b: *a naudrade Nosn* Erding.– **2** wohl wie →[*auf*]*d.*11a: *nafdrahn* Altomünster AIC.– **3** wie →[*an*]*d.*9a, °OB, °MF, °SCH vereinz.: °*dös homs eahm sauba naufdraht* „aufgeschwatzt" Schrobenhsn.

– **[Schwanz-auf]ge-drehte** Part.Prät., F., Aß der Kartenfarbe Schellen: *Schwanzaufdrahte* Neukchn VOH.

[aufhin]d. 1 wie →[*ab*]*d.*3a: °*aufidrahn* Lösen der Bremse am alten Bauernwagen Hart a.d.Alz AÖ.– **2** nach oben biegen.– **2a** in eine nach oben gebogene Form bringen.– **2aα** wie →[*auf*]*d.*5aβ: „Schnurrbart *afidran*" Wildenrth NEW.– **2aβ** wie →[*auf*]*d.*5aγ, OB, °NB vereinz.: *der draht d'Nosn auffi* „rümpft die Nase" Isen WS.– **2b** refl., wie →[*auf*]*d.*5b, °OB, °NB, °OP vereinz.: °*a Zahntlate* [schartige Sensenschneide] *draht si auffi* N'bergkchn MÜ; °*s Horn is aufidraht* aufwärtsgebogenes Rinderhorn Aidenbach VOF; *Meiñ Schatz is a Wöba ... Hat a aufidrat's Hietl* 1.H.19.Jh. OA 56 (1912) 367 (Volkslied).– **3** auch refl., sich drehend aufbauschen, aufblähen: °*da Rock vom Dirndlgwand is so weit, daß a aufidraht* „beim Tanzen" Reischach AÖ; *'s Kittal hot se aufedraht* St.Englmar BOG VHN 94 (1968) 137.– **4** aufwickeln.– **4a** wie →[*an*]*d.*4a: °*aufidrahn* aufrollen, aufwickeln Garmisch-Partenkchn GAP.– **4b** wie →[*auf*]*d.*6d: °*mei Mama hod ma d'Hoar mit Stoffetzal auffedraht, richtig scheene Englslockal san des worn* Traunrt TS.– **4c** wie →[*auf*]*d.*6e, NB, OP vereinz.: *an Harschobf afidrahn* „hinauffrisieren" Alling R; *weil mir dö kletzerte* [ungeschickte] *Friseuse a so a gräussliche Mohnweckerlfrisur aufs Haupt aufidraht hat* Valentin Sämtl.Werke I,109.– **5** wie →[*anhin*]*d.*1: °*der håd des Gwind schebs aufidraht* Halfing RO.– **6** aufschwatzen, einreden.– **6a** wie →[*an*]*d.*9a, °NB vereinz.: °*dös håb i eam aufidraht* „aufgeschwatzt" Sallach MAL.– **6b** wie →[*an*]*d.*9b: °*dem hob i wos aufedrahd* „weisgemacht" Rechtmehring WS.

WBÖ V,248.

[**aus**]**d.** **1** eine best. Drehfigur tanzen, die Siegerin im Tanzen ders. ermitteln.– **1a** eine best. Drehfigur (nach außen) tanzen, (eine Tänzerin) in dieser Drehfigur bewegen, °OB vereinz.: *ausdran* „beim *Schuhplattltanz*" Kochel TÖL; „Schuhplattler ... Im vorletzten Takt des Rundtanzes wird das Dirndl *ausgedreht*" OB Dt. Volkstänze, hg. von O. Fladerer, H.21, Kassel 1934, 6.– Als Part.Prät., M., best. Tanz, °OB vereinz.: °*spielts an Ausdrahtn* „alter Ländler, die Tänzer haben eine Hand auf der Schulter, die andere nach hinten an der Hüfte" Bayrischzell MB.– **1b** die Siegerin im Tanzen einer best. Drehfigur ermitteln: „um das beste Madl *auszudrahn* und den besten Buben *auszuplattln*" O'menzing M Pasinger Werbe-Spiegel 62 (2012) Nr.46,6.– **2** wie →[*ab*]*d.*2d, OB, °NB, OP vereinz.: *s Liacht ausdrahn* Valley MB; *Dráhts no s'Läicht ás* Fähnrich M'rteich 169.– **3** durch Drehen lösen, entfernen.– **3a** wie →[*ab*]*d.*3a, °NB vielf., °OB, °OP mehrf., °MF vereinz.: °*Sepp, drah aus!* Pfarrkchn; °*host d'Brems scho ausdraht?* Brennbg R.– **3b** wie →*d.*3, OB, NB vereinz.: *an Knopf ausdra*ⁿ Mittich GRI.– **4** durch Drehen formen, aushöhlen.– **4a** wie →*d.*4a: *da Håfna draht d'Scheißkachin* (Töpfe für Krankenstühle) *aus* Altötting.– **4b** wie →*d.*4b, nur in Phras.: *wie ausgedreht* von schöner Form od. Gestalt, OB, NB vereinz.: *an Khobf ham wia ausdraht* Haimhsn DAH.– **4c** durch Drechseln aushöhlen: „eine Einblasform, die noch nicht *ausgedreht* war" Theresienthal REG Haller Glasmacherbrauch 126; *außDräen* „detornare" Schönsleder Prompt. L7ʳ.– Auch †(ein Metallstück) durch Drehen aushöhlen: *dem Träxler für ds ausdrähen von M*[*essing*] *4x: et ds Gschabet* [Herausgefräste] *zurück* Rosenhm 1780 Stadtarch. Rosenhm PRO 1216, 133.– **4d** (ein Faß) auf der Drehbank innen glatt hobeln: „Die Fässer werden nun von innen *ausgedreht*" MM 29.1.1991, 17.– **4e** (Gebäck) durch Rollen, Ziehen formen: *Nu*ᵈ*l ausdrahn* Reisbach DGF; *„Kirwaküchelu ... asdrahn* ... in der Mitte ein dünnes Fenster und außen einen dicken, gleichmäßig runden Rand" Mimbach u. Mausdf 152.– **5** ausleiern, durch Drehen abnutzen, °OB, SCH mehrf., °NB, °OP vereinz.: °*Gwind is ausdrat* Moosach EBE.– **6** unpers., wie →*d.*9c, °NB vereinz.: *bei dera Furgn hats mi ausdraht* „beim Pflügen aus der Furche geworfen" Fürstenstein PA.– **7** auswringen: „Wäsche *ausdrahn*" Mchn; *ausdrah'n* Steinweg R nach DWA IV[,K.2].– **8** wie →[*auf*]*d.*8b: °*Bänder werdn ein- und ausdraht* „beim *Mühlradl*, Tanz" Thanning WOR.– **9** ausrenken, zerren, verkrampfen.– **9a** ausrenken, verrenken, verstauchen, °OB vielf., °NB mehrf., °OP, °OF, °SCH vereinz.: *d'Åxl han a ma ausdraht* Pfarrkchn; *dem haout d'Maschin n Oarm asdraht* Wdsassen TIR; *verbind' aber guat fei' den aus'draahtn Fuaß, Sunst kunnt' ihm d' Kniekugel ausschnappn* Kobell Ged. 55.– Phras.: *ausgedrehte Haxen / Wadel haben* u.ä. X- od. O-Beine, °OB, °NB, °OP vereinz.: °*ausdrahte Wadl* „O-Beine" Uffing WM; *ausdrahte Haxn* „X-Beine" Grattersdf DEG.– *Jmd dreht sich noch die Haxen / Wadel aus* u.ä. geht mit gespreizten Beinen, stolzierend daher, °OB, °NB, °OP vereinz.: °*der Protz draht sa seinö Boana do no aus* Endlhsn WOR; °*drah da fei d'Wadl niat aas!* „schreite nicht so stolz daher!" Weiherhammer NEW;– °*dem hats aber d'Haxn ausdraht!* „er stolziert daher" Bruckmühl AIB;– tanzt ohne Unterbrechung, °OB vereinz.: °*dö draht si d'Wadl no aus* „läßt keinen Tanz aus" Geisenfd PAF.– °*I drah dir*

no an Wadl aus! „Neckruf von jungen Burschen zum Dirndl" Reit i.W. TS.– **9b** zerren, durch Überdehnen verletzen, °OB, °NB, °OP, °SCH vereinz.: °*i drah dir d'Flaxn aus!* „Drohung" Teisendf LF; °*beim Fingerhackln hat er si Flaxn ausdraht* Arnstorf EG.– **10** Part.Prät., stark gebogen, gekrümmt: *Ganz ausdraht is die Kruckn* A. v.Perfall, Aus meinem Jägerleben, Leipzig 1906, 205.

WBÖ V,244f.

Mehrfachkomp.: **[her-aus]d. 1** aus seiner natürlichen od. urspr. Stellung herausdrehen, drehend bewegen: *der hods Weiß rausdraht* „von den Augen" Aubing M.– **2** wie →*d.*4f: *Dej dreed ma schia raus, bis's ganz gladd sen und loßds aufn Noulbrejdd nou a bißla ganga* Wölzmüller Lechrainer 89.– **3** beim Gehen auffällig nach außen bewegen, °OB, °OP vereinz.: °*der draht die Haxn raus* „geht stolz daher" Sulzkchn BEI.– **4** unpers., wie →*d.*9c, °OB, °SCH vereinz.: °*iazt hats mi rausdrahnd* „beim Ackern aus der Furche geworfen" Brunnen SOB.

– **[hin-aus]d. 1** wie →*[her-aus]d.*3, °NB, °MF vereinz.: °*då hoda seine Fejß oba nausdrad!* „ist er daherstolziert" Schelldf EIH.– **2** unpers., od. refl., wie →*d.*8a: °*mi hots bei der unangenehmen Handelschaft zur Stubn nausdraht* Falkenbg TIR; *er hat sich hinaußgeDräet* Schönsleder Prompt. L7r.– **3** aus der Spur rutschen, drängen.– **3a** unpers., wie →*d.*9c, °westl.OB mehrf., °SCH vereinz.: °*am Roa entlang hots mi nausdraht* Tandern AIC; °*mir hatsn Pfluag nausdraht* „durch harten Boden aus der Erde gehoben" Ried ND.– **3b** ins Schleudern bringen, aus der Spur drängen, °OB, °SCH vereinz.: °*dea Schtoa hod me nausdraht* „aus der Ackerfurche" Wildenroth FFB.– **4** Part.Prät., wie →*[ab]d.*13a: *a Nausdrati eiwischn* „eine Ohrfeige mit dem Handrücken geben" Hengersbg DEG.

[ausher]d. 1 wie →*[her-aus]d.*1, °OP, °OF vereinz.: *s Weiß assadrahn* „die Augen so verdrehen, daß man nur das Weiße sieht" Etzenricht NEW; *die Augn aassadraahn* „Stielaugen bekommen" Singer Arzbg.Wb. 15f.– **2** durch Drehen lösen, entfernen.– **2a** wie →*[ab]d.*3a: °*drah d'Brems außa* Straßkchn SR.– **2b** wie →*d.*3, °OB, °NB, °OP vereinz.: °*an Schraubn außadrahn* Rottau TS; °*de Boana werdn außadraht* „die Knochen werden vom Fleisch gelöst" Lauterhfn NM.– **3** wie →*[her-aus]d.*3, °OB, °NB, °OP, °SCH vereinz.: °*der draht d'Boana außa, daß moanst, er waar da Graf Schnudi* N'viehbach DGF.– **4** aus der Spur rutschen, drängen.– **4a** meist unpers., schleudern, aus der Spur rutschen, °OB, °NB, °OP (v.a. S) vielf.: °*beim Radfahrn hats me in da Reibn außadraht* Frsg; °*da is af an Stock oganga, na håts ma an Pfluag außadraht* Essenbach LA; °*bei de vieln Stoana draht oan der Pflug außa* Rgbg.– **4b** wie →*[hin-aus]d.*3b, °NB, °OP vereinz.: °*a Stoa hat mir an Pfluag außadraht* Reisbach DGF.– **5** auch unpers., wie →*[aus]d.*9a, °OB, °NB vereinz.: °*im starkn Lauf hats ihm die Boana außerdraht* Schönbrunn LA.– Phras.: °*dea draht se d'Fejß assa* „geht stolz einher" Tirschenrth.– °*De lebn bloß vo Backstoana* [Limburger Käse], *Kas* [Quark] *und Wasser, sodaß eana Boana außadraht* „so dünn sind sie" Rgbg.– **6** refl., sich herausreden, geschickt aus einer unangenehmen Lage befreien: °*der Sepp hat si aus der Gschicht außadraht* Pfarrkchn.– **7** wie →*d.*12a: °*hot ea oan n Geldbeil vo da Daschn außadraht* Nittenau ROD.

WBÖ V,247.

[aushin]d. 1 wie →*[aus]d.*1a: „von den Preisrichtern [wurden] ... das *aussi drahn* und *einfangen* vom *Dirndl* bewertet" Vagen AIB Mangfall-Bote 3.5.2013, 21.– Als Part.Prät., M.: °*Außidrahter* „nach rechts gedrehter Walzer" Pleinting VOF.– **2** durch Drehen entfernen, hinausdrücken.– **2a** wie →*d.*3: °*an großn Stån außedraht* Neusorg KEM.– **2b** durch Drehen hinausdrücken, hinauspressen: *Da hat's ihm neulich vom Pfandl* [Radlager] *die Schmier aussidraht* Wasserburger Anzeigbl. 31 (1870) Nr.42[,4].– **3** aufzwirbeln, in die Höhe recken.– **3a** wie →*[auf]d.*5aβ, NB vereinz.: *dea håd an Schnuaboad außödrad* Ettling LAN.– **3b** wie →*[auf]d.*5aδ: *den Kragen hat 'r aussidraht wie a Hopfenstang* Ganghofer Damian Zagg 20.– **4** auch unpers., wie →*[her-aus]d.*3, °OB, °NB, °OP vereinz.: °*heut drahts eahm d'Wal scho wieder a so außö* „er geht stolz daher" Arnstorf EG; °*dö draht d'Wadl assi* Winklarn OVI.– **5** unpers., nach draußen stürzen, schleudern, hinausfliegen.– **5a** nach draußen stürzen, fallen: °*i steh neba da Tür, kriag an Renna* [Rempler], *ko mi nimmer dafanga und scho hats mi außedraht* „aus dem Raum, auch aus einem Fahrzeug" O'stimm IN.– **5b** wie →*[ausher]d.*4a, °OB, °NB, °OP vereinz.: °*a den schdoanenga Foed hots ma an*

Pfluag oft außedraht Ensdf MÜ.– **5c** hinausfliegen, fortgejagt werden: °*då håts mi außidraht* O'bibg WOR.– **6** refl., wie →[*ausher*]*d.*6: °*dea haot se assedraht as dera Gschicht* Traidendf BUL.– **7** Part.Prät., wie →[*ab*]*d.*13a, °OB, °NB vereinz.: °*a Außidrahte* mit dem Handrücken gegebene Ohrfeige Lohbg KÖZ.
WBÖ V,248.

[**der**]**d. 1** fähig, imstande sein, etwas od. jmdn im Kreis zu bewegen: *sol i ålawal dantsn, ko's Mensch niat dadraan, gäits her, Boubm, prowiats es, des Trum hot a Schwaan* „Schnaderhüpfel“ Bruck ROD; *dadrahn* „(ein Rad) zum Drehen bringen“ Braun Gr.Wb. 80.– **2** unpers., wohl wie →*d.*11b: °*den hats dadraht* Innernzell GRA.
WBÖ V,245.

[**durch**]**d. 1** eine best. Drehfigur unter den Armen hindurch tanzen: °„beim Landler wechseln sich *Durchdrehen*, Gesang und Händeklatschen ab“ Breitenbg WEG; „Beim niederbayerischen Landler ... *Vorschwingen, rückschwingen, durchdrehen*“ Mühldorfer Anzeiger 27.6.2017, 9.– **2** mit einer od. durch eine Maschine drehen.– **2a** wie →[*abher*]*d.*4a, °OF (v.a. NW) vielf., °OB, °NB, °OP, °MF vereinz.: °*Milch durchdrahn* Illschwang SUL.– Als Part.Prät., F., Magermilch, °OB, °OP vereinz.: °*i brauchat a Seidl Durchdraahte* zentrifugierte Milch Kchndemenrth NEW.– **2b** wie →[*her-ab*]*d.*2b, °OB, °NB, °OP vereinz.: °*laß die durchdrahte Leber eitrapfen* „Leberspatzlsuppe“ Hohenpeißenbg SOG; °*dös Gsood müin ma aa nu durchdrahn* „durch die Futterschneidmaschine“ Kchndemenrth NEW; *Beim Hackfleisch steht ma mit dabei, sunst drahns an Spuilumpm aa no mit durch* Altb.Heimatp. 65 (2013) Nr.11,10.– **3** wie →[*ab*]*d.*10b, °OB, °NB, °OP, °MF, °SCH vereinz.: °*der muaß durchdraht ham* Halfing RO; °*der Max is a weng durchdraht* „nicht ganz normal“ Koppenwall ROL; °*A rayba ... hòd auf amòy durchdràd und si fazogn und òyss lignlàssn* Kuen Bair. 67f.– Auch in Phras. im Wortspiel mit Bed.2b: *Durchdraht wie a Pfund Hackfleisch* Mchn.Stadtanz. 16 (1960) Nr.25,5.– **4** wie →[*auf*]*d.*13, °OB, °NB, °OP vereinz.: °*dös Moil is ganz durchdraht* „ausgelassen, lustig“ Nabburg; *Jede Nacht hab i durchdraht* Weiss Mchn 20.– Auch in Phras.: °*heint drama wos durch* sind wir lustig O'viechtach.– **5** Part.Prät.– **5a** wie →*d.*22dα, °OB, °NB, °OP vereinz.: °*Durchdraade* „hinterlistige Frau“ Simbach PAN; *Du bist fei a ganz a durchdraahta Hund* Lauerer I glaub, i spinn 73.– **5b** wie →*d.*22dβ, °OB, °NB, °OP vereinz.: °*durchdraht* „ist ein Pfiffikus“ Falkenbg TIR.
WBÖ V,245.

[**durchhin**]**d. 1** mit einer od. durch eine Maschine drehen.– **1a** wie →[*abher*]*d.*4a: °*durchidrahte Milli* Ebersbg.– **1b** wie →[*her-ab*]*d.*2b, °OB vereinz.: °*s Troad durchidrahn* „durch die Windmühle“ Steinhart WS.– **2** wie →*d.*22cα: °*duridraht* „verrückt, spinnig“ Hart a.d.Alz AÖ.
WBÖ V,248.

[**ein**]**d. 1** linksherum, eine best. Drehfigur tanzen.– **1a** linksherum tanzen, einen Tanz linksherum ausführen, auch in der Fügung: *links e.* °OB, °NB vereinz.: °*wer links eidraht, werd außekeit* „vom Tanzboden hinausgeworfen“ Hzkchn MB; °*aidrahter Walzer* Straubing.– Als Part.Prät., M., best. linksherum ausgeführter Tanz, °OB, °NB, °OP, MF, SCH vereinz.: °*mir tanzn an Linkseidrahtn* „Walzer linksherum“ Fahrenzhsn DAH; °*a Eidrahta* „nach links gedrehter Ländler oder Galopp“ Bodenmais REG.– **1b** eine best. Drehfigur (nach innen) tanzen, jmdn in einer solchen Drehfigur bewegen, °OB, NB, °OP vereinz.: °*da Bua muaß sein Dirndl eindrahn* „beim Volkstanz Steierer“ Reit i.W. TS; °*du moußt eidrahn* „beim Zwiefachen“ Sulzkchn BEI.– **2** sich nach innen biegen, einrollen.– **2a** sich nach innen, einwärts biegen, einkrümmen, °OB, NB, OP vereinz.: *aidratö Finga* Mittich GRI.– **2b** refl.: °*si eindrahn* sich zusammenrollen (von der Schlange) Ellmosen AIB.– **3** hineindrehen.– **3a** durch Hineindrehen befestigen, einschrauben: *an Schrauf aidrahn* Pfaffenbg MAL.– **3b** durch Hineindrehen, Bohren herstellen, erzeugen, OB, NB vereinz.: *a Loch eindrahn* Mchn; *a Gwint aidra*ⁿ Mittich GRI.– **4** (durch Drehen) festziehen.– **4a** wie →*d.*2, °OP mehrf., °OB, °NB, OF, °MF, °SCH vereinz.: *Xaverl, drah d'Schleif ei, daß dir da Wong net daschleift* Wiesent R; „*En Rospau* [Ramspau R] *und en d' Mühl oi, do mousst a bissl eidrahn* ... die hölzernen Bremsklötze anziehen“ Altb.Heimatp. 59 (2007) Nr. 34,4.– **4b** übertr. wie →[*ab*]*d.*2e, in Phras.: °*jetz hots eidraht!* „Androhung von Schlägen“ Winklarn OVI.– **5** durch Drehen for-

men, herstellen.– **5a** wie →*d.*4b: *eindrāht* „gedrechselt" Federholzner Wb.ndb.Mda. 66.– **5b** wie →*d.*4d: °*Deandl drahn si Lockn ei* Schönbrunn LA.– **6** aufwickeln, sich herumwickeln.– **6a** wie →*[auf]d.*6a, °OB, °NB, °OP vereinz.: °*du moußt dei Schnua eidrahn, sinst kummt dei Drachn ora* Sulzbach-Rosenbg.– **6b** wie →*[an]d.*4a: °*den Fadn in die Spule eindrahn* „bei Nähmaschinen" Passau.– **6c** wie →*[auf]d.*6d, °OB, °NB, °OP, °MF, °SCH vereinz.: °*i muaß ma zerst no meine Horr eindrahn* Rdnburg; *D' Haar – mit Zuckerwasser eing'feucht – san eidraht worn … mit Papierwuzerl* Dittrich Kinder 192.– **6d** in gedrehter Form feststecken: *Zopf eindrahn* „Arten der weiblichen Haartracht" Gallenbach AIC.– **6e** refl., wie →*[an]d.*4c: °*am Mähdrescher hat si was eindraht* Schönbrunn LA.– **7** refl., wie →*[auf]d.*7: °*eindreht* „verknotet, verwickelt" Weiden.– **8** einwickeln, einkuscheln.– **8a** einwickeln, einhüllen, °OB, NB vereinz.: °*drah s Brot in des Zeitungspapierl ei* Mauerbg AÖ.– **8b** wohl refl., sich ins Bett u.ä. einkuscheln: *aidrahn* Truchtlaching TS.– **9** verwirbeln u. niederdrücken, OB, NB, °OP vereinz.: *da Wind hâds Trâid eidrat* Mengkfn DGF.– **10** wie →*d.*6bβ, °OB, °NB, °OP, °OF, °SCH vereinz.: °*da obn tuast mitn Pfluag eidrahn* „wenden" Autenzell SOB.– **11** unpers., hineinfallen, hineinstürzen: *ös hâtn ön Straßgrom aidrad* „durch Sturm, Rausch" Aicha PA.– **12** unpers., einschlafen: °*den hats aidraht* „er ist eingeschlafen" Rosenhm.– **13** wohl unpers., wie →*d.*11b: °*eidraht* er ist gestorben Winklarn OVI.– **14**: *eidrah*^{n} einrichten, einrenken Hengersbg DEG.– **15** durch Drehen einklemmen, quetschen: *s Râd hâd eam an Fuas aidrad* Aicha PA.– **16** jmdn in Schwierigkeiten bringen, anschuldigen, °OB, °OP vereinz.: °*dea hot den eindraht* Fronau ROD.– **17** wie →*[hin-ab]d.*4, °NB, °OP, °OF vereinz.: °*an Kantn Braout eidrahn* Brand WUN; *eidrà:n* „essen (z.T. schnell od. als Imbiss)" Kilgert Gloss.Ratisbonense 66.– **18** ins Gefängnis bringen, einsperren, °OB, °NB, °OP vereinz.: °*an Hias hams eidraht für drei Monat* Inzell TS.– **19** refl.: *gehn ma von dem wega Und drah' ma uns anderscht wo ei* [wenden wir uns einem anderen Thema zu] Christ Unsere Bayern 66.– **20** Part.Prät., wie →*d.*22dα: *dös is a ganz an Eidrahta* „Hinterlistiger" Eging VOF.

WBÖ V,245.

Mehrfachkomp.: **[hin-ein]d.** **1** wohl refl., wie →*[ein]d.*8b: *neidrahn* sich wohlig ins Bett od. Heu legen Waidhfn SOB.– **2** unpers., wie →*d.*9b, OB, MF vereinz.: *den hâts neidrat* „er ist gestürzt" Fürstenfeldbruck.– **3** unpers., wie →*d.*10b: °*den hats sauba neidraht* „eine schwere Krankheit hat ihn ins Bett geworfen" Weilhm.– **4** heimlich hineinstecken: °*der hât glei s Gayd an Socka neidraht* Siglfing ED.– **5** ins Gefängnis bringen, kommen.– **5a** wie →*[ein]d.*18: °*den homs neidraht* Wildenroth FFB.– **5b** unpers., ins Gefängnis kommen, inhaftiert werden: °*da hats scho oan neidrahnd* Brunnen SOB.

[einher]d. **1** wie →*[ein]d.*1a, auch in der Fügung: *links e.* u.ä. °NB, °OP vereinz.: °*linksum einadrahn* „Walzer linksherum tanzen" Pertolzhfn OVI.– Als Part.Prät., M., best. linksherum ausgeführter Tanz, °NB, °OP vereinz.: °*Einadrahter* „Walzer linksherum" N'viehbach DGF.– **2** wie →*[ein]d.*2a: °*a Kuah mit aufdrahte Hörndl schaut do vui schöner aus wia oane mit einerdrahte* N'viehbach DGF.– **3** wie →*[ein]d.*3a: *der Schimmiwirt … hat as hulza' Stöpsei auf Wind einadraaht* Franz Lustivogelbach 26.– **4** wie →*d.*6bβ, °OB, °NB, °OP vereinz.: °*dou mouß i an Pflouch ainadrahn* wenden Frauenbg PAR.– **5** sich in eine Kurve legen: *„Zu stark einadraht* hätten sie sich in die Eiswand" Königssee BGD SZ 43 (1987) Nr.279,61.

[einhin]d. **1** wie →*[ein]d.*1a: °*den Walzer hama einidraht* „linksherum getanzt" Neukchn a.Inn PA.– **2** wie →*[ein]d.*2a: °*dein Schurz draht da eiö* Limbach PA.– **3** wie →*d.*2: °*tra d'Schläf echi* Hiltersrd WÜM; „die Aufforderung zum 'Bremsen' … *drą̄*^{e}*ẽi*" nach Steinhauser Mda.BUL 57.– **4** drehend hineinstechen, durch Hineindrehen einen Stich versetzen: *dann sticht's mich im Steißbein, als tät ma eine Nadel ganz tief einidraahn* SZ 51 (1995) Nr. 27,37.– **5** †gezielt schießen, (ein Geschoß) ins Ziel bringen: *Der Büchsnmacha vo' Traunstoa … der draaht's eini* Kobell Ged. 354.– **6** wohl refl., wie →*[ein]d.*8b: *einidrahn* sich wohlig ins Bett od. Heu legen Palling LF.– **7** wie →*d.*6bβ, °OB, °NB, °OP vereinz.: °*den Pfluag einidrahn* „wenden" Bayrischzell MB.– **8** hineinlenken, hineinmanövrieren, °OB, °NB, °OP vereinz.: °*den Pflug in die Furche ainidrahn* Limbach PA.– **9** unpers., wie →*[ein]d.*11, °OB, °NB vereinz.: °*ole hods richdig in Sand einidraahd*

Reichenhall; *Den Saufaus* [Betrunkenen] *hods sauwa in' Straßgrom einedraht* ILMBERGER Fibel 48.– **10** wie →[*ein*]*d.*16: °*oan einidrahn* „belasten" Thanning WOR.– **11** wie →[*hin-ab*]*d.*4: *einidrà:n* „etw. schnell essen (Imbiss)" KILGERT Gloss.Ratisbonense 68.– **12** unpers., wie →[*hin-ein*]*d.*5b, °OB vereinz.: °*mit sein Stuin hotsn do amoi in Festung einedraht* Halfing RO.

WBÖ V,248.

[**ver**]**d. 1** wie →[*her-aus*]*d.*1, OB, NB, OP, OF, SCH vereinz.: *der Wind hot Bömm vodraht* Peiting SOG; *d'Aung håt a no amol vodrad und na is a gschdoam* Straubing; „Rubic-Würfel … *Da, aber g'scheid verdrahn*" Mchn SZ 66 (2010) Nr.56,40; *Wer si 's Nöstal will baun … Daß 's koa Sturm nöt vodraht* SCHLICHT Bayer.Ld 223.– Phras.: *verdreht schauen* / *ein verdrehtes Geschau haben* u.ä. schielen, °Gesamtgeb. vereinz.: °*dea schaugt vådraht* Moosach EBE; °*dös Kind hat a vadrahts Gschau* Deggendf.– **2** †mit jmdm ausschweifend tanzen: *die frauen oder jungfrauen unziemlich verdrähen oder herumschwingen* Rgbg 1689 WÜST Policey 155.– **3** ausrenken, zerren.– **3a** wie →[*aus*]*d.*9a, °OB, °NB, °OP, °MF vereinz.: *s Angl vadraht* „den Knöchel verstaucht" Mauth WOS; *Da paß nur auf, daß dir koan Fuaß vodrahst* CHRIST Unsere Bayern 213.– **3b** wie →[*aus*]*d.*9b, °OB, °SCH vereinz.: °*d'Muskel verdrahn* Schlehdf WM.– Phras.: °*die möcht si do glei d'Flaxn verdrahn* „schaut sich neugierig in der Kirche um" Thanning WOR.– **4** (sich) verziehen, verzerren.– **4a** refl., sich verziehen, biegen, krümmen, °OB, °NB, °OP, MF, °SCH vereinz.: *s Hoiz vadraht si* „wirft sich" Haag WS; *i hau da oane ei, dasde vadrast* Burglengenfd; *Bamäst … recht vodraht und krump* Münchener Oktober-Festkalender für 1865, München 1865, 24.– **4b** in eine verzogene, verzerrte Form bringen: *den hots as Gsicht ganz vodraht* „durch einen Schlaganfall" Schrobenhsn.– Auch Part.Prät., mit verzogener Flugbahn, Effet: *Da Verteidiger Grzyb hat den Ball vadraht in Strafraum geschlagen* SZ 33 (1977) Nr.24,30.– **5** (sich) verwirren, ineinander verschlingen.– **5a** refl., wie →[*auf*]*d.*7: *A so a Handy hat koa Schnur, de wo si bloß in oaner Tour … verdraht* MM 12.7.2000, 29.– **5b** durch Ineinanderverschlingen in Unordnung bringen, °OB, °NB vereinz.: °*die Wolle hams ganz kloavodraht* „besonders verwirrt" Wiesenfdn BOG.– **6** (durch Drehen) zerstören, verstellen.– **6a** wie →[*ab*]*d.*3c, °OB, °NB, OP vereinz.: °*du hast jetzt des ganze Gwint vodraht* Rottau TS.– **6b** zerstören, verderben allg., °NB, °OP vereinz.: °*dem howe des Gschäft ganz vertraht* Hexenagger RID.– **6c** (Uhr) verstellen, falsch einstellen, OB, OP vereinz.: *die Uhr vodrahn* Sulzbach-Rosenbg; *Oamoi ham's d' Uhr glei um zwoa Stund verdraht* Mchn SZ 6 (1950) Nr.68,4.– **7** meist Part.Prät., verzwickt, schwierig machen, verkomplizieren, °OB, °NB, °OP, MF, SCH mehrf., °OF vereinz.: *dös is ebbas ganz Vodrahts* Gotteszell VIT; °*dös is a vadraahte Gschicht* Rgbg; *Do wos dee Sach vodraaht no meah* PANGKOFER Ged.altb.Mda. (1846) 273.– **8** um den Verstand od. aus der Fassung bringen, kopflos, verrückt machen: °*den hot die Krankheit ganz verdraht* Fronau ROD; *A Blick hat ihm 's ganz Herz vodraht* STURM Lieder 105.– **9** unrichtig darstellen, entstellt wiedergeben, °Gesamtgeb. vereinz.: °*dua do ned ois vodrah* „bleib bei der Wahrheit" Neufraunhfn VIB; *wiea'r a Sennerin … a sölas Plauschwerk daher b'racht* [schwätzt] *und so vodraht, da ß'd dö an' Dian* [manchmal] *schier z'kropfat hätt'st lacha kinna* Der Traunbote 1868, 18; *Mir ham … den Text verdraht* Eicherloh ED SZ Erding 53 (1997) Nr.72,R9.– **10** refl., wie →*d.*8a: °*der håt si vadraht* „heimlich gedrückt" AIC.– **11** wie →[*an*]*d.*9a: °„mangelhafte Ware wird *verdraht*, an den Mann gebracht" Breitenbg WEG.– **12** wie →*d.*12a, °OB, °NB vereinz.: °*der hats gar net kennt, wia eahm der Bazi de Taschn verdraht hat* Schönbrunn LA; *verdræen Einem etwas* „milder Ausdruck für: entwenden" SCHMELLER I,559.– **13** Part.Prät.– **13a** wie →*d.*22aβ, °OB, OP, SCH vereinz.: *a vadrada Blokch* schwer spaltbares Holzstück Kochel TÖL; *Wou der Wind higejt, do kluibnt Baama net, do hans vadraht* KÖZ BJV 1952,28.– **13b** verkehrt herum.– **13bα** mit der Oberseite nach unten, der Vorderseite nach hinten, der Innenseite nach außen, °OB, °NB vereinz.: *vodrahnd afm Bam sitzn* rittlings Dünzing IN; *s Gwand vadraht azoign* Hengersbg DEG; *Er stürzt und stürzt gach abi, ganz verdraht* STEMPLINGER Ovid 27.– Phras.: (*als*) *wie verdreht* von der Norm, Erwartung abweichend, verkehrt, falsch, °OB, °OP, °OF vereinz.: *heit ist doch alls als wia vadraht* „die Arbeit geht nicht wie sonst von der Hand" Eschenlohe GAP;– verwirrt, durcheinander, fassungslos: *Der Förstner schaugt als*

wie verdraaht STIELER Ged. 161.– **13bβ** um 90 Grad gedreht, mit vertauschter Längs- u. Querrichtung: *vodrata Ocka* Acker, der mit seiner Längsseite an die Schmalseiten anderer Äcker stößt Hengersbg DEG.– **13bγ** wie →[*ab*]*d.*13a, °OB, °NB, °OP vereinz.: °*dem håb i a Vodrahte gschmiert* mit dem Handrücken gegebene Ohrfeige Saaldf LF; °*a vadrahte Watschn wirst glei fanga* Barbing R.– **13c** von der Norm abweichend, nicht eindeutig, gekünstelt.– **13cα** von der Norm, Erwartung abweichend, verkehrt, falsch, °OB, °NB, °OP, °SCH vielf., °OF, °MF vereinz.: °*no vadrahta hets nima geh kina* Ensdf MÜ; *vodrads Wöda* Aicha PA; °*heut mach i wieder alles vodraht* Michelsneukchn ROD; *Bein Kart'na ... weil der ganz vadraaht Oft auswirft* AUZINGER A so san mir 9f.– **13cβ** nicht eindeutig, mißverständlich, ironisch, °OB, °NB, °OP, °SCH vereinz.: °*da Jugl ko so vodraht daherredn, daßd glei nimmer woaßt, wiasd drobist* Weildf LF; *tua net so verdraaht – was willst sagn?* QUERI Matheis 21.– **13cγ** †gekünstelt, geschraubt: *sophismata contorta et aculeata (verdret, verwuntzen, spitzig)* AVENTIN I,478, 4f. (Gramm.).– **13d** übel, schlimm: *D' Groß-mutta leit drinna, – mi'n Fuaß geht's verdraaht* STIELER Ged. 44.– **13e** verrückt, verwirrt, verlegen.– **13eα** wie →*d.*22cα, °OB, °OP mehrf., °NB, °OF, °MF, °SCH vereinz.: °*dös is a vadrahta Loda, i glab, der spinnt a bisl* Reichersbeuern TÖL; „Er ist nicht mehr richtig im Kopf ... *Ea is vâ:draad im Scheel*" CHRISTL Aichacher Wb. 237.– **13eβ** wie →*d.*22cβ, °Gesamtgeb. vereinz.: °*d'Lies is gonz vodraaht, seits von Kind kemma is* „verwirrt, seit sie einen Abgang hatte" Weildf LF; *der hat ganz vodraht dahergredt* „wirr" Wiesenfdn BOG; *I bin no ganz vodraht. – Gestern hot der Dokta was von an Fleckfus g'redt* Mchn Jugend 20 (1915) 1012.– **13eγ** verlegen, schuldbewußt, schüchtern, °OB, °NB, °OP vereinz.: °*an Huaba sei Bua wars, derwo unser Fenster eigworfa hot, weil er mi gor so vodraht ogschaugt hot* Perchting STA.– **13f** verliebt, verführerisch, °OB, °NB, °OP, °SCH vereinz.: °*i kann dem Deanei net bös sei, bals mi so vodraht åschaugt* Hzkchn MB.– **13g** wie →[*ab*]*d.*13c, °OB, °NB vereinz.: °*da Xare is heut awa vadraht* „ausgelassen" Wildenroth FFB.– **13h** hinterlistig, pfiffig, verschmitzt.– **13hα** hinterlistig, durchtrieben, °OB, °NB, °OP vielf., °SCH vereinz.: °*des is a Bazi, des kenn i an sein verdrahtn Gschau* Kchseeon EBE; °*trau dem niat, dös is a ganz a Vodrahta* Hahnbach AM; *ə˜ vo'drádə' Ká'l* SCHMELLER I,559; *Gott will mit redlichen aufrichtigen Hertzen Kundschaff machen ... mit verträthen Stadtleuthen mag er nichts zu schaffen haben* SELHAMER Tuba Rustica II,49.– **13hβ** wie →*d.*22dβ, °OB, °OP vereinz.: °*dös is a ganz Vodrahter* „Schlauer" U'haching M.– **13hγ** wie →*d.*22dγ, °OB, °NB vereinz.: °*schau net so vodraht, i woaß scho, wosd mechst* „schelmisch, spitzbübisch" Weildf LF.– **13i** wie →[*ab*]*d.*13e, °OB, °NB, °OP, °MF, °SCH vereinz.: °*der haout mi ganz vadraht agschaut* „als ob er nichts verstanden hat" Sulzkchn BEI.– **13j** frech, eingebildet, eigensinnig.– **13jα** wie →*d.*22eα, °OB, °NB, °OP vereinz.: °*der hat mi scho so verdraht ogredt, daß i'n nausgschmissn hab* O'stimm IN.– **13jβ** wie →*d.*22eβ, °OB, °NB, °OP, °SCH vereinz.: °*der hätt a grüaßn kenna, aba er schaut oan grad so verdraht an* „geringschätzig" Teisendf LF; °*geh hold ned goa so vodrahd dahea!* „stolz" Brennbg R.– **13jγ** wie →*d.*22eγ, °OB vereinz.: *nimm di zsam, dös is a vodrahts Mannsbild* „eigenwillig" Hohenpeißenbg SOG.– **13k** wie →[*ab*]*d.*13f, °OB, °NB vereinz.: °*a ganz a verdrahta Kund* „verwegen" Innernzell GRA.– **13l** bedrohlich, wütend, °OB, °OP mehrf., °NB, °MF, °SCH vereinz.: °*schau mi net so vadraht o, i fürcht di net!* Kreuth MB; °*der Stier hatn scho ganz vadraht agschaut* Simbach EG; *Da macht mi 's allawei verdraht, bal mi si vo dena was ei'red'n laßt* THOMA Werke VI,352 (Wittiber).– **13m** mißtrauisch, mürrisch.– **13mα** mißtrauisch, argwöhnisch, °OB, °OP, °SCH mehrf., °NB, °OF vereinz.: °*moanst, i bins gwen, weilst mi so vodraht åschaugst?* Fürstenstein PA; *da Landrichta z'Mühldorf schaugt mi kloavodraht* [sehr mißtrauisch] *o* Tegernsee KIEM obb.Volksl. 391.– **13mβ** wie →*d.*22f, °OB, °NB, °OP vereinz.: °*der schaut verdraht* „zuwider" Schaufling DEG.– **13n** wohl wie →*d.*22g: °*der hot se sauba druckt, a ganz a Vodrahta!* Halfing RO.

SCHMELLER I,559.– WBÖ V,245f.

Mehrfachkomp.: **[achs-ver]d.** Part.Prät., nicht gerade, schief: °*der geht heut ganz axvadraht her* „nach Alkoholgenuß" Kreuth MB.

– **[hirn-ver]d.** Part.Prät. **1** wie →*d.*22cα, °OB, °NB, °OP, °SCH vereinz.: °*da Stefi håt wieda so hirnvodrahte Ansichtn* Inzell TS.– **2** wie →[*ab*]-*d.*13e, °OB, °OP vereinz.: °*hirnverdraht* „ungeschickt" Geisenfd PAF.– **3** wie →*d.*22eγ, °OB,

°SCH vereinz.: °*der is ja hirnverdraht* „uneinsichtig, eigensinnig“ O'stimm IN.– **4** jähzornig, °OB, °NB, °OP vereinz.: °*bist ja ganz hirnvodraht, glei biwast vor Zoan* Schnaittenbach AM.
WBÖ V,246.

–[**quanti-ver**]**d.**, [**quinta-ver**]- flekt. Part.Prät., meist adv. verwendet **1** †kurvenreich, mit vielen Kurven, Biegungen: *D· Straß gêt gwánti vo'drádi* SCHMELLER II,944.– **2** †wie →*[ver]d.*13bα: *Də' Hàrbeudl henkt eəm gwánti vo'drádi* SCHMELLER II,943.– **3** von der Norm abweichend, nicht eindeutig.– **3a** wie →*[ver]d.*13cα, °OB, °NB, °OP vereinz.: °*dös hast heit wieder a mài schä gwandti vodrahti zamgmuagst* Limbach PA; *·Gwánti' və'dràdi* „auf verkehrte Weise“ SCHMELLER I,559.– **3b** wie →*[ver]d.*13cβ, °OB, °NB vereinz.: °*bei dem kennst di net aus, der bringt ois so gwandi-vodrahdi vira* „sinnverkehrt, unverständlich“ Brannenburg RO; *Quintəvo'drádi machen* „verdrehen, verwickeln (eine Sache), damit ein Andrer nicht daraus kommen könne“ SCHMELLER I,559.– **4** wie →*[ver]d.*13hα, °OB vereinz.: °*des is a Gwander vodrander, bis di umschaugst, der fürdi schea hinters Liacht* Polling WM.– **5** unverzüglich, schnell (u. nachlässig), °OB vereinz.: °*er machts gwandti vodradi* Peißenbg WM.– Herkunft des Bestimmungsw. unklar.
SCHMELLER I,559, II,943f.– WBÖ V,246.

– [**wind-ver**]**d.** Part.Prät. **1** schief, mit gekrümmter Körperhaltung.– **1a** wie →*[achs-ver]d.*, °OB, °NB, OP vereinz.: °*der Bamm is windvadraht* Wettstetten IN; °*der kimmt ganz windvodraht daher* Patersdf VIT; *Is aa 's Dachwerk windverdraht* F. SCHRÖNGHAMMER-HEIMDAL, Mein Dörfl im Krieg, Freiburg i.Br. 1916, 149.– **1b** mit gekrümmter Körperhaltung: *ganz a windvodrada Baua* Tittling PA.– **2** wie →*d.*22bβ, °NB vereinz.: °*des is ganz windverdraht* „verzwickt“ Julbach PAN.
WBÖ V,246.

[**hin**]**d.** **1** (sich) drehend hinbewegen, bis zu einer best. Position bewegen.– **1a** etwas drehend zu einem best. Ziel hinbewegen: *nur muß er es verstehen, den Eisstock richtig hindrahn zu können* Altb.Heimatp. 4 (1952) Nr.51,10.– **1b** refl., sich drehend zu einem best. Ziel hinbewegen: *si hidra*ⁿ Aicha PA.– **1c** refl., sich in kreisender Bewegung bis zu einer best. Position des Kreises bewegen: *Wen se des Della an de richtige Schtej hi draht hod, is der Eardapfe durch's Rohr owe gfoin* E. HARTL-GROETSCH, Eine Familie macht Geschichte(n), Norderstedt 2014, 179.– **2** refl., sich in eine best. Richtung drehen, wenden: *si hidra*ⁿ „sich hinwenden“ Aicha PA; *de anda … draaht si schier a wengl hochmüati zan Buam hi* M. DINGLER, Im Guglholz, Feldafing 1963, 16.– **3** zu Boden werfen, hinfallen.– **3a** zu Boden werfen, niederschlagen: *beim Raufen einen hidrahn* Sulzbach-Rosenbg.– **3b** unpers., wie →*d.*9b, °OB, NB, °OP vereinz.: °*den hots an Bodn hidraht* Lenggries TÖL; *auf die Weis hat es ihn ganz saudumm an die Haustür hindraht* L. STROBL, Bockhäuterne Bauerngesch., München/Weingarten 1928, 17.– Ausruf der Verwunderung: *da drahts mi glei hi!* Aibling.– **4** wie →*d.*10a: °*a schwere Krankheit håt ihm hindraht* Traidendf BUL.– **5** unpers., wie →*d.*11b: *den håts hidraht* „er ist im Gefecht gefallen“ Fürstenfeldbruck.– **6** schlecht, unordentlich herstellen: °*de ham des schö hindraat* Halfing RO.– **7** wie →*d.*12c, nur in Phras.: °*einem etwas hindrehen* „eine Intrige gegen jemanden spinnen“ Mettenham TS.– **8** wie →*[an]d.*9b, °OB, °NB vereinz.: °*dem drah is so lang hin, bis ers glabt* Reit i.W. TS.– **9** vorhalten, Vorhaltungen machen: „(einem etw.) unter die Nase reiben … *Dees hab i eam hidraht!*“ RINGSEIS 129.– Auch in Phras.: °*einem eine hidrahn* eine Rüge, einen Verweis erteilen Atzmannsricht AM.– **10** wie →*d.*14, nur in Phras.: *jmdm eine h.* einen Schlag, eine Ohrfeige (mit dem Handrücken) geben, °OB, °OP vereinz.: °*howe eam oane hidraht* Rgbg.– Auch Part.Prät., mit dem Handrücken gegeben (von einer Ohrfeige), °OB, °NB, °OP vereinz.: °*a Hidrahte* Schnaittenbach AM.– **11** wie →*d.*18a, °OB vereinz.: *dea drahts hi, wias braucht* Mchn; *wegaram Meineid … hi'draht hoda's da Hund der scheinheilige* C. AMERY, Die Wallfahrer, München 1986, 289.

[**hinter**]**d.** Part.Prät., wie →*[ver]d.*13hα: *Lausdeandl, hinterdrahts* Altb.Heimatp. 6 (1954) Nr.37,15.

[**hint(er)hin**]**d.** **1** nach hinten drehen, biegen: *a Watschn, daß-da an Khobf afs Gnack hintidrat* Neukchn KÖZ.– **2** wie →*d.*12a: *hintarödraht* „gestohlen“ Osterhfn VOF; *Da Neimulleren host net oa Bröckl Wuascht hintredrahn kinna* F.X. JUDENMANN, Minikinera Gschichtn, Neutraubling 1981, 17.

[zu-sammen]d. 1 etwas im Kreis (um seine Achse) bewegen u. dabei zusammendrücken allg.: *Ouan zamdran* Simssee RO.– **2** wie →*d.*2: „Bremsen … *dsåmdrą̄*" G'mehring IN nach SOB V,334f.– **3** durch Drehen, Rollen, Schlingen herstellen, formen.– **3a** wie →*d.*4e, °OB, °NB, °OP, MF, SCH vereinz.: °*jetzt drahn ma de Wid* (Weidenzweige) *zamm und mach ma de Stanga fest* „um das Hoftor am Pfosten zu befestigen" Brunnen SOB; *Der Huar* [Flachs], *wos brächt ghot hammant, der is af Rasn* [Stränge] *zsammdraht worn* KÖZ, VIT BJV 1954,199.– **3b** wie →*d.*4f: *d Schmoin zamdrah zo Kögl und umananaweafa* Hengersbg DEG; *„Hejterhorn' … sen Änischmatzn* (Sprachrohr) … *des is zsammdraht worn von-aner Kudern* (Baumrinde), *des is bundn worn"* KÖZ, VIT BJV 1954,205; *der Tobakh … wird … föst zammä drät* LENGLACHNER Gesängerb. II,323.– **3c** wie →*d.*4g: *Brötzn zamdrah* Hengersbg DEG.– **4**: *ea draht d'Arm zam* „verschränkt die Arme" O'audf RO.– **5** wie →[*ab*]*d.*3c, °NB, OP vereinz.: *an Strick zsammdrahn* „durch zu viel Drehen zum Reißen bringen" Sulzbach-Rosenbg.– **6** wie →[*auf*]*d.*6a, °OB, NB, OP vereinz.: °*i muaß de Schnur zsammdrahn* aufrollen, aufwickeln Schlehdf WM.– **7** (sich) verwickeln, verwirbeln.– **7a** refl., wie →[*auf*]*d.*7, NB, °OP vereinz.: *da Fam draht sö oiwei zsam* „verwickelt sich" Simbach PAN.– **7b** wie →[*ein*]*d.*9: °*da Wind drahds Droi zuran Schneggn zamm* Wettstetten IN.– **8** schmelzen, zergehen lassen: °*es drahtn zsamm* „den Schnee" N'bergkchn MÜ.– **9** unpers., wie →*d.*9b: *den hats zsammdraht* er ist hingefallen Osseltshsn MAI.– **10** unpers., wie →*d.*10b, °OP vereinz.: °*dean hots zamdraht* „er ist krank geworden" Schnaittenbach AM; *zamdrà:n* „Schwächeanfall, Kreislaufzusammenbruch haben od. in Ohnmacht fallen" KILGERT Gloss.Ratisbonense 181.– **11** wie →[*hin*]*d.*6, °OB, °NB, °OP vereinz.: °*des hot er grod schnoi zsamdraht, d'Hauptsach, daaß er früa Feieram kriagt hot* O'neukchn MÜ.– **12** wie →*d.*12c, nur in Phras.: (*jmdm*) *etwas z.* einen Streich spielen, etwas Böses antun, °NB, °SCH vereinz.: °*da hammands ganz ebbs schees zammdraht* Griesbach.– **13** Part.Prät.– **13a** wie →[*aus*]*d.*10: °*zsammdrahte Raim* „enge, stark gekrümmte Kurve" Deggendf.– **13b** wie →*d.*22cα, °OP vereinz.: °*zsammdrahde Uaschl* Rgbg.

WBÖ V,248f.

[über]d. 1 wie →[*her-aus*]*d.*1, OB, NB, OP vereinz.: *er draht s Weiß über* „verdreht die Augen" Wasserburg.– **2** wie →[*ab*]*d.*10b, °OB, °OP, °MF vereinz.: °*einer dreht über* Peiting SOG.

WBÖ V,249.

[über]dréhen 1 wohl beim Tanzen zu stark drehen, eine zu große Drehbewegung ausführen: °*iwadrahn* Reichenhall.– **2** zu stark zusammendrehen, durch zu starkes Drehen zerstören.– **2a** zu stark zusammendrehen, verdrillen: *der Fadn is überdraht* „daher rollt er sich zusammen" Chiemgau.– **2b** wie →[*ab*]*d.*3c, °OB, °NB, °OP, MF vereinz.: °*die Uhrfeder is überdraht* Inzell TS; °*s Schloß is iwadraht* „zu stark gedreht, sodaß es sich nicht mehr öffnen läßt" Weiden; *üwadrahn* BRAUN Gr.Wb. 728.– **3** wie →[*aus*]*d.*9a, °OB, NB vereinz.: °*der håt sö an Daam üwadraht* „verstaucht" Ismaning M; *i hab mir'n Fuaß überdraht* MEIER Straubing I,49 (Elend).– **4** (zu) gründlich od. zu tief eggen, °OB, °NB, °OP vereinz.: °*dös Feld hob i iwadraht* Frauenbg PAR.– **5**: °„wenn das Streichblech am Pflug zu weit gestellt ist, dann *überdrahts ös*, wirft es zu weit hinüber" Arnstorf EG.– **6** übertreiben, in übersteigertem Maße tun, °OP vereinz.: °*überdrahn* Weiherhammer NEW.– **7** wie →[*auf*]*d.*13: *Da Herr Müller, sunst recht staad, is heit dodal überdraaht* LAUERER Wos gibt's Neis? 10.– **8** Part.Prät.: *iwadradö Nåsn* mit aufwärts gerichteten Nasenlöchern Kirn PAN.

WBÖ V,249.

[um]d., [üm]- 1 (sich) im Kreis drehen.– **1a** etwas (eine halbe Umdrehung weit) im Kreis, um seine Achse bewegen, °OB, °NB, OP vereinz.: *wen ma oan ned beiln wü, nou drad ma eam Ouan um* Beilngries; *Wenn's endli 's Fensterreiberl umdrah'n tuat* STEMPLINGER Ovid 19; *vmbDräen* SCHÖNSLEDER Prompt. L7[r].– Auch schielend bewegen: *dea drad Aung um* Gachenbach SOB.– **1b** refl., sich (eine halbe Umdrehung weit) im Kreis, um die eigene Achse bewegen, NB, OP vereinz.: *si umdra* sich wälzen Aicha VOF; *Oschaugn und oamoi umdrahn* Münsing WOR SZ Wolfratshausen 66 (2010) Nr.113,R3.– Sprüche, mit denen ein Rülpser kommentiert od. entschuldigt wird: *es / sie dreht sich um / hat sich umgedreht* OB, °NB, °OP vereinz.: *iaz hod si si umdraht* Aspertsham MÜ; *Jetz håt's-à-se umdràht* „rechtfertigt man sich, wenn man nach dem Essen aufstoßen muss" J. Rottmeir, A Hund bist fei scho, München 2015, 37;– *oa Seitn is voll, de anda hot se umdraht* Weichs DAH;– *der hat halbat gnua, weil sie si no umdraht* Ohlstadt GAP.– **1c** umrühren: *a Rippenstück vom Adam raus, An Batzen Loam und umdraht* Stemplinger Ovid 46.– **2** wie →*d.*2: °*umdran* Eschenbach; „bremsen … *umdrąn*" Hainsbach MAL nach SNiB V,132.– **3** (sich) auf die andere Seite, in eine andere Richtung drehen, wenden.– **3a** (sich) auf die andere Seite drehen.– **3aα** refl., sich auf die andere Seite drehen, wenden: *Drah di um und schlaf weiter!* Wdmünchn. Heimatbote 31 (1997) 22.– Phras.: °*bis der wos oarwat, drahta se äiascht draamal um* Wdsassen TIR.– **3aβ** wie →*d.*6aγ, °OB, °NB, °OP vereinz.: *s Bratl umdrahn* Staudach (Achental) TS; °*muaß i na s Hei umdrahn* Innernzell GRA; *Dono(ch) is 'Schissl umdraht worn* KÖZ, VIT BJV 1954,199.– Phras.: *wie umdraaht* [in Stimmung u. Benehmen völlig verändert] *is dees Diendl worn* Kobell Ged. 334.– Wortspiel: „*Leni dradantum brozenta* … so habe der Pfarrer am Altar gesungen, um seine Haushälterin zu ermahnen … *Dràh d'Ànt um, brat's ent* (auf der anderen Seite) *auch!*" Zehetner Bair.Dt. 355.– Als Part.Prät., F.: „die *Umdrahtn* – das sind Dampfnudln vom Vortag" SZ 42 (1986) Nr.58,13.– **3b** (sich) in eine andere Richtung drehen, umkehren.– **3bα** refl., den Kopf wenden, um jmdn, etwas hinter, neben sich sehen zu können: *In de vordern Bänk' hamm sie si alle umdraht nach meiner* Thoma Werke VI,68 (Andreas Vöst).– Phras.: *jmd ist zu faul, daß er sich umdreht* OB vereinz.: *dea is z'fai, daß a si umdraht* Schrobenhsn.– *Ehe / bis / kaum daß jmd sich umdreht* u.ä. unversehens, plötzlich, °OB, °NB, °OP, °SCH vereinz.: °*kam daß i mi umdraht hob, hot er mir scho dö Uhr gstoihn* Reichersbeuern TÖL; *Äih ma se ümdraaht … haout däa scha a Trumm dawischt* Singer Arzbg.Wb. 244.– **3bβ** wie →*d.*6bβ, °OB vielf., °NB, °OP, °MF, °SCH vereinz.: °*beim Umdrahn is a Dreck auf d'Straß kema* „beim Wenden des Pflugs" Pittenhart TS.– **3bγ** umkehren, kehrtmachen, °OB, °NB vereinz.: °*s gschaida, mi draan um* Garmisch-Partenkchn GAP; *An Steig hot er ned derpackt, umdraht samma nacha* Umrath Gsch.Isarwinkel 67.– Phras.: *Umdràht … is àà gfahrn* „ein Rückzug … kann vernünftig sein und zum Erfolg führen" Zehetner Bair.Dt. 355.– **4** das Innere nach außen kehren, umkrempeln, OB, NB, OP vereinz.: *der Rock is schon amål umdraht worn* Wasserburg; *wens ned rausgejd, mua ma se n Aungdeggl umdran låun* Beilngries; „Er hat das Hemd verkehrt an … *umdrą̄d*^{h}" Irlbach SR nach SNiB II,84.– Übertr.: *s ganze Haus umdran* gründlich durchsuchen Rechtmehring WS.– **5** auch refl., wie →*d.*18c, °OB, °NB vereinz.: °*der hat si ganz umdraht* „seine Ansicht um 180 Grad geändert" Pfarrkchn.– **6** wie →[*ver*]*d.*9, OB, NB vereinz.: *der hat die ganze Sach umdraht* „anders dargestellt" Haag WS; *Gel, iatz drahst as wieda um!* Peinkofer Mdadicht. 17.– **7** auch unpers., wie →[*ab*]*d.*10b, °OB, °NB, °OP vereinz.: °*den drahts wieder um* „er ist närrisch" Arnstorf EG; °*Umdrahda* jmd, der Verrücktes tut Grafenwöhr ESB.– **8** wie →[*auf*]*d.*13, °OB vielf., °NB, °OP, °SCH vereinz.: *hai*^{n}*d dra mar um* „sind wir lustig" Aicha PA; °*heut werd umdraht, af gehts zum Schichtl am Oktoberfest* Rgbg.– Auch in Phras.: *alles / etwas / einen u.* dass., °OB, °OP vereinz.: °*wir ham oiß umdraht* „waren sehr lustig" Rottach-Egern MB; °*heut drahn ma oan um!* Lauterhfn NM.– Lied: °*drah ma um und drah ma auf, es liegts nix dro, weil ma s Geld auf dera Welt net fressn ko* Anzing EBE.– Als subst. Part.Prät.: *Umdrahter* Spaßmacher Kiefersfdn RO.– **9** Part.Prät.– **9a** wie →[*ab*]*d.*13a, °OB, °NB, °OP vereinz.: °*dem ho i glei a Umdrahte gem* Polling WM; °*a umdrahte Fotzn* „Ohrfeige mit dem Handrücken" H'schmiding WOS.– **9b** wie →[*ver*]-*d.*13bα: *der geht umdraht* mit dem Rücken voraus Mchn.– **9c** wie →[*ver*]*d.*13cα: °*i hobs guat gmoant, aber nacha is umdraht ganga* Fahrenzhsn DAH.

WBÖ V,249-251.

Mehrfachkomp.: [**Hand-um**]**d.**, [**Hände-**]- N., Bewegung, bei der man die Hand umdreht, nur in Phras.: *im H.* unversehens, schnell (u. mühelos), °OB, NB, OP, SCH vereinz.: *an Håntumdrahn håds brunna* Kochel TÖL; *ön Hentumdrah hanö heut an Haufa Leut zambracht zonara Woifoaht* Hengersbg DEG; *Dees duà-e en Hendd-umdrãà* Kaps Welt d.Bauern 20.

WBÖ V,250.

– [**hín-um**]**d.** refl., sich hinwärts drehen, wenden, nur in der Fügung: *hínum- und hérumdrehen*: *der Wagn draht sö hinum und herum* schwankt Hengersbg DEG.– Schnaderhüpfel: °*drah dö hinum, drah dö herum, drah dö Hosl-*

bo(ch) [Haselbach BOG] *zua! Do tanzn drei Weiba mit pledernde* [knarrenden] *Schua* Lalling DEG.– *Drah di hinum, drah di herum, schwarzscheckate Kuah, wer wird di denn zeiln* [melken], *wenn i heirat'n tua* FRIEDL Kinder-Sprüchl 36.

[umhin]d. 1 wie →*d.*1a: °*der hot mi umidraht* „beim Tanzen" Haselmühl AM.– **2** (mit einer Drehbewegung) eine Änderung der Lage, Richtung u.ä. bewirken, erreichen.– **2a** (sich) auf die andere Seite drehen.– **2aα** refl., wie →[*um*]*d.*3aα: *Er hot si an d' Wand ummi draht* THOMA Werke III,28 (Heilige Nacht).– **2aβ** wie →*d.*6aγ, °OB, °NB, °OP vereinz.: °*jetzt habn ma s Heu umidraht* „zum Trocknen gewendet" Arnstorf EG.– **2b** (sich) in eine andere Richtung drehen.– **2bα** wie →[*um*]-*d.*3bα: °*drahte ummi!* „wende dich um!" Deggendf.– **2bβ** wie →*d.*6bβ: °*den Pfluag umidrahn* Rottach-Egern MB.– **3** wie →[*auf*]-*d.*5aγ: *d'Nasn umidrahn* rümpfen Triftern PAN.– **4** aufwickeln, sich herumwickeln.– **4a** wie →[*an*]*d.*4a, °OB, °NB, °OP vereinz.: °*net z fest umidrahn, daß net grab werd* Heu um die aufrechtstehenden Trockenstangen wickeln Halfing RO; °*er draht ums Besenreiser d Wi umme* Pertolzhfn OVI.– **4b** refl., wie →[*an*]*d.*4c: °*beim Heuwender kann sis Heu um a Welle ummidrahn* „sich herumwickeln" Marktl AÖ.– **5** unpers., wie →*d.*9b, °OB, °NB, °OP vereinz.: °*den Bsoffenen hots ummidraht* „er ist umgefallen" Nabburg.– **6** stehlen, hereinlegen.– **6a** wie →*d.*12a, nur in Phras.: *hint u.* OB, NB, OP vereinz.: *der hot wos hint umidraht* „gestohlen" Kchhm LF.– **6b** wie →*d.*12c: *umidrahn* ausschmieren (betrügen) Zeitlarn R.

[weg]d. 1 †wie →[*her-aus*]*d.*1: *Was draaht er d' Augn denn so weg* KOBELL Ged. 95.– **2** durch Drehen, Rollen, Schlagen ablösen, entfernen: °„aus Kartoffelteig wird eine lange Wurst gedreht, davon werden kleine spitze Nudeln *wegdraht*" Zwiesel REG; *daß mir koa Reiferl wegdraaht* QUERI Bauernerotik 18.– **3** refl., wie →[*ab*]*d.*7a, NB, SCH vereinz.: *si weekdrahn* „abwenden" Derching FDB; *bin i an dir vorbei ganga, host di wegdraht* Bibliothek der Unterhaltung u. des Wissens, Bd 13, Stuttgart 1916, 50.– Übertr. sich innerlich abwenden: *wenn sich wieder Oaner wegdraht hat von dera guat'n Sach'* Die Bremse 7 (1878) 26.– **4** unpers., wie →[*ausher*]*d.*4a, °OB, °NB vereinz.: °*do håts mi wegdraht* „beim Ackern aus der Furche geworfen" Sallach MAL.– **5** refl., wie →[*ausher*]-*d.*6: °*dea hot si schnell wegdraht* „sich aus einer unangenehmen Situation herausreden" Fronau ROD.– **6** wie →*d.*12a: *wegdraan* unerlaubt wegnehmen Rohrbach ND.

WBÖ V,251.

[zer]d. 1 †durch Auswringen beschädigen: *Barbaran bej ainem Mesner ... j Lange pfait Zerdrewt* Rgbg 1519 ZBLG 51 (1988) 782,436-439.– **2** auch unpers., verrückt, närrisch machen, °OB, °NB vereinz.: °*dea hot des Weib zdraht* Halfing RO; °*mein Nachban håts Hian sdraht, wei a scho an ganzn Tog umanandaschreit wia a Naröscha* Ruhstorf EG.– **3** Part.Prät.– **3a** verzogen, drehwüchsig, schief.– **3aα** wie →*d.*22aα: *a zetrats Gsicht* Bernau RO.– **3aβ** wie →*d.*22aβ: °*der Baum is schöj zdraht* „hat einen Drehwuchs" Perach AÖ.– **3aγ** wie →[*achs-ver*]*d.*: °*dea geht schäi zdraht* „im Rausch" Ismaning M.– **3b** verrückt, verwirrt.– **3bα** wie →*d.*22cα, °OB, °NB, °OP, °MF, °SCH vereinz.: °*der is a ganz a Zdrahda* „Verrückter" Pocking GRI.– **3bβ** wie →*d.*22cβ, °OB, °OP vereinz.: °*heut bin i wieda ganz zdraht* „nicht richtig bei der Sache" Kreuth MB.

Mehrfachkomp.: **[hirn-zer]d.** Part.Prät. **1** wie →*d.*22cα, °OB, °NB, °OP vereinz.: °*bist denn du ganz hirnzdraht?* „übergeschnappt" Weiden.– **2** wie →*d.*22cβ, °OB, °NB vereinz.: °*da Hans packt heut ois hirnzdraht o* „gedankenlos" O'högl BGD.– **3** wie →[*hirn-ver*]*d.*4, °OB, °NB, °OP vereinz.: °*dös is a ganz a Hirnzdrahter* „jähzorniger Mensch" Arnstorf EG.

[zu]d. 1 (durch Drehen) festziehen, schließen, ausschalten.– **1a** wie →*d.*2, °OB, °NB, °OP, °MF, °SCH vereinz.: °*dreh den Schrepfer* [Wagenbremse] *zua!* Walleshsn LL.– **1b** wie →[*ab*]-*d.*2b, °OB, °NB, °OP vereinz.: °*drah an Wechsl* [Wasserhahn] *net so fest zua* Teisendf LF; *Spritzbrunnen ... fürs Aufdrahn hab ich ein Markl kriegt und fürs Zuadrahn a* VALENTIN Sämtl.Werke V,387.– **1c** wie →[*ab*]*d.*2c: *Sagen S' ma, ob mir dahoam 's Gas zuadraht ham* VALENTIN Werke IV,117.– **1d** wie →[*ab*]-*d.*2d: °*zuadrehn* (den Elektroherd) abschalten Jesenwang FFB; „(elektr. Licht) ausschalten ... *dsuədrą̄*" Daiting DON nach SBS X,90.– **1e** übertr.– **1eα** wie →[*ab*]*d.*2e, °OB, °NB, °OP, OF, °MF vereinz.: *eötz derfst zåudrahn!* Gotteszell VIT; *Verschwind und drah zua!* STEMP-

LINGER Altbayern 151.– Phras.: (*da* / *jetzt ist*) *zugedreht!* u.ä. es ist Schluß, vorbei, genug!, °Gesamtgeb. vielf.: °*du kannst net jedn Tag ins Kino geh – jetzt is nacha zuadraht!* Wettstetten IN; *zudraht!* „jetzt langt es mit dem Kindersegen!" Neustadt KEH; °*dou is zoudraht!* „man ist am Ende" Weiden; *da is's na mit'n Hoamgeh scho zuadraaht* DINGLER bair. Herz 141;– erweitert: *jetzt is zuadraht bis dort auße!* O'miethnach R;– *iatz is zuadraht bis auf Wean åbi* Tyrlaching LF.– *Bei dem is a bald zuadraht* er wird bald sterben Mainburg.– **1eβ** Part.Prät., verschlossen, wortkarg: °*zoudraht* Eslarn VOH.– **2**: *zuadra*ⁿ „weiterdrehen" Aicha PA.– **3** in einer Drehbewegung zuwenden: *i wollt mit ihr redn, aber sie hat mir demonstrativ an Rückn zuadraht* SZ 51 (1995) Nr.204, 36.

WBÖ V,251. A.S.H.

Dreher, Drehrer(er), Drän(d)er(er)

M. **1** von Menschen.– **1a** Dreher, Arbeiter an der Drehbank, bes. für Metall, fachsprl.: *Drea* „arbeitet in Metall" Ingolstadt; *drà:ra* KILGERT Gloss.Ratisbonense 62.– **1b** Töpfer, Hafner, Arbeiter an der Drehscheibe, fachsprl.: *Dreher* Paulsdf AM; *Die Maler ... sen ... mitn weißn Stäihkrong in die Fawrik ganga, und die Dreher homs ihnen naougmacht* SCHEMM Dees u. Sell 37.– **1c** (leidenschaftlicher, begeisterter) Tänzer, OB, NB, °OP vereinz.: *ööda Drara* „Tanznarr" Aicha PA; *drà:ra* KILGERT Gloss.Ratisbonense 62.– **1d** Nachtschwärmer, vergnügungssüchtiger Mensch, OB, °NB, °OP vereinz.: °*Draher* Wimm PAN; *Sie warn früher a alter Drahrer* VALENTIN Werke IV,132.– **1e** †Herumtreiber, Landfahrer: *Trevir, ein drêer, umbtreiber* AVENTIN I,363,37 (Dt.Chron.).– **1f** Wortverdreher: *an åida Drara, nimm di in Acht!* Mittich GRI.

2 Schaf, das an der Drehkrankheit leidet, OB, NB, OP vereinz.: *Dreher* „Schaf, das sich um einen Vorderfuß dreht" Fürstenfeldbruck.

3 (einmalige) Drehbewegung, Umdrehung, NB, OP vereinz.: *an Drara måcha* „sich rasch herumdrehen" Stadlern OVI; *Von letztn Draahra haouts an Buscha* [Knall] *taou – odraaht haout ers ghat* SCHEMM Stoagaß 59f.– Auch eine Drehbewegung verursachender Stoß: *auf oamoi hats am an Draha gem und daglegn is a* Simbach PAN; „die Kunst des Eisschießens ... mit einem geschickten *Drahrer* den Stock durch enge Gassen gegnerischer Stöcke gleiten zu lassen" Volk u. Heimat 12 (1936) Nr.11,5.

4 Dreher, Tanzen.– **4a** Dreher, best. Tanz, auch in Phras.: *deutscher* / *bayerischer D.* u.ä. °OB vielf., °NB, °OP, °OF, °MF, °SCH mehrf.: *der Draahrer* „ein Hochzeitstanz" Ruhpolding TS; °*deutscher Draher* „Tanz mit wechselnden Takten" Essenbach LA; „Der *Deutsche Dreher*, auch ... *Bayerischer Dreher* ... meist nur ... *Dreher* ... in der gesamten Oberpfalz ... im angrenzenden Mittelfranken ... in Niederbayern ... Aichach ... um 1900 auch in Hohenpolding [ED]" H.-D. DYROFF, Heutige Probleme der Volksmusik, Pullach 1973, 78.– Auch Folge von drei Drehern: °*nach jedem Drara und Wara wird ouklatscht* „nach drei Drehern und drei Walzern wird abgetreten" Ensdf AM.– **4b**: °*heut machma an Drahra* „gehen wir zum Tanzen" Geisenhsn VIB.

5 sich drehender od. zum Drehen geeigneter Gegenstand.– **5a** Kinderkreisel, °OB vereinz., °NB mehrf., °OP, °SCH vereinz.: °*an Drahrara* N'bergkchn MÜ; °*Drahra* Weiherhammer NEW; *drā̜na* PAF, SOB STÖR Region Mchn 897.– **5b** Karussell, °OB, °NB, °SCH vereinz.: °*gestern am Markt war a Draha do* Endlhsn WOR.– **5c** Drehkreuz, °OB, °NB, °OP, °MF vereinz.: °*er geht durch den Draher* Allersbg HIP.– **5d** Kurbel, °OP, °MF vereinz.: °*Drara* Drehkurbel am Butterfaß Winklarn OVI; *Dreher* Anlasser im Kraftwagen Reichenschwand HEB; „Kurbel der Bremse ... *drā̜ra*" Adelschlag EIH nach SOB V,336f.– **5e**: *drà:ra* „Drehknopf" KILGERT Gloss.Ratisbonense 62.– **5f** sich drehender Gegenstand allg.: *Was is denn dös für a lustig's Drahrerl?* STEMPLINGER Obb.Märchen I,75.

6 best. Hut: „Der *Dreher* ... ein rundlich abgestumpfter, nach oben sich verjüngender Kegel ... hinten höher aufgebogen" BGD AIBLINGER bayer.Leben 176f.

7 Wirbel, Knoten.– **7a** Strudel, Wasserwirbel, °OB, °NB, °OP, °SCH vereinz.: °*in an Draher sans einikemma* „beim Schwimmen" Frsg.– **7b** Haarwirbel, °NB vereinz.: *våu Wai*ᵈ*n siag ö ganzö Drara* Mittich GRI.– **7c** Knoten, Verschlingung: °*do is a Drahna din* „im Garn beim Garbenbinden" Tandern AIC.

8 (kreisförmige) Stelle im Feld, an der Getreide u.ä. niedergedrückt ist, °OB, °OP, °SCH vereinz.: *a Drahna* „im Getreide oder Klee, durch Sturm oder Rehe verursacht" Tandern AIC.

9 Wicke (Vicia): °*in den Kornfeld san da owa Drahra drin* O'viechtach.
10 best. geistige od. körperliche Verfassung, Krankheit.– **10a** Verrücktheit, Eigenheit, °OB, °NB, °OP vereinz.: °*an Drader habn* Wollomoos AIC.– **10b** Rausch, NB, °OP vereinz.: °*der hod an Drara* „ist besoffen“ Rgbg.– **10c** Drehkrankheit der Schafe, OB, °NB, OP vereinz.: *s Schaf hat an Drahra* Rothenstadt NEW.
11 Kniff, Trick: „*so gehngan de Drahra! …* So kann man die Vorschriften umgehen!“ JUDENMANN Opf.Wb. 43.
12 †Glücksspiel nach Art des Roulettes: *Geld setzen, und wetten … ist … verbothen, wie auch all anderes Würfelspiel nebst dem Dreher … abgeschaft* AnmCMB V,Supplementa 20.
SCHMELLER I,560.– WBÖ V,251f.

Komp.: [**An**]**d. 1** von Menschen.– **1a** jmd, der mit seiner Körperkraft ein Karussell antreibt: °*Andraher* „Burschen, die kostenlos aufspringen dürfen“ Teisendf LF.– **1b** fachsprl.: °*der Oadraara* „Arbeiter im Vorwerk einer Weberei, der die Kettfäden vorbereitet“ Brand WUN.– **1c** Betrüger, Schwindler, °OB, °NB, °OP, °SCH vereinz.: °*glaubs net, dös is an elenda Odraher* Mallersdf.– **1d** jmd, der anderen Minderwertiges, Unnötiges, Überteuertes aufschwatzt, verkauft, auch abwertend Hausierer, Händler, °OB, °NB, °OP, °SCH vereinz.: °*dös is a Odrara* Lohbg KÖZ.– **1e** Heiratsvermittler: °*Odraher* Hohenpeißenbg SOG.– **1f**: °*Andreher* „einer, der anderen seine Meinung aufdrängen will“ Fischbachau MB.– **1g** Angeber, Wichtigtuer, °OB, °NB, °OP vereinz.: °*dös is a Odraher* „Sprüchmacher“ Zustorf ED.– **1h** jmd, der andere aufwiegelt, aufhetzt, anstiftet, °NB, °OP vereinz.: °*Andreher* „Menschen, die einen Streit schüren“ Aidenbach VOF.– **1i** jmd, der gerne neckt, reizt, foppt, °OB, NB, °OP vereinz.: *Andrahrer* Passau.– **2** Andrehkurbel, °OP, MF vereinz.: *Odrahra* Anlasser im Kraftwagen Dietldf BUL.
WBÖ V,252.

[**Auf**]**d. 1** derjenige, der mit dem Peitschenknallen beginnt, Anführer beim →[*Aper*]-*schnalzen*: °„der *Aufdrahra* gibt das Kommando zum Schnalzen, mit einem *Juhezza* beendet er es“ Weildf LF; „Der erste in der Reihe, der *Aufdraher*, hat die kürzeste *Goaßl* mit dem hellsten Klang“ M'fdn LF MM 5.2.1999, 5.– **2** widerspenstiger, zorniger Mensch.– **2a** widerspenstiger Mensch: „er nannte mich fürderhin nur noch den *Aufdrahrer*, obwohl ich kein Wort gesagt hatte“ Pfarrkchn ObG 14 (1972) 283.– **2b** jähzorniger, leicht aufbrausender Mensch, OB, NB vereinz.: *geh, du Aufdraher!* Haag WS; *Da Aufdrah(r)a* DRUCKSEIS G'sund 17.– **3** Angeber, Verschwender.– **3a** wie →[*An*]*d.*1g, °OB, °NB, OP vereinz.: °*des is an Aufdraher, der gibt fei richti o* Hirnsbg RO; *wenn's in d'Zeitung a einikemma, dö Aufdrahra* Münchener Ratsch-Kathl 10 (1898) Nr.46[,3].– **3b** Verschwender: *Afdrara* Stadtamhf R; *der Anderl moant, er alloa ko vertuan … der Afdrah'r, der sakrische* KROHER Ache 98.– **4** übermütiger, temperamentvoller Mensch: °*Aufdrara* Piding BGD; *Aufdraara* „übermütiger, immer unter Dampf stehender Mensch“ SCHNEIDER Bair.gschimpft 7.– **5** Mensch, der viel (u. laut) redet, NB, OP vereinz.: *Afdrahrer* Dietldf BUL.
WBÖ V,252.

[**Penzen**]**d.**: *Penzndraha* „Verstopfung“ GÖTTLER Dachauerisch 56.– Wohl zu einer Nebenf. von →*Panzen* 'dicker Bauch'.

[**Pillen**]**d.**, [**Pillelein**]- scherzh. Apotheker, °OB vereinz.: °*Pühndraha* Erling STA.– Auch Apothekergehilfe, Provisor: *Pillerldrahra* „Apothekergehilfe“ Wdmünchen; „der ekelhafte Provisor … *Pillendreher*“ Altb.Heimatp. 5 (1953) Nr.35,10.
WBÖ V,252.

[**Bohrer**]**d.** fachsprl.: °*Boaradrara* „Arbeiter, der beim Tiefbohren im Steinbruch den Bohrer dreht“ Hauzenbg WEG.

†[**Bölz(en)**]**d.** jmd, der Pfeile, Bolzen für Bogen od. Armbrust herstellt, drechselt: *die handwerk und künstler, so zu dem krieg dienen, als pogner püxenmacher pölzdräer* AVENTIN IV, 441,13-15 (Chron.).

[**Brezen**]**d.** scherzh. Bäcker, °OB vereinz.: *Brezndraher* Partenkchn GAP.

[**Däumelein**]**d.**: *Damaldraha* „langsamer und langweiliger Mensch; Nichtstuer“ BINDER Saggradi 38.

[**Dorn**]**d.** Neuntöter, MF mehrf., OB, OP vereinz.: *Dorradreha* Epfenhsn LL; *Dorndrara* Neunkchn NEW; *Dornträher* SCHÖNSLEDER Prompt. L6^{v}.
WBÖ V,252.

[Ein]d. **1** wohl links herum ausgeführter Tanz: °*Eindreher und Ausdreher* [wohl rechts herum] „beim Trachtentanz" Reichenhall.– **2** (Kurbel der) Bremsvorrichtung am Wagen, °OP, MF vereinz.: °*da Adrahra* Kurbel zum Festdrehen der Bremse Eschenbach.

[Hirn]d. wie →*D.*10a, °OB, °NB, °OP vereinz.: °*dea hod an Hirndrara* Ergolding LA.

†**[Nasen]d.** wie →[*An*]*d.*1c: *Der Wirth war ein außgemachter Nasendräher* A. Strobl, Ovum Paschale Novum, Salzburg 1694, 244.

[Nudel]d. Nudelholz: °*Nudldrāra* Zandt EIH; *nūldrāra* Rasch N nach SMF VIII,37.

[Schaf]d. **1** Schafstelze: °*Schafdrahrerl* „gelbe Bachstelze" Weiherhammer NEW.– **2** wie →*D.*10c: *da Schåufdrahra* „Drehkrankheit der Schafe" Naabdemenrth NEW.

[Schleif]d. wie →[*Ein*]*d.*2: °*Schleifdrahra* Münchenrth TIR.

[Semmel]d. scherzh. wie →[*Brezen*]*d.*: *Semmeldraha* Garmisch-Partenkchn GAP.

[Span]d. Arbeiter, der Leuchtspäne auf der Drehbank herstellt, °OB, °NB, °OP vereinz.: °„dem *Schbodraher* wird nach getaner Arbeit gut aufgekocht" Neukchn KÖZ.

[Spindel]d. **1** †Arbeiter, der Holzspindeln drechselt: *Spindldreher* OB, NB 1792 Westenrieder Beytr. VI,242.– **2** Schwächling, OB vereinz.: *a Spindldraher* Altomünster AIC.

[Wasser]d. wie →*D.*7a, °OP, °MF, °SCH vereinz.: °*a Wassadrahra* Wasserwirbel O'viechtach.

[Weitling]d. wie →*D.*1b: *Weidlingdraha* Rechtmehring WS.

[Wind]d. Windrädlein: °*Winddrahar* Kohlgrub GAP.

WBÖ V,253. A.S.H.

Dreherei

F. **1** (dauerndes) Sich-Drehen, Tanzen, °OB, °OP vereinz.: °*boi dera Drahrarei wer i ja ganz damisch, i muaß aufhörn* Ismaning M; „Volksfest mit *Draherei* und Rauferei" SZ 13 (1957) Nr.102,4.

2 Abteilung der Porzellanfabrik, in der Geschirr auf Drehscheiben geformt wird, fachsprl.: „In der *Dreherei* formt der *Dreher* ... Teller und Tassen" nördl.OP, OF Jb.Schmellerges. 2018, 26.

WBÖ V,251.

Komp.: **[Auf]d.** Angeberei, Wichtigtuerei: *Aufdraherei* Altomünster AIC; *so ist er ... aus Dummheit und aus Aufdraherei ... zu dem abscheulichen Rauberstückl gekommen* Rohrer Alt-Mchn 99.

[Kapsel]d. best. Abteilung der Porzellanfabrik, in der Kapseln auf Drehscheiben geformt werden, fachsprl.: „die *Kapseln* ... Behälter für das zu brennende Geschirr ... in der *Kapseldreherei* [angefertigt]" nördl.OP, OF Jb. Schmellerges. 2018, 26. A.S.H.

-dreherisch

Adj., nur im Komp.: **[auf]d.** **1** zornig, aufbrausend: *afdrararösch* Aicha PA; *da Mo wird aufdraherisch* Altb.Heimatp. 72 (2020) Nr.6,10.– **2** angeberisch, wichtigtuerisch, protzig: *aufdraherisch* Aubing M; *unser Jubiläumswies'n ... daß's heuer a bisserl staader is als sont und net gar so aufdraherisch, so rekordsüchtig* Mchn.Stadtanz. 16 (1960) Nr.41,3. A.S.H.

drehern, dränern

Vb., Kreisel treiben, °OB vereinz.: °*deama drahnan* Schrobenhsn. A.S.H.

Drehets, Dreherets, Dränets

N. **1** Tanzveranstaltung, °NB mehrf., °OB, °OP, °SCH vereinz.: °*heunt ham ma a Drahnats bein Wirt* Brunnen SOB; °*bis äbba du aa no af a Drahrats aus?* Neukchn KÖZ.

2 (dauerndes) Sich-Drehen, Tanzen, °OB, °NB vereinz.: °*hoaß werds oan bei dem Drahrats* Hzkchn MB.

3 Leidenschaft, Begeisterung fürs Tanzen: °„eine nimmermüde Tänzerin hat das reine *Drahrats*" Reit i.W. TS. A.S.H.

Drehler(er), Drä(n)dler

M. **1** Drehbewegung: °*Trahla macha* die Daumen übereinander drehen Reichersbeuern TÖL; *drà:la* „Drall" Kilgert Gloss.Ratisbonense 61.– Auch: *drąla* „Windung" nach Kollmer II,91.

2 sich drehender od. zum Drehen geeigneter Gegenstand.– **2a** Kinderkreisel, °OB vielf., °NB mehrf., °OP, °SCH vereinz.: °*mei Vadda hat ma an Drahla kaft* Mchn; °*mei gloana Dralla is aus Hoiz, mei groußa Dralla is aus Blech*

O'hausbach EG; *der … Drálə', Drá˜lə', Drádlə'* „Knopfform mit durchgestecktem Hölzchen" SCHMELLER I,560; *Da Giglberger Dori kon sein Drahler mit de Zehan odrahn* Mchn SZ 7 (1951) Nr.66,4.– Auch †würfelartiger, dem Glücksspiel dienender Kreisel: *der … Drálə', Drá˜lə', Drádlə'* „Würfel zum Umdrillen" SCHMELLER I,560.– **2b** Wetterfahne, ä.Spr., in heutiger Mda. nur im Komp.: *der … Drálə', Drá˜lə', Drádlə'* SCHMELLER I,560.– **2c** Windrädlein, °OB, °NB vereinz.: °*schbuist wieder mit deim Draller* Ramsau WS.– **2d** Karussell: °*a Draahla* Wolfratshsn.– **2e** Drehkreuz, °OB mehrf., °NB, °OP vereinz.: *Drelar* Wessobrunn WM.– **2f** Rührbesen, Quirl, °OB, °NB vereinz.: *Drala* Neukchn v.W. PA.– **2g** Andrehkurbel: *Drala* Anlasser im Kraftwagen Fürstenfeldbruck.

3 Wirbel, Knoten, Locke.– **3a** Strudel, Wasserwirbel, °OB, °NB mehrf., °OP vereinz.: °*dea is in an Drahla dasuffn* Eschenlohe GAP; °*schau auf, daß d'net in Drahler eikimmst* Fürstenstein PA; *Draller, Drahler* HÄRING Gäuboden 134.– **3b** Wirbelwind, Windsbraut, °OB vereinz.: °*do machts an Drahla* „Windhose, die Staub spiralförmig aufwirbelt" Reichersbeuern TÖL.– **3c** vom Haar.– **3cα** Haarwirbel, °NB mehrf., °OB, °OP vereinz.: °*geh kampi da d'Haar nieder, dir steht da Drala auf d'Heh* Innernzell GRA.– **3cβ** Haarknoten, °OB, OP vereinz.: °*Draller* „zur Schnecke gedrehtes Langhaar, das oben am Scheitel oder am Hinterkopf festgesteckt wird" Ismaning M.– **3cγ** verwirrte, verfilzte Stelle im Haar, NB vereinz.: *Drahla* Mainburg.– **3cδ** Haarlocke: °*Dralla* „Locken an der Stirn oder am Ohr, die eigens gedreht werden" Grafenrd VIT; *drąla* nach KOLLMER II,91.– **3d**: °*da is a Draller drin* verdickte Stelle im Faden Thanning WOR.

4 (kreisförmige) Stelle im Feld, an der das Getreide niedergedrückt ist, °OB, °NB, °OP vereinz.: *dö Trahla stöhnan nimma auf* Valley MB; °*Drahler* „vom Unwetter zur Mitte hin zusammengedrückt und zu einer *Kapelle* (Büschel) eingedreht" Pleinting VOF.

5 Wicke (Vicia): °*der Drahla* „im Getreidefeld" Lam KÖZ.

6 best. geistige od. körperliche Verfassung, Krankheit.– **6a** Verrücktheit, Eigenheit, °OB, °NB mehrf., °OP, °MF vereinz.: °*der hod heid wieda sein Drahla* Wolfratshsn; °*der hot für mi a weng an Dralla* Straßkchn SR.– **6b** Schwindel, taumeliger Zustand, °OB vereinz.: °*Drallara* „Schwindelanfall" Wasserburg; °*i hob an Dradla* „wenn man sich länger im Kreis dreht" Rgbg; *Draller* GÖTTLER Dachauerisch 22.– **6c** Rausch, °OB vereinz.: °*der hat an Drahler* „ist angetrunken" Kreuth MB.– **6d** Drehkrankheit der Schafe, °OB, °NB vereinz.: °*de hot an Tralla* Wildenroth FFB.– **6e**: °*der Gaul hat an Dradler* „eine Art Dummkoller" Schönbrunn LA.

7 Gewohnheit, Trott: °*Dralla* Zwiesel REG.

8 †Tusch, kurze Folge von Tönen: *hament zlöst än drädler gmacht* Landshut um 1650 Jb. Schmellerges. 2012, 20,105.

9: *drà:la* „Fett-, Doppelkinn" KILGERT Gloss. Ratisbonense 61.

10 dummer, ungeschickter Mensch: *Schaust du mich für an Traller an?* VALENTIN Werke III,154.

Komp.: [**Auf**]**d.** **1** Besserwisser: *a Aufdrahla* U'menzing M.– **2**: *Auftraler* Verschwender Moosach M.

[**Bauern**]**d.** wie →*D.*10: *Bauantrala* „linkische, ungeschickte weibliche Person" Ingolstadt; *páuəʳntràlá* „einer, der sich ganz nach Bauernart aufführt" Eichstätt WEBER Eichstätt 138.

[**Drei-pfennig**]**d.** scherzh. billiger, kleiner Kinderkreisel: *Sie moana, mir san neigstiegn in d' Trambahn, na, neigwoikelt hams uns, wie an Dreipfennigtraller* VALENTIN Werke IV,126.

[**Brater**]**d.** wie →*D.*2d: °*Protadralla* „Karussell" Fischbachau MB.– Zu →*Brater(er)* 'dass.'.

[**Durch**]**d.** wie →*D.*2e: °*Durchdraller* Drehkreuz als Zaundurchgang Tutzing STA.

[**Enten**]**d.** **1**: °*Antndraler* „aufgekringelte Schwanzfedern von Erpeln" Grafing EBE.– **2** Haarwirbel, Locke.– **2a** wie →*D.*3cα, °OB, °NB vereinz.: °*da Bua kriagt an Antndradla* Schönbrunn LA.– **2b** wie →*D.*3cδ: °*Antndralerer* „einzelner Kringel an der Schläfe" Rottendf NAB.

[**Feld**]**d.** Ackerwinde (Convolvulus arvensis): °*Felddrahler* Cham.

[**Haar**]**d.** wie →*D.*3cα, °OB, °NB vereinz.: °*Hådrala* Lohbg KÖZ.

[**Hexen**]**d.** wie →*D.*3b: *Hexndradla* Windsbraut Pfatter R.

[**Hirn**]**d.** wie →*D.*6a, °OB, °NB vereinz.: °*dea håt an gloan Hiandrala* Abensbg KEH.

[**Nasen**]**d.** **1**: *Nōsndralla* „fester Nasenschleim" Aman Schimpfwb. 103.– **2** wie →*D.*10, °OB, °NB vereinz.: °*du Nosndralla* M'rfels BOG; *Im Kreiz hättst as ja scho, aber rausbringa tuast as net, du Nasentraller* Pestenhofer Drahtverhau 54.

[**Nuß**]**d.** aus einer Walnuß gebastelter Kinderkreisel: *Nußdrahler* „durch die durchbohrte Walnußschale wird ein Steckerl mit einem aufgewickelten Faden geführt; zieht man daran, dreht sich der Kreisel aus und wieder ein" Passau.

[**Sau**]**d.** wie →*D.*3b: *Saudrahla* Neukchn KÖZ.

[**Wasser**]**d.** wie →*D.*3a, °OB, °NB, °OP vereinz.: °„die Donau hat bei Hochwasser viele *Wasserdrahler*" Straubing.

[**Wind**]**d.** **1** Wetterfahne, Windrädlein.– **1a** wie →*D.*2b, °NB vereinz.: °*Winddrala* „Wetterfahne auf dem Dachfirst" Wiesenfdn BOG.– **1b** wie →*D.*2c, °OB, °NB mehrf., °OP vereinz.: °*mei Muatta hat ma vo da Duid an Winddralla mitbrocht* Winklsaß MAL.– **2** wie →*D.*3b, °OB vereinz.: °*Winddralla* „Windhose" Hohenschäftlarn WOR.– **3** wie →*D.*4, °OB vereinz.: °*Windtraller* „Getreide, das nach einem Gewitter liegen bleibt" Flintsbach RO. A.S.H.

drehlern

Vb. **1** (sich) im Kreis drehen.– **1a** Kreisel treiben, °OB vielf., °NB mehrf., °MF vereinz.: °*dean ma drallan* „den Kreisel mit der Peitsche antreiben" Mchn; *mir ham auf der Straß' no drallert und g'schussert* Mchn SZ 26 (1970) Nr.218,14.– **1b** die Stangen beim Tischfußball rotieren lassen: „Das *Drallern*, das schnelle Durchdrehen der Spielstangen, ist nicht erlaubt" Söcking STA SZ Würmtal 62 (2006) Nr. 129,R1.– **1c** sich im Kreis um die eigene Achse bewegen, °OB vereinz.: °*wia da Kreisl schee drallad* Wolfratshsn.
2 unpers., hinfallen, stürzen: *den hats drallat* Aibling.

Komp.: [**an**]**d.** **1** (den Kreisel) zum Drehen bringen: „*Zum Odrahlern* wurden die ... Eschenholzkreisel in eine Rinne zwischen zwei Pflastersteine gesteckt oder mit der Peitschenschnur umwickelt" Sommer Blasius III,89.– **2** refl., sich betrinken: °*adrallad* „leicht berauscht" Rosenhm.– Auch in Phras.: °*si oan andrallan* Stulln NAB.– **3** Part.Prät., verrückt, närrisch, °OB (v.a. SO) mehrf., °NB, °OP vereinz.: °*dea is a bissl odrallad* schwachsinnig Rechtmehring WS.

[**ein**]**d.**: °*eidrallan* aufrollen, aufwicklen (Schnur, Seil usw.) Weilhm.

[**ver**]**d.** Part.Prät., wie →[*an*]*d.*3, °OB, °NB vereinz.: *vodrallat, durchidrallat* schwachsinnig Weilhm. A.S.H.

Drehlerwatsch, Kreisel, →[*Drehler*]*watsch.*

drehlicht

Adj. **1** benommen, betrunken.– **1a** benommen, schwindlig, °OB vereinz.: °*i geh nimma so schnej auffi auf des Deifisråd* [best. Fahrgeschäft], *gånz drallad bin i woan* Ebersbg; *Mia is scho ganz drallad im Kopf!* Binder Bayr. 46.– **1b**: °*der is scho a bissi drallad* leicht angetrunken Rosenhm.
2 verrückt, verwirrt, dumm.– **2a** verrückt, närrisch, °OB, °NB vereinz.: °*des is a trallats Ding* „närrisch verliebtes Mädchen" Halfing RO.– Auch wild, ungebärdig: *de Kiah san drallad* Weidach AIB.– **2b** verwirrt, durcheinander, fassungslos, °OB vereinz.: °*ganz dralad wer i no* „vor Streß" Grafing EBE.– **2c** dumm, ungeschickt, °OB, °OP vereinz.: °*a drallets Wei* Neustadt.
3 ausgelassen, fröhlich: *a tralata Mensch* Aibling.

Komp.: [**heirat**]**d.** heiratslustig: *heireddrallad* Simssee RO.

[**hirn**]**d.**: °*hirntrallat* „jähzornig" Rosenhm. A.S.H.

Drehling[1], **Dreh**(**r**)**erling, Dräd**(**l**)**erling**

M. **1** sich drehender od. zum Drehen geeigneter Gegenstand.– **1a** Kinderkreisel, °OB vereinz.: °*der Drahraling* Inzell TS; *Drahling* Rastbüchl WEG DWA XII,44.– **1b**: °*Draahlaling* Karussell Wolfratshsn.– **1c** Drehkreuz, °OB, °SCH vereinz.: °*Drehling* Hochdf FDB.
2 drehwüchsiger Baumstamm od. Balken daraus, °OB, °OP vereinz.: °*Drahling* Kreuth MB.
3 †: „Der Holzknecht ... lenkt den Schlitten ... und mäßigt dessen Schnelligkeit durch eine hinten mit Ketten befestigte, aus mehreren Scheitern (*Drehlingen*) bestehende Schlepplast" Reder Bayerwald 133f.
4 Wirbel.– **4a**: °*dös is a Drahling* „Wasserwirbel, der entsteht, wenn der Wind über die Wasserfläche streicht" Fronau ROD.– **4b** Haarwirbel: *Drahdaling* Mittich GRI.

5: °*a Drahterling* „kleine Garbe, die mit einem Strohbüschel zusammengebunden wird“ Reit i.W. TS.
6 (kreisförmige) Stelle im Feld, an der Getreide u.ä. niedergedrückt ist, °OB, °NB, °OP, °SCH vereinz.: *a den Droadfejd hand Dralen drin* Frasdf RO; °*Drahling* „vom Wind oder Wild“ Schnaittenbach AM.
7 Pfln.– **7a** Wicke (Vicia): °*Dreherling* Deinschwang NM.– **7b** Vogelmiere (Stellaria media) od. Klebkraut (Galium aparine): °*a Draheling* U'föhring M.– **7c** wohl Gemeine Quecke (Agriopyrum repens): °*Dreherling* „grasartiges Unkraut, das im Getreide wächst“ Hohenpolding ED.

Etym.: Ahd. *drâling* stm., Abl. von →*drehen*; Ahd.Wb. II,623.

SCHMELLER I,560-562.– WBÖ V,295. A.S.H.

Drehling[2], Stammabschnitt, →*Dreiling*.

†drehlings
Adv.: *drálĩs, drális ummədum* „im Kreise herum“ SCHMELLER I,559.

SCHMELLER I,559. A.S.H.

drei, dreu
Kardinalzahl, drei, °Gesamtgeb. vielf.: °*eahna drei hans gwen* Maria Gern BGD; *oas zwoa droi viere* Michaelsbuch DEG; °*des macht oalas zamm draa Moak* Plößbg TIR; *drui armə láid* Eschenlohe GAP PANZER Sagen II,116; *drei Ochsn, drei Köih, draa Kaiwla* SINGER Arzbg.Wb. 54; *ih ... glouba, daz die dria genennida* [Trinität] *ein uuariu gotheit ist* 11./12.Jh. SKD 135,15-20 (Wessobrunner Glauben I); *von den dreyen Scheiben* 1492 Frsg. Dom-Custos-Rechnungen I,685; *der bue zeicht drey bloßpälckh* Landshut um 1650 Jb.Schmellerges. 2012, 20,91.– In präp. Fügung: *zu d.en* zu dritt, OB, OP, MF, SCH vereinz.: *z druia* Mering FDB.– Phras.: *für d. fressen* ein Vielfraß sein, °OB, °NB vereinz.: °*der frißt gei für drei* Todtenweis AIC.– Auch drei Uhr, allg.verbr.: *draa is vabei* Naabdemenrth NEW; *druia* Mering FDB; *Da Vetta kimmt erscht uma drei hoam* THOMA Werke VI,370 (Wittiber).– Im Kartenspiel Watten: °*drei!* „Aufforderung an den Gegner, aufzugeben, dadurch bekommt man 3 Punkte“ Murnau WM, ähnlich °OB, °OP vereinz.– Als Subst., die drei höchsten Ober im Kartenspiel Schafkopf, °NB vereinz.: °*oi drei* Ottmaring VOF.

Etym.: Ahd. *drî(e)* m., *drî(o)* f., *driu* n., mhd. *drî(e)* m./f.; *driu* n., idg. Herkunft; [2]DWB VI,1348.

Ltg: M., F. *drai*, auch *drę̄* (BOG, KÖZ, REG, VIT; CHA, WÜM), N. *droi* OB, NB, *drui* OB, NB, SCH (dazu CHA, R, RID, ROD; EIH), *driu* (LF, TS), *dreo* (WEG), *drī* (WM), *drą̄* nördl.OP, OF, jünger auch wie M., F.— Formen des N. oft in präd. Verwendung, v.a. für die Uhrzeit, erweitert *draia*, *-e* (WOR; KÖZ, SR; EIH, FÜ, HEB, HIP, WUG; FDB), *druia* westl.OB, SCH, *drīa* (FFB, LL; FDB), *droia* (REG), *dreoi* (WEG), mit der Form eines Dim. *um drę̄l* (SR).— Dat.M./F./N. *draia(n)* OB, OP, OF, MF, SCH.

DELLING I,133, 138; SCHMELLER I,561; WESTENRIEDER Gloss. 111f.; ZAUPSER 22.– WBÖ V,375-378.

Abl.: *Dreier*, *Dreierin*, *dreierlei*, *Dreiling*, *dreißig*, *Dreißiger*, *dreißigst*. A.R.R.

Treib
M. **1** jägersprl.– **1a** Treibjagd, °OB, °NB vereinz.: °*auf Treib gehn* Garching AÖ.– **1b** Abschnitt einer Treibjagd, °OB, °NB, °OP vereinz.: °*in diesem Treib kimmt a Fuchs durch* Tittmoning LF; °*beim erstn Treib hand zwanzg Håsn und fünf Rebhendl gschossn worn* Deggendf.– **1c** Gruppe der Treiber einer Treibjagd, °OB, °NB, °SCH vereinz.: °*Treib* „der ganze Haufen der Treiber“ Ried FDB.
2 Trieb, Sproß, Schößling, NB, °OP, MF vereinz.: °*Treiwl* kleiner Zweig, Ast Friedenfels TIR.
3: „ist ... einmal was Unrechtes in den Sud geraten, der *Treib* (die Gärung) schafft es schon wieder heraus“ Bayerld 38 (1927) 364.
4 innerer Antrieb, Schwung, °OB, °NB vereinz.: °*i hab koan Treib mehr* Ismaning M.– Phras.: *jmdm geht der T. ein* u.ä. jmd steht unter Druck, muß sich beeilen, °OB, °NB, °OP vereinz.: °*heit geht mir der Treib eini, mir pressierts* Fronau ROD.

Etym.: Mhd. *trîp* stm., Abl. von →*treiben*; vgl. WBÖ V,378.

SCHMELLER I,640.

Komp.: **[Zeit-ver]t.** Zeitvertreib, OB, NB vereinz.: *Zaitvotraib* Aicha PA; *Es dauat net dea Zeitvotreib* [3]PANGKOFER Ged.altb.Mda. 32.

WBÖ V,378.

†**[Vieh]t.** Recht, das Vieh auf die Weide zu treiben: *Si sullen auch haben Ir viechtraib mit allem irem viech vnd pferden in dem wallde* Auerbach ESB 1427 MB XXV,195.

SCHMELLER I,640. A.S.H.

Treib-auf, lebhafter Mensch, →[*Treib*]*auf*.

Treib-aus, Brei aus dem Samen des Breitwegerichs, →[*Treib*]*aus*.

Treibe

F. **1** Kurbel, °OB, °OP vereinz.: °*Draim* „zum Festdrehen der Bremse" Ambg; „Kurbel am Drehbutterfaß ... *drąem*" Tödtenrd AIC nach SBS XI,222.
2 Trieb, Keimansatz, OB vereinz.: *Treibn* Keim der Kartoffeln Ingolstadt.
3 †Durchfall, Diarrhö: *Dy triben zewenden, nim eines pirboumes rinden* Fürstenfeldbruck 14./15.Jh. Clm 7021,fol.172v.
4 †Kupplerin, Zuhälterin: *Sô wirt diu ... ein trîbe von untriuwen* BERTHOLDvR I,480,1f.

Etym.: Mhd. *trîbe* swf., Abl. von →*treiben*; WBÖ V,378.

SCHMELLER I,640.– WBÖ V,378.

Komp.: [**Holz**]**t.** Riese, Holzrutsche: °*an d'Ammer hams a Holztreibn baut* Hohenpeißenbg SOG. A.S.H.

†-treibe

N., nur in: [**Ge**]**t.** Gewerbe, Gewerk im Rahmen einer Zunft: *Getreib, Getraib* „eine zunftmässige Arbeit" WESTENRIEDER Gloss. 202.

WESTENRIEDER Gloss. 202. A.S.H.

Treibel

M. **1** Keil zum Baumfällen: °*da brauchatst schier an Treibö, weils nöt ausananda wui* Ismaning M.
2 Kurbel am Drehbutterfaß: *draebl* Lechhsn A nach SBS XI,222.
3 in Wiederholung: *i kim går nimma zon Fuartgeh vor lauta treibö treibö* „Arbeit" Pfarrkchn.

Komp.: [**Nacht**]**t. 1** jmd, der sich nach dem Gebetläuten auf der Straße herumtreibt: *Nachtreibl* Steinbg BUL.– **2** Schreckgestalt für Kinder: *der Nochtraibl kommt* „Spruch, mit dem man müde Kinder ins Bett schickt" Wutschdf AM. A.S.H.

-treibeln

Vb., nur im Komp.: [**nacht**]**t.** sich nach dem Gebetläuten auf der Straße herumtreiben: *nochttreibln* Schwarzach NAB. A.S.H.

treiben

Vb. **1** dazu bringen, sich in eine Richtung od. an einen best. Ort zu bewegen.– **1a** (Vieh) an einen best. Ort treiben, antreiben, °OB mehrf., °NB, °OP, SCH vereinz.: °*de Baurn ham heut scho gen Oim triem* Reichersbeuern TÖL; *Ochsn treim* „an der Göpelmaschine" Mengkfn DGF; *S'easchtmol treim m'a huit auf d' Wies* SCHUEGRAF Wäldler 5; *Daz pæide lŏte| vf ir paider wæide sŏlen treiben vnde ezzen alse vor sechzich iaren* Benediktbeuern TÖL 1293 Corp.Urk. III,21,3f.; *si sollen das vich sittlich uber die pruggen treiben* Thierhaupten ND 15./16.Jh. GRIMM Weisth. VI,201; *Umwillen ... ihre kleine Mägdl und Knaben, Von ·8· biß ·9· Jahren, zum Stier treiben gebraucht* StA Mchn Hofmark Amerang Pr.19 (6.7.1761).– **1b** (ein weibliches Tier) zur Begattung zum männlichen Tier bringen, °OB, NB, OP, °MF, SCH vereinz.: *d'Sau zon Bäan dreim* Reisbach DGF; *Früher hamm's Kuah no zum Stier triebn* O'traubling R SZ 32 (1976) Nr.217,18.– **1c** vor sich hertreiben, forttreiben, verjagen, OB, OP vereinz.: *Hexentreim* Peitschenknallen in der Walpurgisnacht Wasserburg; *treib doch den Hund außn Zimmer* Weiden; *Damit der Moasta ruhig schlafa ko, treibt er de Kundschaft ausm Haus* SZ 36 (1980) Nr.40,21; *Arcire ... tripan* wohl Rgbg 1.H.9.Jh. StSG. I, 26,7; *die sol man mit herten sclågen dvrch das spital triewen* Eichstätt um 1250 Sammelbl. HV.Eichstätt 64 (1971) 32 (Spitalregel); *daß gspill, dz hat mi ärschling* [rückwärts] *triben* Landshut um 1650 Jb.Schmellerges. 2012, 21,129.– Ausruf der Verärgerung: *dei dreibt me as'n Haus* „gibt nicht nach, bis sie ihren Willen durchgesetzt hat" nach KONRAD nördl.Opf. 61.– **1d** jägersprl.– **1dα** eine Treibjagd od. einen Abschnitt davon durchführen, °OB, °NB, °OP vereinz.: °*heid dans dreim* Rechtmehring WS; °*an Bogn treibn* Mainburg.– Auch wildern (vom Hund): *treibn* „wenn ein Hund eigenmächtig jagt" Arget WOR.– Als N., Treibjagd, °OB, °NB, °OP, °SCH vereinz.: °*etzet gehts Treim å* Hütting ND.– **1dβ** bei einer Treibjagd den Schützen zutreiben, °OB, °NB, °OP vereinz.: °*durchs Holz treibn* Schierling MAL.– **1e** ein Haberfeldtreiben (s. [*Hafer*]*feld*) durchführen: °*z'Hoizkiacha* [MB] *hams drim* Ebersbg; *Heut' Nacht da treib'n s' beim Farba drent, Zwanz'g Kerl stehna scho' vor'm Haus* DREHER Juhschroa 2.– Auch mit einem Haberfeldtreiben bestrafen: *Do währma hoit an G. und an H. glei treim* Tegernsee MB 1892 Neue Dt. Rundschau 5 (1894) 54; „Im Jahre 1790 wurde dem Probst von Fischbachau [MB] *getrieben*" KERN Haberfeldtreiber 54.– **1f** (Holz) zu Tal gleiten lassen od. triften, °südl.OB vielf., °NB, °OP vereinz.: *°heint is a Weda gen treim, heint pfeifans* „nasse Baumstämme rutschen schneller“ Lenggries TÖL; *°Blecha dreibn* „vom Berg auf einer Lage von anderen Stämmen ins Wasser hinabschubsen“ Grafenrd VIT; *då is früahrers à „Wihrd“* [Wehr] *g'wën, wâ s' den Båh á'g'schwejjt hamànd, wâ s' då à Meterhojz 'triebn hamànd* HALLER Frauenauer Sagen 96.– **1g** (Holzklötzchen, Kreisel, Reifen o.ä.) im Spiel od. Brauch treiben, schlagen, °Gesamtgeb. vielf.: *°den gånzn Dåg duada Greisldreim, d'Schuiaufgåb mächda ned* Ebersbg; *°als Kinda ham mia um d'Wett Roaf triem* Blaibach KÖZ; „das *Daubentreiben*, wobei es galt, die Daube solange anzuschießen, bis sie auch vom besten Schützen nicht mehr erreicht werden konnte“ Altb.Heimatp. 14 (1962) Nr.2,19.– Auch: *°Eiertreibn* „Ostereier über ein Lattengestell laufen lassen“ Hohenpeißenbg SOG.– **1h** lenken, steuern, °NB mehrf., °OB, °OP, °MF, °SCH vereinz.: *den Pfluag treiba* „die Pflugtiere lenken“ O'ammergau GAP; *°heit muaß da Sepp an Stoarz treibn* „mit der hinten am Langholzfuhrwerk herausragenden Stange um die Kurven lenken“ Straßkchn SR; *stoatstraim* Buxhm EIH nach WEBER Eichstätt 179.– **1i** durch Hineintreiben, Einschlagen dazu bringen, sich in eine best. Richtung zu bewegen, °OB, °NB, °MF vereinz.: *°an Bam min Kei in de Richdung treim* Rechtmehring WS.– Auch (Wurzelstöcke) roden: *°mia genga moang zon Stöcktreibn* Mintraching R.– **1j** durch Strömung dazu bringen, sich zu bewegen, strömen lassen, OB, °NB vereinz.: *°den Staub hats übern ganzn Hof triebn* Bayerbach GRI; *dahs es mir had die Drän in die Augn triebn* SZ 3 (1947) Nr.70,2 (L. Thoma); *so die schiflæut von not auf den sant getriben werdent von vngewiter* KONRADvM BdN 274,14f.; *Dy nachwinnd gunnden in vasst dannen treiben* FÜETRER Poytislier 20,62.– **1k** beschleunigen, eine Kraft, Zugkraft ausüben: *°treibts?* „hat der Spaltkeil einen Zug und arbeitet sich ins Holz?“ Breitenbg WEG; *Dà muəs mə˜ ei˜spérrn* (den Hemmschuh anwenden), *dà treibts z·stark* SCHMELLER I,640.– **1l** †(bewegliches Gut) an einen Ort bringen, transportieren: *ob ein ravp/ ůz eins herren land in des anderr gefǒrt oder getriben werd* Rgbg 1293 Corp.Urk. III,115,46-48 A; *dem soll der Richter Pfandt antworten* [übergeben] *lassen/ die er treiben oder tragen mag* Landr. 1616 271.– **1m** treideln: „Allgemein nannte man dieses Gegenwärtsfahren leerer Fahrzeuge *Treiben* oder *Geschirrtreiben*, weil man ja die Fahrzeuge *Geschirre* nannte“ NEWEKLOWSKY Schiffahrt I,336; *Alle Schöfftreiber ... sollen mit der Anzahl Rossen ... Das Treiben von Ditmaning aus bis gegen Lauffen ... vleißig verrichten* Salzburg 1581 LORI Bergr. 318 (Schiffordnung zu Laufen).

2 strömen, von einer Strömung bewegt werden.– **2a** mit Druck, Kraft fließen, strömen, °OB, °NB, °OP, °SCH vereinz.: *°dös Wassa im Boch treibt fest* Reichersbeuern TÖL.– Auch unter hohem Wasserdruck stehen: *°der Schlauch treibt* Polling WM.– **2b** von einer Strömung (fort)bewegt werden, °OB, NB vereinz.: *Zuin draim låusn* Mittich GRI; *Zue der Gerichtspruggen von der Schopperstatt* [Schiffsbaustelle] *ein Zillen gedriben* 1609 Stadtarch. Rosenhm GRE 43,fol.67v.– Auch: sich langsam vorwärtsbewegen: °„wenn einzelne Wolken am Mond vorübertreiben, meint man, diese bleiben stehen und der Mond wandert, *der Mondschein treibt*“ Weiherhammer NEW.– Wohl †best. Art zu fischen, bei der die Strömung genutzt wird: *piscatoribus Ecclesie non licebit habere retia que dicuntur Schrotnetz* [wohl mit Gewichten beschwertes Netz], *non artem illam que vulgariter dicitur treiben exercere* N'alteich DEG 1271 MB XI,246.– **2c** sehr windig, stürmisch sein: *Es sturmt und es schneibt, Es wedat, es treibt* THOMA Werke III,17 (Heilige Nacht).

3 durch Drehen antreiben, in Bewegung setzen od. halten, °OB, °NB, °OP, °SCH vereinz.: *°oana treibt de Windmui und oana trogt auf* „beim Putzen von Getreide“ O'neukchn MÜ; *d'Ros draimt an Göppö* Mittich GRI; *°Dama treibn* Daumen übereinander drehen Hahnbach AM; *Hacknzylinder ... a kloane Maschin, de hammant vier Mann triebm* KÖZ, VIT BJV 1954,198.

4 (die Bremsvorrichtung, bes. die Kurbel) durch Drehen festziehen, bremsen: *dræm* Tittmoning LF nach SOB V,334f.

5 durch ein od. mit einem Gerät (drehend) pressen, drücken, stoßen, rieseln lassen, °OB, °OP vereinz.: *°s Troit is durch d'Riesl* [Getreidesieb] *triem worn, balst* [wenn du] *an schöin Saua* [Sauerteig] *host wolln* Schnaittenbach AM; *Die hab ich durch die Fleischmaschin getrieben* HALBINGER Jahrgang 1900 118; *Wann die kitten Birn gesoden sein, so nimb* *gesch…windt dz marck ŭnd treibs dŭrch ein enges sieb* PICKL Kochb. Veitin 96.

6 einschlagen, durch Schlagen befestigen.– **6a** einschlagen, hineintreiben, °Gesamtgeb. vereinz.: *°treib d'Nägl in an Kistndeckl!* Frsg; *°an Pfäll in Buan treim* Brand WUN.– **6b** hinaufschlagen, durch Schlagen befestigen, anbringen, °OB, °OP vereinz.: *°a Reifa werd jez aufs Faßl triem* Wildenroth FFB.

7 (Hohlräume) durch Bohren, Graben herstellen: *Tunnel in Berg treibn* Mchn; *Ob … etlich vnnser Burger … in den obgenanthen zweyen Meillen neue Fänge* [Lagerstätten] *vnnd Grieben fachen* [in Besitz nehmen] *vnd treiben wurden* Ambg 1455 LORI Bergr. 46; *die vor Alters getriebenen Bergwerke* 1784 Berggesetze 331.

8 †austreten, durch häufiges Treten bahnen: *Der … weg ist nit verkrumpt Sund' gar slecht vnd wol getribn* Ebersbg 15.Jh. Clm 5833, fol.69ᵛ; *Tribner weg* „via trita … celebris" SCHÖNSLEDER Prompt. Kk4ʳ.

9 †(Teig) ausrollen, flach, platt drücken u. ausbreiten: „den Teig … *treibe* ihn mit der Hand in die Länge" HUBERINN Kochb. 453f.

10 (Metall) treiben, dadurch herstellen.– **10a** (Metall) treiben, durch Schlagen formen: *Silber, Kupfer treibm* „zu Figuren, Gefäßen" Mchn.– **10b** †durch Treiben von Metall herstellen: *Ein starck Parr silberene Leichter, von Lauberch* [Laubwerk] *getriben* Mchn 1581 MJbBK 16 (1965) 123 (Inv.).

11 durch Bewegung entstehen lassen, formen: *s Korn treibt Welln* Pechfn TIR.

12 austreiben, ausschlagen, keimen, °Gesamtgeb. vereinz.: *s Kerndl treibt* Wasserburg; *Föichtn dreim* Söllitz NAB; *obs scho wieda treibm d'Krokus und Tulpm* GLEISSNER Genauer betrachtet 9.

13 anschwellen, aufgehen (lassen), beim Aufgehen hervorbringen.– **13a** anschwellen, dicker werden, sich bilden (von einer Beule), °OB vereinz.: *°jetzt treibt scho da Binkl* „nachdem einer sich angestoßen hat" Brunnen SOB.– Auch unpers., °OB vereinz.: *°den treibts an saubern Binkl auf d'Höh* N'bergkchn MÜ.– **13b** aufgehen (lassen), beim Aufgehen hervorbringen.– **13bα** aufgehen, durch Hefe o.ä. aufgetrieben werden, °OB, °NB vereinz.: *s Brot ischt triebe* „hat nach dem Aufgehen große Löcher" Hfhegnenbg FFB; *i muas mera Mej dazudoa, was ma sunst zstårg draibt* Mittich GRI.– **13bβ** aufgehen lassen, auftreiben (von Hefe o.ä.), °OB, NB, °OP vereinz.: *dö Geam treim nimma guat* Simbach PAN.– **13bγ** beim Aufgehen, Aufgetriebenwerden hervorbringen, °OB, °NB, °OP vereinz.: *°dös Broud treibt heint Bloudan* Wettstetten IN.

14 gären, überschäumen.– **14a** gären, schäumen, °OB, °NB mehrf., °OP, °MF, SCH vereinz.: *da Most hot drim* Mittich GRI; *°dös Böia treibt owa heint wieda, daou haoust meja Scham in Kröigl als wöi Böia* Sulzbach-Rosenbg; *Dés Biər hàt gàr ét* [nicht] *'tribm, wiə mə˜s au'gspünd·t hàt* SCHMELLER I,640.– **14b** überschäumen, schäumend über den Rand eines Gefäßes fließen, °OB, °OP, °MF vereinz.: *°s Bier treibt ausn Faß* Allersbg HIP.– Auch: *s Mineralwasser draibd* „läßt Kohlensäure zischend entweichen" Floß NEW.

15 drängen, einen Drang verspüren.– **15a** (ungeduldig) drängen, zu etwas veranlassen, nötigen, °OB, °NB, °OP, °MF, SCH vereinz.: *wås treibsch denn går a so?* Kochel TÖL; *Werd scho d' Natur sei, de wo oan so treibt* DINGLER bair.Herz 30; *Inpellere … tripan* Frsg 9.Jh. StSG. II,190,33f.; *daz wir di vorgenanten Mŭnzær iht betwungenlichen treiben/ daz si deheinen man zv ir geselleschaft … setzen* Rgbg 1295 Corp.Urk. III,380,40-42 B; *was hat dich darzu triben?* SCHÖNSLEDER Prompt. Kk1ʳ.– **15b** unpers., Unrast verspüren, innerlich zu etwas veranlaßt, genötigt werden, °OB, °NB, °MF vereinz.: *°heint treibz mi aba wieda* Endlhsn WOR; *Wenn oan' 's Fouder a'sganga-r-is, na hots-n ejer triebm dazou, daß er a'striebm hot* KÖZ, VIT BJV 1954,202.– Part.Präs.: *°heid bisd owa dreiwad* „unruhig, aufgeregt" Neufraunhfn VIB.

16 reizen, ärgern, erzürnen, °OB, °NB, OP, °MF, SCH vereinz.: *°der treibt oan bis zum Gipfe* Reit i.W. TS; *Dåudamiit koa(n' ma-n trei(b'm* BRAUN Gr.Wb. 671.

17 brünstig sein, OB, NB vereinz.: *dö Katz tuat traim* Marschall MB; *Der Bock treibt erscht seit gestern* THOMA Werke VII,231 (Jagerloisl).

18 auch refl., schwärmen (von Bienen), °OB, °NB, °OP, °SCH vereinz.: *da Imp håt si triem* Staudach (Achental) TS; *°der Bien treibt* Kastl NM.

19 auch refl., Geburtswehen haben, zu gebären beginnen, °OB, °SCH vereinz.: *°die Kuh treibt si* Monhm DON.

20 aus dem Körper ausscheiden, absondern lassen.– **20a** allg., NB, SCH vereinz.: *a schwaisdraibads Mittl* Haidmühle WOS; *dös dreib n Schwoas* Derching FDB; *das bru von kichernn*

... *treibt vil vnflatz vonn dem menschenn* Landshut 1.H.15.Jh. ObG 5 (1961) 355; „Einen Löffel voll Baum-Oehl ... mit warmen Wein ausgetruncken ... *treibet die Monat-Zeit*" Schreger Speiß-Meister 158.– **20b** verdauungsfördernd sein, wirken: *de Kirschen ... de hom vielleicht driem* Altb.Heimatp. 67 (2015) Nr. 35,10.– **20c** †(eine Fehlgeburt, Totgeburt) ausscheiden lassen: *Der walsem ... treibt ... daz tod kint auz der mûter* KonradvM BdN 391,21f.; *er sol gen Geisenfeld* [PAF] *ziehen zuo den Klosterfrauen vmb ain wasser*| *daz todt kind von der frawen zuotreyben* Tuntenhsn AIB 1526 BJV 2012,115.

21 machen, anstellen, unternehmen, betreiben.– **21a** allg., °Gesamtgeb. vielf.: °*i muaß ebbs treim, damit i wieda gsund werd* Siglfing ED; *mit dem ko ma treibn, wos ma will* Maiersrth TIR; *Da Herr Dokta hat verzählt, daß äs* [ihr] *in Huglfing so an Unfug trieben habt's* Thoma Werke III,381; *aguntur* – *.tripan* 9.Jh. Frsg.Gl. 488; *inwendig sint sie vol vnchæusch mit gir vnd treibent ir vnfůr* [Unsitte] *mit kůssen* KonradvM BdN 277,9f.; *Was böse that ein jeder hat*| *In disem Leben triben* Gesangb. 131.– Phras.: *es* (*zu weit* / *aufs äußerste*) *t.* sich (äußerst) unangemessen, unerträglich, übel aufführen, benehmen, °OB, °NB, OP, °MF vereinz.: *treibs fei nit gar z'weit!* Hfhegnenbg FFB; *ös* [ihr] *treibt sös so lang, bis daß krank werds* Hengersbg DEG; *Dea draibts so narrisch und so wuid, des hoit koa Mensch ned aus* Ende Goggolori 71.– *Es t.* Geschlechtsverkehr ausüben: °*de treims mitanand* Tölz; *Treibts'es no! Am helllichten Tag, treibts'es eahm af de Händ, wia d'Muckn!* Reitmeier-Stammberger Woyzeck 27.– *Es nicht mehr lange t.* bald sterben, MF mehrf., °OB, NB, OP, OF, SCH vereinz.: *der treibts a nimma lang* Viechtach; *weil as sua wöi sua nimma lang treibt* Wir am Steinwald 1 (1993) 24;– *wia lang werd ers no traibn* (noch leben)? Wasserburg.– *Wie man es treibt, so geht es* u.ä. die Folgen des eigenen Tuns muß man tragen, OB, NB vereinz.: *Wia mas traibt, so gets* Aicha PA; *Was man treibt, das bleibt* Baier.Sprw. II,152.– Wortspiel mit Bed.15a: *dör dreib åls, wos eam eed* [nicht] *dreib* „er macht vielerlei, mal dies und mal das" Derching FDB.– **21b** (gewerbsmäßig) betreiben.– **21bα** (beruflich) ausüben, sich mit etwas befassen, °OB, NB, OP, SCH vereinz.: *Föidbau traim* Ingolstadt; *Zauwarai khinant ma*[r] *wenög Laid draim, dö åid Probstbaren hads khinnt* Mittich GRI; *Und hot de Wöarta afegschriem, Mit denen ea sei Kunst hot triem* Schuegraf Wäldler 80; *Swer ... mit vnsern ... Burgærn ... chaufmanschaft*| *treibet* U'schneitbach AIC 1296 Corp.Urk. III,478, 4f.; *ES soll kein Richter*| *noch GerichtsProcurator ... Wirthschafft treiben* Landr.1616 20.– Phras.: *Ein jeder treibt, was er gelehrnet* Schreger Speiß-Meister 30.– **21bβ** führen, unterhalten, OB, NB, OP, SCH vereinz.: *er treibt sei Sach, sei Gschäft guat* Weiden; „*Döi trei(b)m's nu neat lång* ... das Geschäft" Braun Gr.Wb. 671.– Auch †(sein Leben) auf best. Weise führen, zubringen: *ein peschaut leben sol man treiben, das macht sueslich schlaffen* Tegerns.Hym. 13,27f.

22 im Wert, Betrag verändern od. erhöhen, OB, SCH vereinz.: *Preis treim* Derching FDB; *mit der besten Freundin die Telephonrechnung in d'Höh' treib'n* Mchn.Stadtanz. 51 (1995) Nr. 4,7.

Etym.: Ahd. *trîban*, mhd. *trîben*, germ. Wort wohl idg. Herkunft; Kluge-Seebold 928.

Schmeller I,640f.– WBÖ V,379-385.

Abl.: *Treib, Treibe, -treibe, Treibel, -treibeln, Treiber(er), Treiberei, -treiberisch, Treib(er)ling, Treibet(s), -treibler, Treibung.*

Komp.: **[ab]t. 1** dazu bringen, sich abwärts od. an einen anderen Ort zu bewegen.– **1a** (Vieh) zu Tal, von der Weide treiben.– **1aα** von der Hochweide zu Tal od. auf eine tiefer gelegene Weide treiben, °südl.OB vielf., OP vereinz.: °*s Fuada is z'weni, werdn ma früaha otreim müassn* Kreuth MB; *daß ... der Lenzl heuer schon zum drittenmal nicht aufkranzt abtreiben darf, weil ihm ... eine Kuh abgestürzt ist* O'audf RO SHmt 44 (1955) 64f.– Lied: *Zèn Otreibn is Zeit, is Zeit, Is ā nè Hirtn sā Freid, Is ā nè Baue*[r]*n sā Scho*[d]*n, Wenn se nièt vullèghèit* [vollgefressen] *ham* Vogt Sechsämter 19.– **1aβ** von der Weide (in den Stall) treiben, °OB, °NB vereinz.: *s Fi åbdraibm* Mittich GRI; *Dem Ambtman Herter vnnd Rath khnecht so Abtriben in Zorung 5 ß* 1588 Stadtarch. Rosenhm GRE 26, 197.– **1b** vertreiben, verjagen, abweisen, °OB, °NB, °OP, °SCH vielf., °OF, °MF vereinz.: *Drohna abtreibn* „aus dem Bienenstock" O'alting STA; °*der loußt se niat so leicht odreibn, der kummt allamal wieda* Hahnbach AM; „*dea lǫust ... se ned ǫdräm* ... den wirst du nicht los" nach Kollmer II,371; *Abigere ... abtriben* Windbg BOG 12.Jh. StSG. I,386,50-52;

Darnach understuenden sich die Pfaltzischen für Vilshoffen zu ziechen ... wurden aber mit schaden und spott abgetriben Füetrer Chron. 245,4-6; *den höllenhund treib ab* Lenglachner Gesängerb. I,99.– Auch †magnetisch abstoßen: „ein Art des Magnets ... der auf einer Seyten ... das Eisen an sich ziehet, auf der andern Seyten ... das Eisen von sich *abtreibet*" O. Schreger, Zu nutzlicher Zeit-Anwendung zusamm getragener Auszug Der Merkwürdigsten Sachen, Stadtamhof 1756, 555.– **1c** (Wolken, Gewitter) vertreiben, für heiteres Wetter sorgen, °OB (v.a. S) mehrf., °NB vereinz.: *bål da Mo an wåksn is, na treibt a o* Kochel TÖL.– **1d** wie →*t.*1f, °OB, °OP vereinz.: °*obtreibn dä mas Holz* zu Tal gleiten lassen Endlhsn WOR.– **1e** †durch Strömen od. Drehen dazu bringen, sich abwärts zu bewegen: *Seind nv der dunst warm ist an im selber, so widerstet im der chalt luft vnd treibt in snell vnd gåhling her wider ab* KonradvM BdN 104,23-25; *das glückrat ... ist sinwel* [rund], *treibt eins auf das ander ab ... umbstürzt die land mitsambt den leuten* Aventin IV,57,25-27 (Chron.).– **1f** fortschwemmen: °*a Überschwemmung is kuma und hot s ganze Heu mit otriem* Schnaittenbach AM.– **2** (sich) überanstrengen, abhetzen.– **2a** (Vieh, v.a. ein Zugtier) durch ständiges Antreiben überanstrengen, erschöpfen, °OB, °NB, °OP vereinz.: °*mit dem åtriebna Roß kimmst nimma weit* Fürstenstein PA; *abTreiben* „fatigare. frangere labore, cursu" Schönsleder Prompt. Kk1ᵛ.– Auch (Milchvieh) durch ständiges Melken erschöpfen, entkräften: °*die Kou is ja ganz odrim* „gibt keine Milch mehr" Luitpoldhöhe AM.– **2b** auch refl., sich überanstrengen, °OB, °NB vereinz.: °*iatz deafsd ausschbana, sonsd dreim da Pficha o* „in der Mittagshitze" Rechtmehring WS.– **3** eine Treibjagd beenden, °OB, °OP vereinz.: *otreim* Maxhütte-Haidhf BUL.– **4** (durch Drehen) schließen, ausschalten.– **4a** durch Drehen schließen: °„den Wechsel, Schalter, Springbrunnen *ådreim*" Ebersbg.– **4b** (durch Drehen) ausschalten, abstellen, °OB, °NB vereinz.: °*wens net siegst, treibsch hålt s Licht auf, ower na wieder å* Polling WM; *s liaxd ǭdrąem* Pähl WM nach SBS X,90.– **5** wie →*t.*3: °*den Traktor, das Auto abtreibn* „mit einer Werfel antreiben" Thanning WOR.– **6** rühren, dadurch herstellen, kneten.– **6a** schaumig rühren, OB, NB, OP vereinz.: *Buda odraim* Mchn; „Dann *treibe* man in einer Schüssel sechs Loth ... Butter oder Suppenfett schaumig *ab*" Schandri Rgbg.Kochb. 8; *wann der bůtter abgetrieben ist* Pickl Kochb.Veitin 160.– **6b** aus schaumig gerührter Masse herstellen: *åtriebmö Nockal* Hengersbg DEG; „die *abgetriebenen Knöderln*, deren Grundbestandteil geriebene Semmelbröseln sind" HuV 15 (1937) 248; *à'tribmé Knédl·n* Schmeller I,640; *Hünlein gesottner| können in ... abgetriebnen Butter-Nöcklen ... gegeben werden* Hagger Kochb. III,2,46.– **6c** (Teig) kneten, NB vereinz.: *ahtreibm* Hengersbg DEG.– **7** abholzen.– **7a** (Bäume) in einem Gebiet fällen, °OP vielf., °OB, °NB, °OF, °MF, °SCH vereinz.: °*s Unterstandl* [kleines Gehölz] *hod a adriebn* Grafenrd VIT; °*s Forstamt hod an da Leitn s ganze Holz otriem* Töging BEI; *Da Baron ... haout ... a Stückl Wold o'trieb'n aam Zißlaranga* [Fln.] Wir am Steinwald 4 (1996) 19f.; *Nachdem etzliche jar hero| die Wälde vnd Gehültz ... mercklich verösigt* [verödet] *vñ abgetrieben* Waldordnu[n]g der Obern Chur-Fürstlichen Pfaltz inn Bayern, o.O. 1565,fol.Aijʳ.– **7b** kahlschlagen, °OB, °NB, °OP vereinz.: °*da Bräu hat an ganzn Fuchsberg atriebn, weil da Hoizpreis so guat is* N'viehbach DGF; *de håmand ... n gåntzn bęar ... ǫdrīm* nach Kollmer II,371.– **8** abweiden (lassen).– **8a** abweiden, abgrasen, °OB, °NB, °OP, °SCH vereinz.: °*die nachst Wocha toa ma den untern Anger vo dö Schoof otreibn lassn* Pfarrkchn.– **8b** vom Vieh abweiden, abgrasen lassen, als Weide nutzen, °OB mehrf., °NB, °OP, °MF, °SCH vereinz.: °*du treibst heit d'Hintawies o* Mintraching R.– **9** Triebe od. Unkraut entfernen, °OB, °OP vereinz.: °*abtreibn* „Schößlinge abschneiden, um sie einsetzen zu können" Euernbach PAF.– Auch: °*åtreim* „ernten" Lam KÖZ.– **10** dürr, welk werden, machen.– **10a** dürr, welk werden, verkümmern, °OB, °NB, °OP vereinz.: °*d'Kartoffelstaudn treibn å* „im Herbst" Arnstorf EG.– **10b** dürr, welk machen, verkümmern lassen: °*d'Hitz treibt as Troad o* Bruckmühl AIB.– **11** durch Abbeten, Besprechen od. best. Hausmittel heilen, beseitigen, °OB vielf., °NB, °OP, °SCH vereinz.: °*der hot sei Krankat durch Sympathi odreim lossn* Reichersbeuern TÖL; °*de kå Warzn abtreibn* N'höcking LAN; *als sie ... sich ansegnen lassen| das Fell von dem verletzten Aug abzutreiben* Wunderwerck (Benno) 235.– **12** wie →*t.*18, °OB, °OP vereinz.: °*da Imp treibt o* Halfing RO.– **13** sich aus dem Blickfeld entfernen, verschwinden, °OB, °NB, °OP vereinz.: °*der Mond treibt ab* „verschwindet aus dem Gesichtsfeld" Garmisch-Partenkchn GAP.– **14** abnehmen, an Größe verlieren (vom Mond), °OB, °NB, °OP, °SCH vereinz.: °*der Mond treibt ab* Wolfratshsn.– **15** tauen, schmelzen.– **15a** schmelzen, weich werden, °OB, °NB vereinz.: °*da Schnee treibt o* H'schmiding WOS.– **15b** zum Tauen, Schmelzen bringen, °OB, °NB, °OP vereinz.: °*heit treibts åba an Schnee gscheit å* Limbach PA; *wans den schnee abtreibt* Lenglachner Gesängerb. II,541.– **16** aus dem Körper ausscheiden lassen, abtreiben.– **16a** †wie →*t.*20a: „der Karpffen-Stein, welcher, wann er geschabet und davon eingenohmen wird, den Stein im Menschen zermahlet, und *abtreibet*" Schreger Speiß-Meister 105.– **16b** (ein Kind) abtreiben, eine Abtreibung vornehmen (lassen), °OB, NB, OP, SCH vereinz.: *s Khind hots otriem* Stadlern OVI; *Obdreim woits ned* Eggenfdn SZ 64 (2008) Nr.190,50; *daß sie schwanger gewesen sei und das Kind etwann abgetrieben und vertuscht hätte* 1719 Breit Verbrechen u.Strafe 287.– **17** †(Silber) vom Blei trennen, läutern: *Was valsch möcht vnerkannt in silber sein, wann man es … im test* [Schmelztiegel] *abtreybt* 1440 A. Karnein, De Amore dt. … in der Übers. J. Hartliebs, München 1970, 164.– **18** abbringen, austreiben, abhandeln.– **18a** von etwas abbringen, dazu bringen, von etwas abzulassen, °OB, °NB, °OP, °SCH mehrf.: °*dös tou i jetzt und davo lou i mi nöt otreibn* M'rfels BOG; °*der hot niat vül Ausdauer, der loußt sö glei otreibn* Frauenbg PAR.– **18b** (Unarten, Flausen, unerwünschte Gewohnheiten) austreiben, abgewöhnen, OB, NB, °OP vereinz.: *i dreib das o, dei Lumparei!* Sulzbach-Rosenbg; *der herter des gelaubings folck was errëtten di lampel gocz, von in abtreiben alle poshait der posen wolf* Tegerns.Hym. 52,4f.– Auch ausreden, verleiden: °*mein Bruadan müssma dös Weiwaleit otreim, dö baßt für öam go net* Ruhstorf GRI.– **18c**: °*der laßt si dös leicht otreim* „abhandeln, abkaufen" Langquaid ROL.– **19** †durch Ausübung des Näherrechts abweisen, von Ansprüchen ausschließen, rechtssprl.: *nach dem Landtßbrauch/ mögen die nechsten Freundt an den kauff stehen/ vnd den ersten Kauffer abtreiben* Landr.1616 184.– **20** überdrüssig, antriebslos werden, machen.– **20a** überdrüssig werden, das Interesse, die Lust verlieren, °OB, °NB mehrf., °OP vereinz.: °*wennst amoi jedn Tog Tortn essn konnst, na treibst a o* Perchting STA; *an der Gaudi hånö abdrim* Mittich GRI; *er treibt ab* Schlappinger Niederbayer II,43.– Phras.: *zum A. sein* unerträglich, °OB, °NB vereinz.: °*mit dir is scho zan Otreibn!* O'neukchn MÜ.– **20b** überdrüssig, lustlos machen, °OB, °NB vereinz.: °*do laß i mi otreibn* „von einer siebengescheiten Rede" Hohenpeißenbg SOG.– **21** Part.Prät., hinterlistig, durchtrieben, raffiniert, °OB, °NB, °OP mehrf., °SCH vereinz.: °*nimm di vor dem in Acht, des is a ganz Otriema!* Hiltersrd WÜM; *o:driem* Christl Aichacher Wb. 211; *á'tribm* „schlau, verschmitzt, durchtrieben" Schmeller I,641.

Schmeller I,640f.– WBÖ V,385-387.

Mehrfachkomp.: **[her-ab]t. 1** dazu bringen, sich herabzubewegen.– **1a** wie →[*ab*]*t.*1aα: *Drum treibt's heunt schon ra* Gumppenberg Loder 45.– **1b** wie →*t.*1f, °OB, °OP vereinz.: °*s Holz von Berg råtreibn* zu Tal gleiten lassen Schlehdf WM.– **2** durch ein Gerät rieseln, laufen lassen.– **2a** wie →*t.*5: °*rodraim* Rottenegg PAF; „Getreide mit der Windmühle reinigen … *rǫdrąem*" Wollomoos AIC nach SOB V,230f.– **2b** zentrifugieren, °OB vereinz.: °*Muich rotreim* Ziegelnöbach PAF.

[abher]t. 1 wie →[*ab*]*t.*1aα, °OB vereinz.: °*marng wead s Viech åbadrim* „auf die Niederalm" Reit i.W. TS.– **2** durch einen Schlag abtrennen: *i dreib dan awa, dein Bluatsgäist* [abwertend Kopf] „als Drohung" Vachendf TS.– **3** mit einer Seilwinde niederdrücken, °OB vereinz.: °*Wiesbam awatreibm* „damit er das Fuder Heu fest zusammenhält" Pittenhart TS.– **4** durch ein Gerät rieseln, laufen lassen.– **4a** wie →*t.*5, °OB, °NB vereinz.: °*das Samtroad abatreibn* „mit der Windmühle" Koppenwall ROL; *Deats … a paar Körb voll Ruam obertreibn* Tremmel Bruckschlitten 57.– **4b** wie →[*her-ab*]*t.*2b, °OB (v.a. S) mehrf., °NB vereinz.: °*owatrime Mille* Frasdf RO; °„*bam Millåbatreim* kommt ein feiner Strahl aus dem *Råhmschnobö* und ein starker Strahl aus dem *Mågamillschnobö*" Wimm PAN; *d'Muich owatreim* Silbernagl Almsommer 149.– Als Part.Prät., F., Magermilch, °OB vereinz.: °*de Achadrim* Reit i.W. TS.– **5** wie →*t.*18: °*heit treibt nu oana åba* „Bienen schwärmen" Limbach PA.

WBÖ V,394.

[abhin]t. 1 dazu bringen, sich hinabzubewegen.– **1a** wie →[*ab*]*t.*1aα, °OB vereinz.: *heit* *weads Vich oitrim* „von der Alm“ Truchtlaching TS; *dö Gäns … Treibst … links abö über d’ Wiesn* Schmalhofer Brautweiser 20.– **1b** wie →*t.*1f: °*Baam owitreibm* in einer Riese hinabgleiten lassen Fischbachau MB.– **2** wie →[*ab*]*t.*2a: °*die Ochsn han ganz oitribn* „zusammengeschunden“ Michelsneukchn ROD.– **3** wie →[*abher*]*t.*3: °*den Wiesbaam owidreim, damits Fuada zammghoiddn werd und nix owafoid* Wolfratshsn.– **4** wie →*t.*5: „Getreide mit der Windmühle reinigen … *ǭbidrīm*“ U’neukchn AÖ nach SOB V,230f.– **5** fachsprl.: „Dieses grobe Vorhauen mit der Bandaxt nannte man in der Handwerkssprache das *Oitreibm*“ Kerscher Handwerk 9.

WBÖ V,395.

[**an**]**t. 1** dazu bringen, sich vorwärts- od. herzubewegen.– **1a** (Zugtiere) antreiben, vorwärtstreiben, °OB, °NB, °OP vereinz.: *d’Roß mit da Goaßl ohtreibn* Hengersbg DEG; *wenn s’Vaih z’ayarscht oantrib’m wird: „Wüa, in God’s Nama“* Bärnau TIR Schönwerth Leseb. 86f.; *Roß oder Viech … welches er … gemehnet/ an: vñ vbertriben hab* Landr.1616 279.– **1b** zu jmdm hintreiben: °*das Wild antreibn* Reichenhall.– **1c** wie →*t.*1g, °OB, °NB, °SCH vereinz.: °*an Dramschl* (Kreisel) *odreim* Rechtmehring WS.– **1d** wie →*t.*1i, °OB vereinz.: °*a Baum werd eigschnittn und dann mitm Keil antriebn* Thanning WOR.– **2** eine Treibjagd od. einen Abschnitt davon beginnen, jägersprl., °OB vielf., °NB, °OP mehrf., °SCH vereinz.: °*jetz treim ma dö Böng nochanand o* Reichersbeuern TÖL; °*um 9 Uhr werd åtriebm* Passau.– **3** wie →*t.*3, °OB, °NB, °OP vereinz.: °*de Kurwe, wosd mit da Hand otriebn håst* Halfing RO; °*der Motor is mit da Werfl* [Kurbel] *otriem worn* Schnaittenbach AM.– **4** durch Drehen festziehen, befestigen, herandrücken.– **4a** wie →*t.*4, °OB, °NB, °OP vereinz.: °*wennst d Spier net otreibst, kimmt da da Wagn a so ins Laufa, daß n d’Roß nimma dahoitn kinna* N’viehbach DGF; „bremsen … *ǭ̃drąem*“ Grainet WOS nach SNiB VI,132.– **4b**: °*atreim* „eine Schraube fest anziehen“ Tandern AIC.– **4c** mit einer Seilwinde herandrücken: °*hast an Wiasbam scho a*ⁿ*triebn?* Arnstorf EG.– **5** durch Drehen öffnen, einschalten.– **5a** durch Drehen öffnen, °OB, °NB, °OP vereinz.: °*schick di, treib an Wechsl o!* Mallersdf.– **5b** (Wasser) durch Öffnen zuströmen lassen: °*treibs Wassa o!* Frasdf RO.– **5c** (durch Drehen) einschalten, anstellen, °OB, °NB vereinz.: *treibs Liacht o!* Langquaid ROL.– **6** einschlagen, durch Schlagen befestigen.– **6a** wie →*t.*6a, °OB, °NB, °OP vereinz.: °*treib an Keil a bisserl o!* „beim Holzfällen“ Rottau TS.– **6b** hinaufschlagen, durch Schlagen befestigen, anbringen, °OB, °NB, °OP vielf., °OF, °MF, °SCH vereinz.: °*den Hackastui hob i fest odriebn, der geht soglei nimma ro* Pörnbach PAF; °*s Fassl rinnt, da moußt Räuf besser otreibm, daß ös wieda zsammzuigt* M’rfels BOG; *anTreiben einen raiff vmbs faß* Schönsleder Prompt. Kk1ᵛ.– **7** (Ostereier) gegeneinanderstoßen, Osterbrauch: °*Eier antreibn* Weiherhammer NEW.– **8** (ein Kleidungsstück) anziehen, anlegen, aufsetzen.– **8a** allg.: °„Schuhe, Mütze, Handschuhe *antreibn*“ Weiherhammer NEW.– **8b** (den Hut) mit einem Schlag auf den Kopf drücken, OB, NB, SCH vereinz.: *i moa, ös* (sie) *håmdda an Huad awöng odrim* „zum Scherz“ Hzhsn VIB.– **9** austreiben, vorkeimen.– **9a** wie →*t.*12, °OB, °NB, °OP, SCH vereinz.: °*d’Eadempfl möin atreim* Sulzkchn BEI; *d*[*er*] *H*[*opfen*] *treibt an* „die ersten Triebe erscheinen“ Horn Hersbr.Hopfenbauern 8.– **9b** vorkeimen, (vor der Aussaat) zum Keimen, Austreiben bringen, °OB, °NB, °OP vereinz.: °*jetz war Zeit, Kartoffi otreibn* Rosenhm; °*die otriebna Bahnerl gengan vui ehnder auf, wia wenns das a so steckst* N’viehbach DGF.– **10** Beulen bilden, zum Anschwellen bringen.– **10a** Beulen bilden, bekommen: *dea draibt an* „bekommt Auswüchse, Schwellungen an der Stirne“ Vilshfn.– **10b** Blähungen, eine Kolik haben, sich dadurch aufblähen: *der is antriebn* „durch Blähungen“ Eurasburg FDB.– **11** drängen, einen Drang verspüren.– **11a** zu höherer Leistung zwingen, anstacheln, °OB, °NB, °OP, °MF, SCH vereinz.: °*da Moasta treibt uns den ganzn Tog o* Reichersbeuern TÖL; *Oan otreibn müassn wia a bockigs Kaiwi* Wagner Zuwanderung 7; der *Maurerpallier … der … die aufsicht gehabt, auch die arbeither angetriben* 1687 Hierl-Deronco Lust zu bauen 173.– **11b** unpers., wie →*t.*15b, °OB vereinz.: *den dreibts o* „aus Neugier“ Aspertsham MÜ.– **12** wie →*t.*16, °OB, °NB vereinz.: °*oiwei stirka hot an o*ⁿ*triem, bis a zougschlogn hot* Bodenmais REG; *o(n)trei(b)m* „aufzwicken, aufstacheln“ Rasp Bgdn.Mda. 117; *Du bringst mi ja kradt nu zum schelten, du treibst mi ja scha darnach an* Lenglachner Gesängerb. II,557.– **13** wie →*t.*19: °*antreiben* Drücken der Kuh beim Kälbern Bayersoien SOG.–

14 im Kartenspiel.– **14a** ausspielen, durch Hinlegen der ersten Karte zu spielen beginnen, °OB, °OP vereinz.: °*treib an!* „fang an!" Deinschwang NM.– **14b** Trümpfe abgewinnen: °*antreibn* „dem Spielgegner die Trümpfe entlocken und diese stechen" Straubing.– **15** Part.Prät., wie →[*ab*]*t.*21: °a^{n}*triebn* schlau, verschmitzt, durchtrieben Bernau RO.

SCHMELLER I,640.– WBÖ V,387f.

[**um-ein-ander**]**t.** **1** wie →*t.*1j, OB vereinz.: *s Loba treibt da Wind umanand* Peiting SOG.– **2** sich herumtreiben, herumtollen.– **2a** refl., sich herumtreiben, herumstreunen, OB, NB, °OP, °SCH vereinz.: °*wo treibsti denn wieder umernand!* Laaber PAR; *A gschlagne Stund treib i mi jetzt umanand, da herom auf da Bruckn* SZ 16 (1960) Nr.246,4.– **2b** herumtollen, sich wild, lebhaft, zügellos gebärden, °OB, °OP vereinz.: °*geh, treibts niat goa so umanand!* Schwandf.– **3** drängen, veranlassen, sich herumzutreiben, herumzustreunen: *Aba wos treibt denn di umanand?* THOMA Werke VI,311 (Wittiber).– **4** voll innerer Unruhe sein, innerlich beunruhigen.– **4a** unpers., voll innerer Unruhe sein, °OB vielf., °SCH mehrf., °NB, °OP, °OF, °MF vereinz.: °*wås der Sepp wieder håt, daßn gar a so umanandtreibt* Wettstetten IN.– **4b** innerlich bewegen, in Unruhe, Unrast versetzen, OB vereinz.: *des treibt mi umanand* Altomünster AIC.– **5** schikanieren: *umeinandatreibn* Manching IN.

[**anhin**]**t.** **1** wie →[*an*]*t.*1b: *Wild an Schützn ouchitreim* O'audf RO.– **2** wie →[*an*]*t.*6b: °*da Schaffia hot d'Reaf onitrim* „ans Faß" Reichersbeuern TÖL.– **3** wie →*t.*15a: °*den Buam hams ois* [überhaupt] *zwene oidrim ad Arwad* Grafing EBE.– **4** wie →*t.*16, °OB, NB vereinz.: *onidrim* reizen Arrach KÖZ.

[**auf**]**t.** **1** dazu bringen, sich aufwärts od. an einen anderen Ort zu bewegen.– **1a** (Vieh) aufwärts od. an einen anderen Ort treiben.– **1aα** vom Tal auf die Hochweide treiben, °südl.OB vielf., NB vereinz.: °*dö nachstn Tog tea ma auftreibm* Kreuth MB; *I' hab gmoant, Du treibst heier nimmer auf?* BGD Altb.Heimatp. 44 (1992) Nr.29,8.– **1aβ** auf die Weide od. den Viehmarkt treiben, °OB, NB vereinz.: *s Vieh auf d'Woad, aufn Markt auftreibn* Passau.– **1b** aufscheuchen, aufjagen: *auftraim* SCHWEIZER Dießner Wb. 16; *auff-Treiben* „excitare feras. turbare aprum latratibus" SCHÖNSLEDER Prompt. Kk1v.– Übertr. †gedanklich aufscheuchen, in Unruhe versetzen: *irritabis crabrones ... wirst die grillen im kopf auftreiben* AVENTIN I,484,12-14 (Gramm.).– **1c** aufwirbeln, aufrühren, durch Strömung od. Drehen dazu bringen, sich aufwärts zu bewegen, °OB mehrf., °NB, °OP, °MF, °SCH vereinz.: °*bein Kehrn treibsch an Staub au* Brunnen SOB; °*dös Bodmasö* (Bodensatz) *auftreibn* Schaufling DEG; *das glückrat ... treibt eins auf das ander ab* AVENTIN IV,57,25f. (Chron.).– Übertr. in Erinnerung rufen, an die Öffentlichkeit bringen: °*wos aner vertuscht, treibt der ander wieda af* Mallersdf.– **1d** †stromaufwärts treiben: *Subigit uftripit* Tegernsee MB 1.H.11.Jh. StSG. II,627, 66.– **2** wie →[*an*]*t.*2: °*auftreibn* die Treibjagd beginnen Zwiesel REG.– **3** mit einer Seilwinde, einem Hebel o.ä. nach oben, in die Höhe heben, OB, NB vereinz.: *s Bia aufdreim* „in der Brauerei mit dem Aufzug hinaufziehen" Reisbach DGF; *Sagbäum auff die Sag aufgetrieben* Apfeldf SOG 1661 GIERL Bauernleben 62.– **4** auseinanderdrücken, nach außen drücken.– **4a** durch Einschlagen eines Keils auseinanderdrücken, spalten, °OP, °SCH vereinz.: °*den Bam aftreim* „damit die Säge nicht klemmt" O'viechtach; *auffTreiben ... spalten* SCHÖNSLEDER Prompt. Kk1v.– **4b** (den Gefäßrand) nach außen drücken, erweitern, fachsprl.: „den Rand des Glaszylinders aufzutreiben *ǡvdrąem*" DÜRRSCHMIDT Bröislboad 24.– **5** (die Bremskurbel u.a.) durch Drehen lösen, lockern, °OB, °NB, °SCH vereinz.: °*d'Schbir aufdreim* Lösen der Bremse am alten Bauernwagen Ergolding LA.– **6** durch Drehen öffnen, in Betrieb setzen.– **6a** wie →[*an*]*t.*5a, °OB, °NB vielf., °OP, °SCH vereinz.: °*wer hat denn da scho mehr* [wieder] *in Wexl auftriewa?* O'ammergau GAP.– **6b** wie →[*an*]*t.*5b, °OB, °NB vereinz.: °*treib s Wassa auf!* Garching AÖ.– **6c** wie →[*an*]*t.*5c, °OB, °NB vielf., °OP, °SCH vereinz.: °*jaz müssma scho wieda ollö Dog dös Liacht öha auftreim, weis önda Nocht wiad* Ruhstorf GRI; *åuftraewa* nach FREUDENBERG Böbing 41.– **7** †wie →[*ab*]*t.*6a: *durl* [PN] *mues ... schmaltz auftreiben: und aeir reiben* LENGLACHNER Gesängerb. II,141f.– **8** wie →[*an*]*t.*6b, °OB, °NB, °OP vereinz.: °*Roaf afdreibn* Beschlagen des Fasses mit Reifen Fürstenstein PA.– **9** durch Aufhäufen von Erde anlegen: *Wo da Troad dasuffa war, da hams solche Aecka auftribn* Hzkchn MB Ch. FRANK, Die Hochäcker, Kaufbeuren 1912, 19.– **10** zum

Keimen, Wachsen bringen, emporwachsen lassen: *auftreibn* „die Pflanze im Treibhaus" Passau; *unde daz dû, herre, sô maniger hande* [mancherlei] *krût ûz der erden ûf trîbest, daz nieman weder bûwet noch sæwet* BERTHOLDvR I,49,19-21.– **11** anschwellen, (sich) aufblähen, aufgehen (lassen).– **11a** auch refl., wie →*t.* 13a, °OB vielf., °NB, °OP, OF, SCH vereinz.: °*host dein Kopf ogstössn, weil do a Binkl auftreibt?* Bayrischzell MB; *dea Lei treibt se af* Kötzting; *an afdrims Gsicht* „krankhaft aufgedunsen" Wildenrth NEW.– Auch unpers., °OB mehrf., °NB, °OP, °SCH vereinz.: *hat di a Weps gstocha, daß s dir an solchan Binkl auftreibt?* Hzkchn MB; °*seine Lippn hats aftriebn* Hahnbach AM; „Es *schwemmt ihn auf, treibt ihn auf*, d. h. er wird dick" SCHLAPPINGER Niederbayer I,22.– **11b** auch refl., wie →[*an*]*t.* 10b, °OB mehrf., °NB, °OP, MF, °SCH vereinz.: *das Vieh treibt auf, blaht* N'motzing SR; °*s Tier hat si aftribn* O'nrd CHA; „das *Aufdreiwa* der Rinder. Wenn sie zuviel Grünfutter gefressen hatten" WÖLZMÜLLER Lechrainer 73.– Auch unpers., °OB, °NB, °OP, °OF, °SCH vereinz.: °*die Kouh treibts af* Holenbrunn WUN.– **11c** wie →*t.* 13bβ, OB, NB vereinz.: *d'Rindd håts aftrim* „Blasen gemacht" Iggensbach DEG.– **12** aufschäumen, schäumend in die Höhe steigen, °OB, °OP vereinz.: °*des Beja treibt aba richti af* Kottingwörth BEI.– **13** herumtollen, unruhig herumtreten.– **13a** herumtollen, sich wild, lebhaft, zügellos gebärden, °OB, °NB, °OP, °SCH vielf., °MF vereinz.: °*heut treibn dö unsan scho wieda aso auf, daß nöt zon sagn is* Ismaning M; °*ös hats* [ihr seid] *scho so a auftreibade Gsellschaft* Bayerbach GRI; °*d'Kinda möin afdreibm, sinst hans niad gsund* Hohenburg AM; *à:fdreiwad* „temperamentvoll" KILGERT Gloss.Ratisbonense 34f.– **13b** unruhig herumtreten vor dem Kälbern: *de Kouh dreibt af* Arrach KÖZ.– **14** prahlen, großtun, °NB vereinz.: *auftreibn* Passau.– Auch: *à:fdreiwad* „vorlaut" KILGERT Gloss.Ratisbonense 34f.– **15** in heftige Erregung versetzen, geraten.– **15a** in heftige Erregung versetzen.– **15aα** wie →*t.* 16, °OB, °NB, °OP, MF vereinz.: *den hab i auftriebn* „gereizt" Perlesrt WOS; *Mir scheint, er will dich heut positiv* [unter allen Umständen] *auftreib'n* MEIER Straubing I,73 (Elend).– **15aβ** in Begeisterung versetzen: *oan auftreibm* Passau.– **15b** unpers., in Wut, Zorn geraten, OB, NB vereinz.: *den treibts af* Dünzing IN.– **16** ausfindig machen, beschaffen, °OB, °NB, °OP, °MF, °SCH vereinz.: °*dö håt koan auftriebn und is sitznbliebn* N'bergkchn MÜ; *a Gejd aufdraim* Mittich GRI; *Paß no auf, was da'r i für oan auftreib!* THOMA Werke VI,320 (Wittiber); *Gelt aufftreiben* SCHÖNSLEDER Prompt. Kk1^{v}.– **17** †im Rahmen der Zunftordnung in Verruf bringen, rechtssprl.: *Es sol auch der jenig/ so geschmächt worden/ keins wegs auffgetriben/ sonder bey seinem Handwerch gelassen … so lang biß die … Schmach/ gegen ihme … erörtert wirdt* Landr. 1616 611.

SCHMELLER I,641.– WBÖ V,389f.

Mehrfachkomp.: **[hin-auf]t. 1** wie →*t.* 16, °OB (v.a. W), °SCH mehrf., °NB, °MF vereinz.: °*an Xari howi gscheit nautriebn, der is narrat* Brunnen SOB; *wosn nur bloß auf amoi so nauftriebn hot* GRAF Werke XI,4,410.– **2** im Wert, Betrag erhöhen, verteuern: *Was müaßts dann d'Maß auf vierazwanzg Pfenning nauftreibn?* Altb.Heimatp. 6 (1954) Nr.29,6.

WBÖ V,390.

[aufhin]t. 1 dazu bringen, sich aufwärts zu bewegen.– **1a** wie →[*auf*]*t.* 1aα, °OB vereinz.: °*s Viech dean ma auf d'Alm auffitreim* Taching LF; *wenn die Diana nimmer auffitreibt, geh i wieder zruck zur Oberkaser* Chiemgau Ch. TRAMITZ, Harte Tage, gute Jahre, München [2017], 215.– **1b** (Kreisel) hinauftreiben: °*i treib heint mein Bärn in ganzn Schölwech aafe* Sulzbach-Rosenbg.– **2** wie →[*an*]*t.* 6b, °OB, °NB, °OP vereinz.: °*der hatn Roaf z'weit auffitriebn* „auf den Zuber" Halfing RO.– **3**: °*auffitreibn* „Stimmung machen" Taching LF.– **4** in heftige Erregung versetzen.– **4a** wie →*t.* 16, °NB vielf., °OB mehrf., °OP, °MF vereinz.: °*mi hams gestern a so auffitriebn, daß i vor Wuat boid platzt war* Bayrischzell MB; *den ko^{n}st laicht afföträim* Stadlern OVI; *aufetraim* „aufzwicken, ärgern, reizen" Spr.Rupertiwinkel 6.– **4b** wie →[*auf*]*t.* 15aβ: *oan auffitreim* „begeistern" Passau.– **5** im Wert, Betrag erhöhen, einen erhöhten Kaufpreis aufnötigen.– **5a** wie →[*hin-auf*]*t.* 2, OB, OP vereinz.: *Brais aufidraim* Floß NEW; *De tatn jetzt de Hundssteuer aufitreibn!* SZ 14 (1958) Nr.261f.,47.– **5b** jmdm einen erhöhten Kaufpreis aufnötigen: *den hab i aufitriebn* „im Preis" Haag WS; *Wenn i gwißt hätt, daß dees der Kapfinger is, na hätt i eahm aufitriem auf tausend!* Moos VOF J. MOLITOR, Moos in Niederbayern, Deggendorf 2007, 416.

WBÖ V,395.

[aus]t. **1** dazu bringen, sich an einen anderen Ort zu bewegen.– **1a** (Vieh) auf die Weide treiben, °OB, °NB, °OP, OF vereinz.: °„man soll nie an einem Freitag zuerst *austreiwa*“ O'ammergau GAP; *um Giachö* [23. April] *uma trämnd b Bama* (Bauern) *scha as* Zandt KÖZ; *meistz pfeiha ąsdräm ... son heitn* nach Kollmer II,379; *Nieman sol vich inn haben, er sull ez aus treiben als sand Gorgen misse chumt* Frsg.Rechtsb. 120; *als wie dä hüettä blasst, wan er austreibt die khüe* Lenglachner Gesängerb. I,135.– Auch (Vieh) aufs Feld zum Pflügen treiben: °*da Baua treibt zum Ackern aus* Lalling DEG.– **1b** †aus der Weide heraustreiben: *der mair von Otterkrum sol des morgens ain gurren* [Stute] *mit ainem fül mit seinem galten vich hinein treiben und sol es auch des nachtz mit dem galten vich hinwider austreiben* Prien RO 1443-1463 Grimm Weisth. VI,169.– **1c** wie →[*ab*]*t.*1b, °OB, NB, OP, MF vereinz.: *dea loußt si niat astreim* er kommt wieder Hesenrth KEM; „*die Hex a(u)streibm* ... am Polterabend ... wobei Bekannte des Brautpaares auf einem Besenstiel durch die Stube reiten und ... Lärm machen“ Röthenbach WUN Singer Arzbg.Wb. 101; *Eliminat uztreip* Tegernsee MB 2.H.11.Jh. StSG. II,304,43; *unser herr ... gie in daz templum ... und chert die tisch umb der wechslær und treip si auz mit einer geiseln* O'altaicher Pred. 145,2-4; *wann in der Fursten von Bayrn landen ... die J*[*uden*] *abgetilgt und ausgetriben sind* um 1475 Urk. Juden Rgbg 66.– **1d** heraustreiben, herausjagen, °OB, °NB vereinz.: °*an Fuchs treibm ma aus* „aus dem Bau“ Marktl AÖ.– **1e** durch Beschwörung verbannen, exorzieren, OB, NB, OP vereinz.: *da Pfarra treibt n Deifö aus* Passau; *teara hams an taifl austrim* Schweizer Dießner Wb. 22; *er ... trib überal die Teuffel auß* Selhamer Tuba Rustica II,265.– **2** bei einer Treibjagd durchkämmen, durchstreifen, °OB vereinz.: °*den ganzn Wald hama austriebn* O'högl BGD.– **3** mit der Windfege reinigen, aussondern.– **3a** (gedroschenes Getreide) von Spreu, Unkraut u.ä. reinigen, °OB, °NB vereinz.: °*treib mit da Windmuih an Woaz aus!* Halfing RO.– **3b** (Spreu, Unkraut u.ä.) aussondern, °OB, °NB, °OP vereinz.: °*d'Spreil austreibn* Weiherhammer NEW.– **4** wie →[*auf*]*t.*5, °NB mehrf., °OB vereinz.: °*vergiß fei s Austreibn nöt, wenns übern Nock drunt bist!* O'högl BGD; °*treib d'Schleif aus!* Neuschönau GRA.– **5** wie →[*ab*]*t.*4b, °OB, °NB vereinz.: °*vogieß s Liacht austreibm nöt!* Garching AÖ; *ąosdrąem* Marxhm DON nach SBS X,90.– **6** aufhören, etwas im Kreis (um seine Achse) zu bewegen: *austraim* „zu Ende drehen“ Aicha PA.– **7** †wie →*t.*9: *treibe ein Blättlein aus/ so dünn als seyn kan* Hagger Kochb. IV, 2,36.– **8** wie →*t.*12, °NB vielf., °OB mehrf., °OP, °OF, °MF, °SCH vereinz.: *d'Bam dreim aus* „im Frühling“ Ottendichl M; °*mei Gerstn treibt scho aus* „wenn es während der Ernte regnet“ Innernzell GRA; °*der Salat hat austriebm* Rdnburg; *De Gart' ... wenn s' wieder frisch a'striebm hammant* KÖZ, VIT BJV 1954,206.– Phras.: *jmd hat nicht / zu wenig ausgetrieben* u.ä. ist kleingewachsen od. hat zu kurze Gliedmaßen, °OB, °NB, °OP, °SCH vereinz.: *der hot net austriebn* Mensch mit zu kurzen Armen Grattersdf DEG.– **9** Beulen bilden, sich bilden (von einer Beule).– **9a** wie →[*an*]*t.*10a, °OB, °NB, OP vereinz.: °*der Fahrradreifen treibt aus* „ist an einer Stelle so dünn, daß sich eine Beule bildet“ Aidenbach VOF; *dem sei Schedl treibt aus* „bekommt Geschwüre oder Beulen“ Herrnthann R.– **9b** wie →*t.*13a, °NB, °OP vereinz.: °*a Binkl treibt aus* Mainburg.– **10** (zu Ende) gären, herausfließen (lassen).– **10a** wie →*t.*14a, °OB, °NB, °OP vereinz.: °*jatzt is soweit, jatzt treibts aus* „das Bier schäumt in den Bottichen“ Ismaning M.– **10b** zu Ende, fertig gären, °NB, °OP vereinz.: °*erst wenns Bier in der Gärkammer richti austriebn hat, ko mas in d'Lagerfassl lassn* N'viehbach DGF.– **10c** aus einem Gefäß (schäumend) herausfließen, °OB, °NB, °OP vereinz.: °*sicht ma, wöis Wåssa zwischn den Daam aasdreibt* O'wildenau NEW.– **10d** Flüssigkeit (schäumend) herausfließen lassen, undicht sein, °OB vielf., °NB, °OP, °MF vereinz.: °*wen des Faßl no weida so austreibt, weads Kraut hi* Halfing RO; °*dös Faßl hot austrim, müaß mas schnell wieda dicht macha* Ruhstorf GRI.– **11** wie →[*ab*]*t.*11: °*den Grång muascht mid ara abetn* [mit Gebeten besprochenen] *Brüah ausdreim* Dachau.– **12** wie →*t.*18, °OB, °OP vereinz.: °*da Bi treibt as* „schwärmt“ Schnaittenbach AM.– **13** aus dem Körper ausscheiden lassen, abtreiben.– **13a** wie →*t.*20a, °OB, NB, °OP, MF vereinz.: *dös treibt oin n Schwoas as* Wdsassen TIR; *Es hat auch die chraft ze rainigen vnd ze austreiben die fåucht, die melancolia haizzt* KonradvM BdN 385,22f.– **13b** †wie →*t.*20c: *die trinch wein mit dez chrautz wurtzeln gesoten, der treibt die toten gepurt auz* KonradvM BdN

416,28f.– **13c** †wie →*[ab]t.*16b: *verteten di kind in mueterleib, tribens auß in mancher gestalt* Aventin IV,49,24f. (Chron.).– **13d** †ausspeien: *Euomat uztripe* Tegernsee MB 2.H.11.Jh. StSG. I,350,65.– **14** (Unarten, Flausen, unerwünschte Gewohnheiten) austreiben, abgewöhnen, °OB, °NB, °OP, °OF, °SCH vielf., °MF vereinz.: °*bein Milidea weans eam nåchad scho seini Muggn ausdreim* Ebersbg; *wart nur, i werd dir des Faullenzn scho no austreibn* Passau; *s Bruatn ausdreibm* „den Brutdrang einer Henne vertreiben, indem man sie in einen dunklen Backofen sperrt“ Derching FDB; *dạ̄ne gäkŋ … dräwada … šå̃̄ nå̃̄ ạ̄s* nach Kollmer II,379.– **15** wie →*[an]t.*14a: °*treib aus!* „spiel aus!“ Ammerthal AM.– **16** Part.Prät., wie →*[ab]t.*21: °*des is a ganz Ausdriebna* heimtückischer Mensch Rgbg.

Schmeller I,641.– WBÖ V,390f.

Mehrfachkomp.: †[**Hüter-aus**]**t.** N.: *Um Hüeteraustreiben* „(auf dem Lande) um die Zeit des frühen Morgens, da der Hirt austreibt“ Schmeller I,1191.

Schmeller I,1191.

[**ausher**]**t. 1** wie →*[aus]t.*1d, °OB, NB, °OP vereinz.: °*im Dimpfe han an Hauffa Fihsch, de ma außadreim miassn* Stammham AÖ; *wia er's Viech abg'hängt hat und hat's außatriebn aus dem brinnatn Stall* L. Christ, Lausdirndlgesch., München 1981, 14.– **2** unpers., wie →*t.*13a, °OB, °NB, °OP vereinz.: °*hee, treibts den an Dübö* [Beule] *außa!* Limbach PA.– **3** herausfließen (lassen).– **3a** auch unpers., wie →*[aus]t.*10c, °OB, °NB vereinz.: °*do treibts ja an Foam außa* Reichersbeuern TÖL; °*s Wasser treibt ausa* Eitting MAL.– Auch aus einem Gefäß herausdampfen: °*da treibts nu außa* „wenn zum Abdichten kochendes Wasser in ein Faß hineingegossen wird und der Dampf an einer undichten Stelle herauspfeift“ Limbach PA.– **3b** wie →*[aus]t.*10d: °*s Faßl muaß a Glaß* (Spalt) *hobn, weils außatreibt* „undicht ist“ Fischbachau MB.– **4** unpers., hervortreten, hervorquellen, °OP vereinz.: *d'Augn treibts assa* Meßnerskreith BUL; *so bloach is a g'wen wia'r a Krank's … und d' Aug'n hot 's eahm ganz außa trieb'n* Thoma Werke VI,461 (Wittiber).– **5** wie →*t.*18: °*da Imp treibt außa, richts Schwarmkastl her* „zum Einfangen des Bienenschwarms“ Fischbachau MB.– **6** wie →*t.*20a, °OB, °NB, °OP vereinz.: *dräbd eam an Schwitz assa* St.Englmar BOG; °*der hot a schlechts Blout, des treibts assa* von einem Menschen mit Hautausschlag Pertolzhfn OVI.– **7** wie →*[aus]t.*14, °NB vereinz.: °*dem treib i seine Mäus* (Flausen) *außer* Aidenbach VOF.

WBÖ V,394f.

[**aushin**]**t. 1** dazu bringen, sich an einen anderen Ort hinzubewegen.– **1a** wie →*[aus]t.*1a, °OP vereinz.: *träh s Vöich aßi* Wdmünchen; *derf i' nit amol d' Säu außitreiben, alleweil muß i' die dummen Gäns hüten* Beibl. der Fliegenden Bl. 83 (1885) Nr.2088, 2.Bl.[,1].– **1b** wie →*[ab]t.*1b, OB, NB, OP vereinz.: *außitreim* Schwarzach NAB; *daß mir dö Rot'n außitreibn könna, wenn s' wieder aufmuckn* Graf Werke II,156.– **1c** wie →*[aus]t.*1d: °*außitreibn* bei der Treibjagd Otting LF.– **1d** wie →*[aus]t.*1e: *in Tuifl assitreibn* Kötzting.– **2** unpers., einen Drang verspüren, sich hinauszubewegen: °*heut treibts mi direkt außi zum Hafabaun* Limbach PA.– **3** hinausfließen (lassen).– **3a** aus einem Gefäß hinausfließen: °*bei der Flaschn treibts ausi* Pöttmes AIC.– **3b** mit Druck hinausströmen lassen: °*jetzt hats das Wasser außitriebm* „aus dem Feuerwehrschlauch“ Breitenbg WEG.– **4** wie →*t.*20a, °OB, OP, OF vereinz.: *den treibts Dämpf zan Gsicht außi* „er hat ein aufgedunsenes Gesicht“ Cham; *an Schwas traibt meas assi* Wunsiedel; *Mir wär scha Recht das scheissen, dät aber so gern speibm, so däts den dröhk halt vndt und um, nach glengheit aussi treibm* Lenglachner Gesängerb. II,491.

WBÖ V,385.

[**be**]**t. 1** (gewerbsmäßig) betreiben.– **1a** wie →*t.*21bα, OB, OP vereinz.: *Viehzucht betreibn* Haag WS; *wenn Politik mit Gewalt betriebn wird* SZ 14 (1958) Nr.265,14.– **1b** wie →*t.*21bβ, °OB, OP vereinz.: °*de Oim werd no betriem* Rottach-Egern MB; *dass i da hint … a Wirtshaus betreib* Altb.Heimatp. 64 (2012) Nr.28, 25.– **2** vorantreiben, auf etwas hinarbeiten: *betreibn* „dahintersein“ Mchn.

WBÖ V,391.

[**bei**]**t.** (Geld u.ä.) eintreiben, OB, NB vereinz.: *Steuern beitreibn* Mchn.

[**der**]**t. 1** wie →*[ab]t.*2a: °*dös Viech is datriem* „überanstrengt“ Fischbachau MB.– **2** auf eine Fläche verteilen, auseinanderstreuen: *Mischd dadraim* Ettal GAP.– **3** †durch Gären, Schäumen zerstören, zersprengen: *'s Biər hàt d·Fláschn … dətrîbm* Schmeller I,640.

Schmeller I,640.– WBÖ V,391.

[dúrch]t. **1** dazu bringen, sich durch ein Gebiet zu bewegen: °*jetzt mias ma s Wäjd duatreim* Neuschönau GRA; *der Sepp ... treibt dem Jäger durch* OP Bayerld 1 (1890) 307; *I woaß no, wias am Schluß no KZ'ler durchtriem ham* Fdgeding DAH Nach der „Stunde Null", hg. von A. Braun, N. Göttler, Bd II, München 2013, 97; *durchTr[eiben]* Schönsleder Prompt. Kk1v.– **2** wie →*[aus]t.*2, °NB mehrf., °OB, °OP vereinz.: °*mia treibn zerst n nördlichn Hang und dann an westlichn durch* Limbach PA.– Auch bei einer Treibjagd durch ein Gebiet streifen, °OB, °NB, °OP vereinz.: °*am Feldtrand treibts o und treibts durchs ganze Feld dur* Lam KÖZ.– **3** durch ein Gerät (drehend) drücken, rieseln, laufen lassen.– **3a** wie →*t.*5, °OB, °NB, OP vereinz.: °*an Sama durchtreibn* „mit der Windmühle reinigen" Steinhart WS; *duatraim* „durch einen Seiher drücken" Aicha PA; „Äpfel ... in der Presse zu Saft und Most verarbeitet ... Die nach dem *Durchtreiben* entstandenen Trebern überließen wir ... der Gärung" W.J. Bekh, Appolonius Guglweid, München 1965, 89; „Die frisch gespaltenen ... Bretter werden unter einer mit eisernen Stiften beschlagenen Walze *durchgetrieben*, um sie biegsam zu machen" Reder Bayerwald 138; *treib den safft dŭrch| ein tŭg* Pickl Kochb.Veitin 76.– **3b** wie →*[her-ab]t.*2b, °OB, °SCH vereinz.: °*has du d'Milli scho durchtriebn?* Rehling AIC.– **4** schlagend, stoßend, stechend durch etwas treiben: *an Nagl duatraim* Aicha PA; *durchTr[eiben]* „transegit pectora mucro" Schönsleder Prompt. Kk1v.– **5** zu stark wachsen: °*des Korn treibt durch* „seine Halme werden zu lang" Brunnen SOB.– **6** unpers., †an Durchfall leiden: *So Balds di wider durchtreibt ... so fang den drög fein sauber auf: und nimmä wider ein!* Lenglachner Gesängerb. II,229.– In Bed.2 teilw. auch zu →*[durch]tréiben*,Bed.1 möglich.

WBÖ V,391f.

[durch]tréiben **1** wie →*[aus]t.*2: °*alle Treiber durchtreiben das Eckholz* Breitenbg WEG.– **2** Part.Prät., wie →*[ab]t.*21, °OB, °MF vielf., °NB, °OP mehrf., OF, °SCH vereinz.: °*an Sepp dawischns net, dea is oamoi z'duarchtriebn* O'neukchn MÜ; °*du bist a ganz a Durchtriebena und woaßt dir überall z helfa* Neukchn a.Inn PA; *Du bist doch a ganz a durchtriebner Bazi* Graf Werke XIII,150.

Schmeller I,641.– WBÖ V,392.

[durchhin]t. **1** wie →*[dúrch]t.*1: *dö Gäns ... Treibst durchö durch Sieb'nhas'n* [PA] ... *hoamzua* Schmalhofer Brautweiser 20.– **2** wie →*[aus]t.*2, °OB vereinz.: °*s Lohoiz werd durchetriem* Kchseeon EBE.– Auch bei einer Treibjagd durch ein Gebiet streifen: °*durchs Dickat durchitreibn* Ismaning M.– **3** durch ein Gerät (drehend) drücken, laufen lassen.– **3a** wie →*t.*5, OB, NB, OP vereinz.: *an Zwöschnpfeffa* [Brühe aus Zwetschgen] *duarchödraim* Mittich GRI.– **3b** wie →*[herab]t.*2b: °*durchitrimi Mili* Neukchn a.Inn PA.

[ein]t. **1** dazu bringen, sich hineinzubewegen.– **1a** (Vieh) zu Tal, in den Stall treiben.– **1aα** wie →*[ab]t.*1aα: *es wead eintriebn* Almabtrieb Peißenbg WM.– **1aβ** (Vieh) (von der Weide) in den Stall treiben, °OB, °NB, °OP vereinz.: °*iadzd wirds scha langsam finsda, derfsd außagäh und Viecha eidreim ön Schdoi* Grafenau; *En Oktober träb ih wieder ä(n)* KÖZ, VIT BJV 1954,205; *Der man tuot nicht ubels dar an, ob er seines nâchtpawern vich ein treibet mit dem seinem* Frsg.Rechtsb. 118; *Schwein ... zu mittag vnd nachts| wann sie durch die Hüter eingetriben werden* Landr.1616 734.– **1b** ins Innere, ins Haus treiben allg.: „die Kinder werden vor Einbruch der Dunkelheit *aa(n'trii(b'm*" Braun Gr.Wb. 17; *Laß Noe jetzt dein Jammern bleibn, Thu Vieh und Mensch in d'Arch eintreibn* Bucher Werke VI,269.– **1c** in die Weide hineintreiben: *aitraim* Vieh auf die Weide treiben Aicha PA; *so soll hinfüran kainer sein vich ... in die velder nit eintreiben ... bisz die zehet und alles getraid eingebracht worden* Mühldf 1588 Grimm Weisth. VI,173.– **1d** bei einer Treibjagd in ein Gebiet treiben, °OB vereinz.: °*in an Kessl eitreibn* Thanning WOR.– **1e** hineinfahren, hineinlenken: °*in d'Owandn* [Rain] *eidreim* beim Pflügen im Nachbargrundstück Schaden anrichten Trausnitz NAB; *in d'Furch ei(n'trei(b'm* „das ... vor den Pflug gespannte Zugtier zwingen, in der Furche zu bleiben" Braun Gr.Wb. 671.– **2** nach Hause gehen, fahren, °OB, °NB vereinz.: °*jetzt hom ma gschwind eintriebn* „bei einem Gewitter" Autenzell SOB; °*los, jetzt eintreibn!* „abends zu den Kindern" Kumrt WOS; *Die Knecht und die Dirnen, die allmählich auch eintreiben und heimkommen* Siebzehnriebl Grenzwaldheimat 269; *daß sie den Abend zuvor vom Jaklwirth zu spat eingetrieben, und also die Stunde ihrer Messe verschlaffen haben* Bucher Pferderennen 101.– **3** wie →*t.*4, °OB, °NB vielf., °OP, °SCH vereinz.: °*treib ei, sunst kimmt da Wogn ins Lafa!* Pörnbach PAF; °*ejz gejts glä ge Doi, dräb d'Schläf ä!* Grafenrd VIT; *Am Gasteig hast beizeiten e[intreiben] müssen, sonst is's dahin ganga* ZEHETNER Bair.Dt. 114.– Auch (das Fahrzeug) bremsen, verlangsamen, °OB, °NB vereinz.: °*wann i übern Berg nofahr, na brauchat i oan, der wo mir an hintern Wogn eitreibt* Perchting STA; *en woŋ hǫbmar ą̄ ēdräm mejssn … wens iwar a hej ǫi gą̄ŋa is* nach KOLLMER II,383.– **4** wie →[*ab*]*t.*4b: °*i treib enk* [euch] *s Liacht ei* „zu Wirtshausgästen, die nicht heimgehen wollen“ Kchdf KEH.– **5** einschlagen, einsetzen, durch Schlagen befestigen.– **5a** wie →*t.*6a, °OB, °NB, °OP vielf., °OF, °MF, °SCH vereinz.: °*dem Bam müßma an Schoakei eintreim* „beim Holzfällen“ Erding; °*zwanzg Stempn hab i af der Woid draußt in d'Wiesn eintriebn* Deggendf; °*mit oin Schloch hat der den Nogl eitriebm* Weiden; *aiⁿtraim* „mit Schlägen eindrücken“ SCHWEIZER Dießner Wb. 9; *einen weggen* [Keil] *eintreiben* SCHÖNSLEDER Prompt. Kk1ᵛ.– **5b** (den Boden) in ein Faß einsetzen, hineindrücken, °OB, °NB, °OP vereinz.: °*an Bodn eitreim, do brauchst a Gfui dafür* Kchseeon EBE.– **5c** wie →[*an*]*t.*6b, °OB, °OP vereinz.: °*de Roaf beim Fassl duad ma eindreibn* Hirnsbg RO.– **6** wie →[*ab*]*t.*13: *d'Sunn treibt ei* „verschwindet hinter Regenwolken“ Tandern AIC.– **7** aufhören, Schluß machen, °OP vereinz.: °*jetzt derfst eitreibn* „die Arbeit beenden“ Winklarn OVI; *Aadriem wiad … is oalls vabei* SCHWABENLÄNDER Woldnoo 105.– Phras.: *jetzt ist eingetrieben!* es ist Schluß, vorbei, genug!, °OP vereinz.: °*jezt is eitriebn!* Schnaittenbach AM.– **8** einfordern.– **8a** wie →[*bei*]*t.*, OB, NB, OP vereinz.: *s Göld aⁿtraim* Stadlern OVI; *Zwanzig Millionen Gulden hat der Kini für n Feldzug eintriebn* Ch. SPÖCKER, Das Geldmensch, Frankfurt a.M. 1973, 107.– **8b** (eine best. Haltung) einfordern, verlangen: *Gehorsam aitraim* Aicha PA.– **9** drängen, einen Drang verspüren.– **9a** wie →[*an*]*t.*11a, °OB, °NB vereinz.: °*du kimbst mi nit eiztreibm* Fischbachau MB; *einen einTreiben* SCHÖNSLEDER Prompt. Kk1ᵛ.– Phras.: °*ich treib dir jetzt einen ein* „bringe dich auf Trab“ Dingolfing.– **9b** unpers., wie →*t.*15b: *es traibtn ei* „er ist in Eile, unruhig“ Fürstenfeldbruck.– Auch in Phras.: *es treibt es jmdm ein* °OB vereinz.: °*heit treibts mas ei* „ich habe mehr zu tun, als ich leisten kann“ Otting LF.– **10** (Angst u.ä.) einjagen, Angst haben.– **10a** (Angst u.ä.) einjagen, °OB, °SCH vielf., °NB, °OP, °OF, °MF vereinz.: °*da Klauwauf* [wilder Begleiter des hl. Nikolaus] *hot dö Buam richti Angst eitriem* Lenggries TÖL; °*wart nur, dir treib i scho Load* [Angst] *ei!* Ambg.– Auch in Phras.: *jmdm etwas / einen / es jmdm e.* °OB, °NB, °OP vereinz.: °*den treib i oan ei* Gangkfn EG; °*den hob is eintriem* Neumarkt.– **10b** unpers., Angst haben, in einer unangenehmen Situation sein, °OB, °NB, °OP, °SCH vereinz.: *den traibts sackrisch ei* „er hat große Angst“ Fürstenfeldbruck.– Auch in Phras.: *es treibt es jmdm ein* °OB, °NB vereinz.: °*der treibts es scho no ei* Frsg.– **11** (zum eigenen Vorteil) bewältigen, meistern, °OB vereinz.: °*der hots vastana, daß er sei Sach eitreibt* Fischbachau MB.– **12** einen festen Standpunkt einnehmen, beharrlich sein: °*des is a eitreibada Kund* Griesbach.

WBÖ V,392f.

[**einher**]**t.** **1** dazu bringen, sich hereinzubewegen.– **1a** wie →[*ein*]*t.*1aβ: °*dräbs Gvejchad durch Tri* [Viehtriebwege] *äna* Grafenrd VIT; *'s Vieh kimmt wieder außi aaf d' Woad bis 's Abends wieda einatriebn wird zum Tränkn und Melkn* M. SCHMIDT, Der Leonhardsritt, Berlin 1881, 37.– **1b** wie →[*ein*]*t.*1b: *wenn des Koiberl zon einatreim taugt* [zum Schlachten] F.X. JUDENMANN, Minikinera Gschichtn, Neutraubling 1981, 16; *treibt mi di grauß neaut änher* Landshut um 1650 Jb.Schmellerges. 2012, 38,2.– **1c** wie →[*ein*]*t.*1d: °*einatreim* „vom Rand aus“ Maxhütte-Haidhf BUL.– **2** wie →*t.*4: °*d'Spirr einadreibn* bremsen Schönbichl FS.– **3** wie →*t.*6a: °*an Pföhl tejft* [tief] *einatreibn* Stulln NAB.– **4** wie →[*an*]*t.*14a: °*treibs eina!* „spiel aus!“ Mühldf.– **5** im Brauch →*Scheiben t.* verspotten: *Eiiatreibm ma dia Manda, dia früaha andare Weiba ghet hom* Garmisch GAP Altb.Heimatp. 10 (1958) Nr.2,4.

[**einhin**]**t.** **1** dazu bringen, sich hineinzubewegen.– **1a** wie →[*ein*]*t.*1aβ, °OB, °OP vereinz.: °*s Vöich eiitreim* Schnaittenbach AM; *Der Hejtbou … hot en der Frej a'striebm und z' Mitto(g) en Ber'stoj änitriebm* KÖZ, VIT BJV 1954,202.– **1b** wie →[*ein*]*t.*1b, °OB, °OP vereinz.: °*an Ogsn auf Minga einidreim* Ebersbg; °*Kinder einitreibn* „am Abend in die Wohnung holen“ Tirschenrth; *Der Meßmerbauernhias hat s' einitriebn* Münchner Jugend 13 (1908) 189.– Übertr. in best. Umstände hineindrängen: *Er is halt aa in die Verhältnis einitrieb'n worn* SCHMIDT Werke XXVIII,113 (Der Bubenrichter von Mittenwald).– **1c** wie →[*ein*]*t.*1d: °*einetreim* „bei der Treibjagd" Ruhstorf GRI.– **2** wie →*t.*4, °OB, °NB vereinz.: *d'Spia äöträbn* Gotteszell VIT.– **3** einschlagen, einsetzen.– **3a** wie →*t.*6a, °OB, °NB, °OP vereinz.: °*treib fei de Zaunstempn schö grad eini* N'viehbach DGF; °*in döi rauche Wänd kost koin Nogl einidreibm* Hohenburg AM.– **3b** wie →[*ein*]*t.*5b, °OB vereinz.: °*da Schaffia hot an Bon einitrim* „in das Faß" Reichersbeuern TÖL.– **4** unpers., hineinfallen, hineinstürzen: °*treib d'Spirr ei, sist treibts uns in Grom eini* Schönbrunn LA.– **5** unpers., wie →*t.*15b: °*heit treibt mas eini* „ich habe zu viel zu tun" N'bergkchn MÜ.

WBÖ V,395.

[**ver**]**t.** **1** dazu bringen, sich an einen anderen Ort zu bewegen.– **1a** (Vieh) von einem Ort zu einem anderen treiben: „nur mußten die Kühe nach dem Melken *votriem* – von der Hütte zu entfernteren Weideflächen weggetrieben werden" SILBERNAGL Almsommer 166; *von etlichen waitrindern … die man … auf den vichmarckht nach Rosenhaimb verdreibt* Kling WS 1602 H. DOLLINGER, Studien zur Finanzreform Maximilians I. von Bayern in den Jahren 1598-1618, Göttingen 1968, 498.– **1b** wie →[*ab*]*t.*1b, °OB, °NB, °OP vereinz.: *i blaib sitzn, i låß mi net vatraibn* Wasserburg; °*d'Henna ausn Gartl vodreim* Neufraunhfn VIB; *Seit an halb'n Johr hätt i nix als Z'widrigkeit'n mit dem Kerl, und jetzt vatreibat er mir no d' Leut!* THOMA Werke VI,418 (Wittiber); *refutare fartripan* wohl Rgbg 1.H.9.Jh. StSG. I,2,19; *enget er ouz der vanchnůss so sol in der herre ouz dem land vertreiben* Frsg 1290 Corp.Urk. II,513,42f. A; *so des gotshaus leut ainer so würd arme … sol man in nicht aus vierten wand* [Wohnhaus] *vertreiben* Asbach GRI 1481? GRIMM Weisth. VI,129.– Als subst. Part.Prät., Heimatvertriebener: *Vâ:driim:nâ* CHRISTL Aichacher Wb. 241.– Übertr. (Gefühle, Gedanken, Zustände) verscheuchen, ins Gegenteil kehren, °OB vereinz.: °*d'Langwei vatreim* Wildenroth FFB; *Maouß i zon Schlof votreim Brisül in d'Nos'n reim* SCHUEGRAF Wäldler 8; *Idoch svln wir e vbel gedanche vz vnserm herzen vertriben* Spec.Eccl. 46,23f.; *vertreib die Traurikeit* LENGLACHNER Gesängerb. I,103.– **1c** wie →[*ab*]*t.*1c, °OB, NB vereinz.: *da Wind votraibts* Aicha PA; „mit geweihtem Wasser … *I hon aa scho vui Weda votriem, do glangan a poar Tröpfal*" St.Englmar BOG VHN 93 (1967) 33.– **2** wie →[*ab*]*t.*11, °OB, °NB, °OP, OF, SCH vereinz.: °*dö alt Geiseckaren hot fröias d'Wazn vodriem* Nittenau ROD; *Drei Blüatnstengl vom Schlechaboschn … votreibn Gicht* STROBL Mittel und Bräuch 10; *Thie siechun quamun alle Do zemo abande Firtreib er al dio suhti Ioh iro ummahti* OTFRIDVW 54^{v},16f.; *Daz smaltz … da mit man der niern smertzen vertreibt vnd der glider siechtum* KONRADVM BdN 158,24f.– **3** wie →[*aus*]*t.*14, °NB, °OP, °MF vereinz.: *s Bröin votraim* „der Henne den Brutdrang abgewöhnen, indem man sie mehrmals in kaltes Wasser taucht" Stadlern OVI; *sie wurd da deinö storänzl* [Narrheiten] *vertreibm* LENGLACHNER Gesängerb. II,235.– **4** †abkratzen, abschaben: *Eraserit firtripit* Tegernsee MB 2.H.11.Jh. StSG. II,304,19.– **5** wie →[*der*]*t.*2, °OB, °NB, °OP, °SCH vereinz.: °*moarga miassa de Weiwer zum Kuahpfletterling vertreiwa geah* „Kuhfladen auseinanderteilen" O'ammergau GAP.– **6** verkaufen, feilbieten, OB, NB vereinz.: *Woa votraim* Aicha PA; *er mag ez aber von der hant* [im kleinen, ohne Markt] *wol vertreiben* 1365 Stadtr.Mchn (DIRR) 421,21f.; *lassen … aůs tůech allerlay neů gwandt machen … und vertreiben dieselben in vil weg* 1518 Urk.Juden Rgbg 349.– **7** (Zeit) zubringen, angenehm verbringen, verkürzen, meist in der Fügung: *jmdm / sich die Zeit v.* OB, NB, OP vereinz.: *mitm Spieln und Trinkn duat er si d'Zait vertraibn* Wasserburg; *Der Gsöll tuat eahm* [ihr] *die Zeit vertreibn* STA QUERI Bauernerotik 8; *daz die asp* [Natter] *ir leben vertreib nevr mit irem geleichen* KONRADVM BdN 290,6; *kints in zufridenheit: vertreiben Enkhä zeit* LENGLACHNER Gesängerb. II,224.– **8** †verwüsten, in eine Einöde verwandeln: *ze letzt vertreibet si ein gantzes lant vnd macht daz wůst von læuten vnd von frůhten* KONRADVM BdN 292,18f.– **9** Part.Prät., heuchlerisch, unaufrichtig: *Der is durch und durch vertriebn* HERRLEIN Wallfahrt 38.

SCHMELLER I,641.– WBÖ V,393f.

[**vor**]**t.**, [**für**]- **1** †zutreiben, zu jmdm od. etwas hintreiben: *Wie … die Bawrn dem Hüter die Schwein fleissig fürtreiben sollen* Landr.1616 734.– **2** austreiben, vorkeimen.– **2a** wie →*t.*12, °OB, °NB, °OP, °SCH vereinz.: °*Gurkn ham scho voatriem, dö derfst heit ins Freiland doa*

Passau; °*laß den Roumsam noch a paar Tag vorträm* Hiltersrd WÜM.– **2b** wie →[*an*]*t.*9b, °OB, °SCH vielf., °NB mehrf., °OP, °MF vereinz.: °*d'Kartoffö miaß ma a bißl viatreibm, na gehns schneja auf* Fischbachau MB; °*i ho mia heia meine Bohna vortriebn, daß es noch de Eismanna* (Mitte Mai) *eha in d'Hejh bring* Beratzhsn PAR.

WBÖ V,394.

[**heim**]**t. 1** dazu bringen, sich heimwärts zu bewegen.– **1a** wie →[*ab*]*t.*1aα, °südl.OB mehrf.: °*is nix mehr åm, mi müaßn hoamtreibm* „zu Tal treiben" Fischbachau MB; *Dös is a Zoacha, daß ma jetz gent hoamtreibn von der Höh* Christ Unsere Bayern 330 (Mathias Bichler).– **1b** (Vieh) heimtreiben allg., °OB, °NB, °OP, °SCH vereinz.: °*jetz is scho sechse, treib die Küah hoam* Fahrenzhsn DAH; °*d'Sau hot gwouchat* [aufgenommen], *ejtz treibes wieda hoim* Pertolzhfn OVI; *Wia da Kauf fertig war, hat s' zum Buam g'sagt … dö dearfst iatz du hoamtreib'n* Schmalhofer Brautweiser 20; *Da Hüat vo Schwarz'nberg … weui ea z'Omnd wüll 's Veuih hoamtreim* Schuegraf Wäldler 48.– **1c** jmdn nach Hause treiben, °OP vereinz.: °*de treiwe owa hoim!* Schnaittenbach AM; *Wenn's di no ollaweil vom Wirtshaus hoamtreibn taat* Kötzting E. Böck, Sagen aus der Oberpfalz, Regensburg 1986, 102; *mit gwalt haim tr*[*eiben*] Schönsleder Prompt. Kk1r.– Phras.: *einen Rausch h.* u.ä. betrunken heimkehren, °OB, °NB vereinz.: °*an Rausch hoamtreibn* Wdkchn WOS.– **2** wie →[*ein*]*t.*11, °OB, °NB, °OP vereinz.: °*die Gschicht hab i hoamtriem* Pfarrkchn; *haimtreiben* „meistern" Schmeller I,1108.– **3** im Kartenspiel.– **3a** im Spiel gewinnen, einnehmen: °*des wär i scho wieder hoamtreibn* „Geld, das der Kartenspieler eingesetzt hat" Rottau TS.– **3b** (ein Spiel) gewinnen: °*des Solo hab i schön hoamtriebn* Pleinting VOF.– **4** wie →[*aus*]*t.*14: °*dir wern ma dei Hoffart scha hoamtreibn* Schönbrunn LA.– Phras.: *es jmdm h.* jmdn zurechtweisen, bestrafen, °OB, °NB vereinz.: °*dem hab is heut hoamtriebn* Reit i.W. TS; °*dir werd is no hoamtreibn* „Androhung von Schlägen" Dingolfing.

Schmeller I,1108.– WBÖ V,394.

[**her**]**t. 1** dazu bringen, sich fort- od. herzubewegen.– **1a** hertreiben, °OB, °NB vereinz.: °*der hat d'Ochsn 5 Stund weit hertriebn* Deggendf.– **1b** herwehen, °OB vereinz.: °*gestern hots vui Schnee hertriebn* Fahrenzhsn DAH.– **1c** †heranschieben: *herTreiben* „appellere turres ad operas" Schönsleder Prompt. Kk2v.– **2** wie →[*ab*]*t.*2a, °OB vereinz.: °*du derfst do Ochsn ned so hertreibn* überanstrengen Steinhart WS.

WBÖ V,394.

[**hinter**]**tréiben 1** hindern, verhindern.– **1a** hindern, hemmen, unterbinden allg., OB, OP, MF vereinz.: *hintatriebn* der Reif hat alles am Wachstum gehindert Seligenporten NM; *die Mutter ein frommes Weib/ hörete diß Fluchen/ wolt solches hintertreiben* Selhamer Tuba Tragica II,331.– **1b** hintertreiben, heimlich u./od. mit unlauteren Mitteln verhindern, °OB, OP vereinz.: °*den Bau hed da Bolack mid ole Middln hinddadriebn, aba ghoiffa hod oiß nix* Reichenhall.– **2** Part.Prät., wie →[*ab*]*t.*21, OB, MF vereinz.: *hintadriem* hinterhältig O'eichstätt EIḤ.

WBÖ V,395.

[**Kessel**]**t.**, [**Kestel**]- N., Kesseltreiben, °OB, °NB, °OP, SCH vereinz.: *Kestltreim* O'audf RO; °*Kessltreibn* „das Wild wird in großem Bogen in einen Kessel getrieben" Hahnbach AM.

[**nieder**]**t.** wie →[*abher*]*t.*3, °OB, °NB mehrf., °OP, °SCH vereinz.: °*am Baam war hint und vorn a Trieb mit an Hackl, da is s Heiseil eighängt wordn, na håd mas mit de Triebschaufln niedatriebn* Halfing RO; °*jetz samma ferti midm Auflegn, jetz doama an Wiaschbam niedertreim* Passau.

[**zu-sammen**]**t.**, [**-sämmen**]- **1** zusammentreiben, zusammenströmen lassen.– **1a** (Menschen, Tiere) zusammentreiben, °OB, °NB, °OP vereinz.: *oiß zåmdraim zum Faialöschn* Mittich GRI; °*im Henerlegl* [Fln.] *vo drei Seitn zåmtreibn* bei der Treibjagd Pertolzhfn OVI; *z' Mitto(g) hot er 's Gvejchert af a Herd' zsammtriebm* KÖZ, VIT BJV 1954,202; *zamtreiben, zum viech treiben* Aventin I,422,16 (Gramm.); *i treib meinö schaf zusammä:* Lenglachner Gesängerb. I,112.– **1b** zusammenwehen, zusammenströmen lassen, °OB, NB vereinz.: *da Wind treibts zömma* Hohenpeißenbg SOG; *ein gar chalt stat, da die hitz in dem sumer die chelten ze samen hat getriben* KonradvM BdN 113,5f.– **2** (Holz) zusammenziehen, an eine Sammelstelle bringen, °OB vereinz.: °*zsammtrim* „Arbeit der Holzknechte" Schneizlrth BGD; „Sind … die bisher einzeln und zerstreut im Schlage herumgelegenen Stämme … in einen

Graben ... *zusammengetrieben*" Jachenau TÖL 1888 Zwiebelturm 10 (1955) 75.– **3** durch Drehen od. Schlagen zusammendrücken, °OB, °NB vereinz.: °*an Wiesbam auffi, d'Soi ibere und mit de Windnschlissl fest zsamtribn* O'neukchn MÜ; „den Wiesbaum montieren ... *dsåmdrąem*" Schwindegg MÜ nach SOB V,326.– **4** (durch Niedertreten, Niedertrampeln) vernichten, verderben, °OP vereinz.: °*d Reh habn s Troid zamtriebn* Falkenbg TIR.– **5** überanstrengen, sich abhetzen.– **5a** wie →[*ab*]*t.*2a, OB, °NB, °OP vereinz.: °*dej Ochsn san ganz zamtriem* Wiesau TIR.– **5b** unpers., in Bedrängnis, Zeitnot kommen: °*wale heit von Aakaffn schpat hammkumma bin, houts me owa nacha zammtriebn vo da Kocherei* Tirschenrth.– **6** wie →[*an*]*t.*11a, OB, NB, °OP, SCH vereinz.: *dör kå sei Leid zamdreim* Derching FDB.– **7** †wie →[*bei*]*t.*: *der wirth ... thuedt dobelt aufschreibm! das geld zusam treibm!* Lenglachner Gesängerb. II,62.– **8** unpers., wie →[*ein*]*t.*10b, °OP vereinz.: °*den treibts zam* „er hat Angst" Neustadt.– **9** wie →[*ein*]*t.*11, NB, °OP vereinz.: *dea träbt nings zåm* schlecht wirtschaftender Bauer St.Englmar BOG.– **10** lärmend zurechtweisen, tadeln: „Erschien ein Glasmacher verspätet an seiner Werkstelle ... wurde er ... *zsammtriebn* ... mit Hilfe von Deckeln der Aschofentöpfe" Haller Glasmacherbrauch 99.

[**Schnee**]**t.** N., Schneetreiben, °OB, NB, OP, MF vereinz.: *Schnöitreibn* Schneegestöber Fürth.

[**Schüssel**]**t.** N., scherzh. Mahl nach der Treibjagd, °OB, °NB vereinz.: °*Schissltreibn* Kötzting.

[**ûber**]**t. 1** †durch Strömung dazu bringen, sich nach drüben zu bewegen: *Wenn ... ez v̊ber ein wazzer mv̊zz ... so treibt ez der wint v̊ber* KonradvM BdN 184,1-4.– **2** wie →*t.*14b, °OB, °SCH vereinz.: °*des Bier treibt über* „läuft über den Rand des Bottichs" Polling WM.

WBÖ V,395f.

[**über**]**tréiben 1** zu intensiv, nur kurze Zeit als Weide nutzen.– **1a** überweiden, (zu intensiv) als Weide nutzen: °„die Bodenfläche auf der Alm *is übertriebn*, zu klein für das Vieh" Bayrischzell MB; „darin thut es nicht wohl, daß es sich nicht ... zur Stallfütterung anschickt, sondern ... die Kameralwaldungen mit der ganzen Heerde *übertreibt*, und jeden Holzanflug unterdrückt" Zillenbg FDB Hazzi Aufschl. II,1,254.– **1b** vom Vieh leicht, nicht gründlich abweiden, abgrasen lassen, nur kurze Zeit als Weide nutzen, °OB, °OP vereinz.: °*da Hiata hot an Woaznacka übertriem* Tandern AIC.– **2** †jmdn schädigen, indem man sein Vieh auf dessen Weide treibt: *soll kainer den andern mit seinem vich nit anschlagen und übertreiben* LF 1671 Grimm Weisth. VI,155.– **3** (sich) überanstrengen, abhetzen.– **3a** wie →[*ab*]*t.*2a, °OB vielf., °NB mehrf., °OP, °MF, °SCH vereinz.: °*teats ma fei s Viech it* [nicht] *übertreim, teats es langsam geh lossn* Lenggries TÖL; °*d'Ochsn san ganz übertriebn* Deggendf; *Waar' er dem rechten Straßl nach ... Und hätt' die Ross' nit übertrieben* Stieler Ged. 111; *Roß oder Viech ... welches er ... gemehnet/ an: vñ vbertriben hab* Landr.1616 279.– Phras.: °*Viach und Leut därf ma nöt übertreibn* „überfordern" Ismaning M;– *man soll je willige roß nit übertreiben oder si erligen gar mit ainander* [Gewaltherrschaft hat keinen Bestand] Aventin I,180,17f. (Türkenkrieg).– **3b** refl., wie →[*ab*]*t.*2b, °OB, °OP vereinz.: °*dea hod si üwatriebm* „überanstrengt, von einem Menschen" Moosach EBE; °*da Scheck hot se im Zuch iwatriem* O'viechtach.– **4** notreifen (lassen).– **4a** notreifen, notreif werden, OB, °NB, °OP vereinz.: °*übertreibn tuats Troad, wenns gor it regnet* „da gibt es zu kleine Körner" Weilhm.– **4b** notreifen lassen, notreif machen, OB, °NB vereinz.: °*d'Hitz hats Troad übertriebn* Autenzell SOB.– **5** zu weit treiben, in übersteigertem Maße tun, °OB, °NB, °OP, °MF, °SCH vereinz.: °*woaßt, übertreibm derfst net, du bist ja nimma zwanzge* Trostbg TS; °*überträbs fei net mit da Oabat!* Grafenrd VIT; *du muaßt 's it übatreib'n* Thoma Werke VI,438 (Wittiber).– **6** in aufbauschender Weise darstellen, °OB, NB, °OP, °MF vereinz.: °*dö hot übertriem* G'berghfn DAH; *Des is ned übertrieben, des is untertriebn* Kroetz Stücke IV,15.– **7** Part.Prät.– **7a** übertrieben, übermäßig, °OB, °NB, OP, MF vereinz.: °*bis um Zehne auf d' Nacht arbeitn is scho ibadribn* Perach AÖ; *der is übertriem schaig* übermäßig schüchtern Neunkchn LAU.– **7b** angeberisch, prahlerisch: *a ibrdriebigr Mensch* Rott LL.– **7c**: *a übertribna Mensch* alter, streitsüchtiger Mann Zell RID.

WBÖ V,395f.

[**um**]**t. 1** dazu bringen, sich an einen anderen Ort od. in eine best. Richtung zu bewegen.– **1a** (Vieh) von einer Alm, Weide zur an-

deren treiben, °OB vereinz.: °*umtreibn* Fischbachau MB.– **1b** bei der Treibjagd an einen anderen Ort treiben: °„das Wild von der Jagdgrenze weg *umtreibn*“ Nabburg.– **1c** (ohne best. Ziel) vor sich hertreiben: „der Fastnachtsbär wird von vermummten Kindern *umtriebn*“ Engelsbg AÖ.– **2** (sich) drehend bewegen.– **2a** wie →*t.*3, °OB, °NB vereinz.: °*treib de Kurwe um!* G'holzhsn RO; *Spinnradl umtreibm* BRUNNER Heimatb.CHA 225; „Wem der Zeiger nach dem *Umtreiben* (Umdrehen) über einer höhern Zahl stehen blieb, der hatte gewonnen“ SCHMELLER I,641; *Egit umpitriphit* Tegernsee MB 1.H.11.Jh. StSG. II,635,3; *vmbTreiben* „vertere. torquere“ SCHÖNSLEDER Prompt. Kk2v.– **2b**: *umdreim* sich wälzen Aicha VOF.– **3** wie →*t.*4: °*umdraim* Teising AÖ; *mǫusd mα en šläfštog umdräm* nach KOLLMER II,402.– **4** wohl pflügen: °„beim Wechsel der Fruchtfolge wird der Boden vorher *umtriebn*“ Fronau ROD.– **5** wie →[*ab*]*t.*7a, °OB, °MF vereinz.: °*der Wald werd umdrim* Regelsbach SC.– **6** sich herumtreiben, herumtollen, unruhig herumtreten.– **6a** refl., wie →[*um-ein-ander*]*t.*2a, °OB, NB vereinz.: *wåu draibst dö den um?* Mittich GRI; *do treibt si a so a Räubabande um* St.Englmar BOG VHN 94 (1968) 156.– **6b** auch unpers., wie →[*auf*]*t.*13a, °OB vielf., °NB mehrf., °OP, °MF, °SCH vereinz.: *den treibts um, dea fetzt* um sich schlagen Nandlstadt FS; °*Kinder, treibts net gor so um!* Ried FDB; *wenn wir wie die kloan' Kinder 's Umtreib'n anfangen tät'n* MEIER Straubing I,77 (Elend).– **6c** wie →[*auf*]*t.*13b, östl.NB mehrf., °OB vereinz.: *umdräm* unruhiges Herumtreten vor dem Kälbern Drachselsrd VIT.– **7** auch unpers., emsig, geschäftig sein, °OB, °NB, °OP vereinz.: *den treibts um* „er hat alle Hände voll zu tun“ Mengkfn DGF; °*er is ein recht umdreibata Mensch* Gleißenthal NEW.– **8** voll innerer Unruhe sein, innerlich beunruhigen.– **8a** unpers., wie →[*um-ein-ander*]*t.*4a, °OB, °NB, °OP, °MF vereinz.: °*den Hans treibts wieder amal um, der woaß a net, wo er highört* O'stimm IN; °*den dräbts um* der hat Angst Grafenrd VIT; *grad umtrieb'n hat's 'n und umtrieb'n* THOMA Werke III,206.– **8b** wie →[*um-ein-ander*]*t.*4b, °OB, NB vereinz.: °*den treibt sei Prüfung um* Frsg; *Manchn oidn Trachtla … mog da Oktobafesttrachtnfasching umtreim* Rosenhm Oberbayer. Volksbl. 21./22.9.2013, 35; *Vmb das Jahr 1626. war einer … dermassen vom bösen Feind vmbgetriben/ vnd zur verzweyflung geraitzt/ daß man ihne siben gantzer Jahr … nit sicher dorffte allein lassen* Tuntenhsn AIB Ch. SCHEICHENSTUHL, Denckwürdige Miracula vnnd Wunderzaichen, Tl 1, München 1646, 13.– **9** machen, betreiben.– **9a** wie →*t.*21a: °*ebbas umtreim wolln* Fischbachau MB.– **9b** wie →*t.*21bβ: „Wer viele Kinder hatte, konnte seinen Hof ganz ohne Ehalten *umdreiwa*“ WÖLZMÜLLER Lechrainer 55.– **10** durch neues Saatgut ersetzen, °NB vereinz.: °*heuer muaß i d'Erdöpfö umtreibn* Arnstorf EG.– **11** †rechtssprl.– **11a** gerichtlich verfolgen, verklagen: *Weil dann ain tail den anndern lang vmtriben. Sein sy yezt verglichen* 1567 Stadtarch. Rosenhm PRO 137, 14.– **11b** wie →[*auf*]*t.*17: *Es* … [soll] *keiner den andern weder schmähen/ noch auff vnd umbtreiben/ noch vnredlich machen* Landr.1616 611.

SCHMELLER I,641.– WBÖ V,396.

Mehrfachkomp.: **[her-um]t. 1** im Kreis bewegen.– **1a** †im Kreis bewegen, rollen, wenden allg.: *herumbTr*[*eiben*] „circumagere. circumuoluere. versare“ SCHÖNSLEDER Prompt. Kk2r.– **1b** bei einer Treibjagd im Kreis, Bogen um etwas treiben: °*herumtreibm* „entlang eines Hanges“ Fischbachau MB.– **2** unpers., viel herumkommen, an verschiedene Orte gelangen: *Er is weit umanandgroast, sakrisch hats'n scho diam* [manchmal] *rumtriebn a'n Kriag mit de Russen* DINGLER bair.Herz 141.– **3** sich herumtreiben, herumtollen.– **3a** refl., wie →[*um-ein-ander*]*t.*2a, MF mehrf., °OB, NB, °OP vereinz.: °*wåu treibt si eppa dea rum* Sulzkchn BEI; *bal 's Nacht worn is, hat 's arme Dirndl si oaschichti* [allein] *rumtreibn müassn* F.X. BREITENFELLNER, Ein Mann steht am Ufer, München 1963, 214.– **3b** wie →[*auf*]*t.*13a, °OB, °OP vereinz.: °*de Kinda dean rumtreibn* herumtoben Brunnen SOB; *Mei', i hab rumtriebn, wia i no' jung war* P. WOLFRUM (Hg.), Das kann nur München sein, München 1943, 31.– **4** voll innerer Unruhe sein, innerlich beunruhigen.– **4a** unpers., wie →[*um-ein-ander*]*t.*4a, °OB, °OP, °MF, °SCH vereinz.: °*den treibts heit rum* „er hat eine Unruhe in sich“ Monhm DON.– **4b** wie →[*um-ein-ander*]*t.*4b, OB, °MF vereinz.: °*den dreibd die Angst rum* Regelsbach SC; *die Lieb' … Wie s' oft zun d' Erbarma Oa's 'rumtreibn ko'* KOBELL Ged. 381.

[umher]t. 1 dazu bringen, sich im Kreis od. herzubewegen.– **1a** im Kreis um etwas treiben: *Normalerweise gherat der Planer vom Stra-*

ßenbauamt solange um den Kreisverkehr ummatriebn, biß eahm kreislich schlecht werd Taufkchn ED SZ 55 (1999) Nr.60,5.– **1b** wie →*[her]t.*1a: *wenn der von der Neuhüttenalm ummatriem hat* Hsham MB Der Almbauer 58 (2006) [120b]; *Ummer treibts vmmer die lemmer zu mir!* Lenglachner Gesängerb. I,290.– **1c** drängen, veranlassen, sich herzubewegen: *Was treibt denn di alle Tag zum Bahnhof umma?* H. Grill, Hochzeit im Dunkeln, Regensburg 1995, 67.– **2** sich herumtreiben, herumtollen.– **2a** refl., wie →*[um-ein-ander]t.*2a, OP vereinz.: *si auf der Straß umatreibn* Weiden; *'M Duif'l, dea ols Jäga-Hea Se oft thaout umatreim* Schuegraf Wäldler 41.– **2b** wie →*[auf]-t.*13a: °*umatreibn* herumtoben Julbach PAN.– **3** wie →*[um-ein-ander]t.*4b, OP, MF vereinz.: *dös treibt ihn bös uma* eine schwer zu entscheidende Sache Fürnrd SUL.– **4** wie →*[um-ein-ander]t.*5: *oan richti umatreibm* schikanieren Schliersee MB.

[únter]t. abnützen, verschleißen: °*dea treibt s Gwand unta* „nützt es ab" Dettenschwang LL.

[unter]tréiben 1 wie →*[zu-sammen]t.*4, °OB, °NB, °SCH vereinz.: °*de Fasan untertreim s gånze Troad* Ried FDB; *untertreiben* „zu Grunde richten" Schmeller I,641; *mit Zertrettung deß liebseeligen Getraidts ... lasse nichts in den unserigen ... in den herumbligenden Bauren-Feldern undertreiben* Selhamer Tuba Rustica II,157.– **2** untertreiben, kleiner, geringer, unbedeutender darstellen: °„der Wildschaden wird vom Förster *untertriebn*" Reit i.W. TS; *Des is ned übertrieben, des is untertriebn* Kroetz Stücke IV,15.– **3** †wie →*[hinter]tréiben*1b: *untertreiben* „hintertreiben" Schmeller I,641.

Schmeller I,641.– WBÖ V,396f.

[ge-walt]t. Part.Präs., brutal, unerbittlich, rücksichtslos, °OB (v.a. S) mehrf., °NB, °OP vereinz.: °*bi do net so gwalttreibat!* Ohlstadt GAP; °*direkt Gwalttreibats hoda ogwendt, daß a mi so weit brocht hot* O'viechtach.

[weg]t. 1 dazu bringen, sich an einen anderen Ort zu bewegen.– **1a** wie →*[ver]t.*1a: *i treib mei Herdn weg auf an andern Platz* SZ 16 (1960) Nr.31,5; *wenn ain frembder von ainem burger ain viech kaufft, vnd wecktreibt, der ist khain maut davon schuldig* Abbach KEH wohl Mitte 16.Jh. VHR 1 (1831) 385.– **1b** wie →*t.*1c, °OB, NB, °OP vereinz.: *wögtreim* wegjagen Haunzenbgersöll VIB; *für was ist den der ösl dort, geh engl thuen wögtreibm!* Lenglachner Geistl.Zeittenb. 81; „Zu den ersten Arbeiten der Kinder auf dem Felde gehörte das *Bremer-Wegtreibn*" Schilling Paargauer Wb. 12.– **2** wie →*t.*3: °*den Traktor, das Auto wegtreibn* „mit einer Werfel antreiben" Thanning WOR.– **3** wie →*[ab]t.*11: *die Gschwulst kannst durch kalte Umschläg wegtreibn* Haag WS.– **4** wie →*[ab]t.*15b, °OB, NB vereinz.: *n Schneö wögträm* Bischofsmais REG.– **5** †wie →*[ab]t.*16b: *Und wias schwanga is gwen hota ihrs Kind wökatriem* Valley MB 1897 Queri Bauernerotik 205.

WBÖ V,397.

†[wider]t. 1 zurücktreiben, abwehren: *Wer auz des paums holtz taveln macht vnd hæht* [hängt] *die an dev hæuser, die widertreibent die flammen von den hæusern* KonradvM BdN 358, 10f.– **2** rechtlich widerlegen, für ungültig erklären: *Confutaberis ... wirdest nit widertrib* Windbg BOG 12.Jh. StSG. I,502,16-22; *Allein die Mezger wellen schein bringen vnd den Lernbrief widertreiben das die Mezger von Aibling vnd Aschau, nit redlich sein sollen* 1603 Stadtarch. Rosenhm PRO 143, 45.– **3** mißachten, sich widersetzen: *Wer das gericht und die schöpfen widertreibt und widerspricht* Kastl NM 2.H.16.Jh. VHO 89 (1939) 173.

Schmeller I,641.– WBÖ V,397.

[zer]t. 1 dazu bringen, sich voneinander wegzubewegen.– **1a** †auseinandertreiben, zerstreuen: *(Dispulit) zitreip* Tegernsee MB 1.H.11.Jh. StSG. II,647,28; *zerTreiben* „discutere. dispellere" Schönsleder Prompt. Kk2ᵛ.– **1b** voneinander wegströmen lassen, OB, NB vereinz.: *s Wöra ztraim* „Gewitterwolken auseinandertreiben" Mittich GRI; *Exagitatę zitripana* Tegernsee MB 10./11.Jh. StSG. I,792,54.– **2** †wie →*[der]t.*3: *'s Biər hàt d· Flásch·n z·trîbm* „im Gähren zersprengt" Schmeller I,640.– **3** †zerfallen, zergehen, schmelzen lassen: *Liquefaciens zftʀkbfntf* [*zetribente*] Tegernsee MB 10./11.Jh. StSG. I,422,44; *Nimb .2. Nirnberger. Lebzelten ... ŭnd zertreŭbe ihn aŭff der glŭt/ fein klein* Pickl Kochb.Veitin 86.– **4** †wie →*[wider]t.*2: *Cassatum ... cftrkpbnfn* [*cetripanen*] Frsg 9./10.Jh. StSG. II,123,8-10.

Schmeller I,640.– WBÖ V,397.

[zu]t. 1 zutreiben, zuführen.– **1a** wie →*[vor]t.*1: *Da Winta ... treibt d' Leut an Ofa zua* Ponzauner Bei uns dahoam 66.– **1b** wie →*t.*1b, °OB,

°NB, °OP, °MF, SCH vereinz.: *d'Kuah zuatreibn* Haslach MAI; °*d'Sau is zoutrim woarn* „zum Eber" Neunburg; *Hast dei˜ Kuə scho˜ zuə'tribm?* Schmeller I,641; „Die Landwirte konnten ihre *Loasa* [Säue] gegen Gebühr *zuadreiwa* und sie decken lassen" Wölzmüller Lechrainer 95.– **1c** wie →*t.*1dβ, °OB, °NB, °OP vereinz.: °*zuadreim* „das Wild zu den Jägern treiben" Rechtmehring WS; *du hast ihna Gambs zuatriebn in die Karwendlwänd'* F. v.Kobell, Oberbayer. Volksstücke, München ²1879, 144.– **1d** zuführen, mit jmdm zusammenbringen, OB, OP vereinz.: *Schmuser treibn zu* „bringen Mädeln zu Männern" Mchn; *zutreibn* „jemandem eine Prostituierte vermitteln" Göttler Dachauerisch 77.– **2** †hinzufügen: *Subiectum ... zutriben* Windbg BOG 2.H.12.Jh. StSG. I,694,58f.– **3** wie →*t.*4, °OB, °SCH vereinz.: °*jetzt steigst no vom Wagn und duasch d'Spirr zutreibn, an Ber no* Brunnen SOB; *dr̨aeb dsuə* Schwabhsn LL nach SBS XIII,283.– **4** (durch Drehen) schließen, ausschalten.– **4a** wie →[*ab*]*t.*4a, °OB, °NB vereinz.: °*dräb an Wechsl* [Hahn] *zou, sonst gejts Wossa üba* Grafenrd VIT.– **4b** die Zufuhr von Wasser unterbinden, °OB, °NB vereinz.: °*treibs Wasser wieder zua!* Arnstorf EG.– **4c** wie →[*ab*]*t.*4b, °OB, °NB vereinz.: °*s Liacht derfst zuatreibm* Garching AÖ.– **5** wie →[*ein*]-*t.*7, °OB, °NB, °OP, °SCH vereinz.: °*jetzt treibts aba zua mit deine Sprüch!* Schrobenhsn; °*öitza wird zoutriem* „Feierabend gemacht" Eslarn VOH.– Phras.: *jetzt ist zugetrieben!* u.ä. es ist Schluß, vorbei, genug!, °OB, °NB mehrf., °OP, °MF, °SCH vereinz.: °*jaz is oba zuatriebn, Schluß mit dera Gaudi!* Eging VOF.– Auch Anschuldigungen in einem Haberfeldtreiben mit Lärmen abschließen, in der Formel: „Meister: *Ja, is dös wahr?* – Haberer: *Ja, wahr iss!* Meister: *Nacha treibts zua!*" Tegernsee MB 1892 Neue Dt. Rundschau 5 (1894) 52.– **6**: *zutreibn* „jemandem einen Vorteil zu verschaffen suchen" Mchn.– **7** †wie →*t.*15a: *Inpellere zuotripan* Tegernsee MB 10./11.Jh. StSG. II, 190,33.– **8** Part.Präs.: °*der Liebhaber is zuatreibat wordn* zudringlich Reichenhall.

Schmeller I,641.– WBÖ V,397. A.S.H.

Treiber(er)

M. **1** von Menschen.– **1a** Treiber einer Treibjagd, °OB, °NB mehrf., °OP, °MF, °SCH vereinz.: °*dö Treiba kenna glei s Odreim ofanga* Reichersbeuern TÖL; *doher Treiwa!* Pfaffenbg MAL; *'s Zoacha follt, Daß d' Treiba af 'n Bäan laouszuing* Schuegraf Wäldler 70.– **1b** Viehtreiber, Pferdeknecht, °NB vereinz.: *Trinkgejd füan Treiba* bei Roßverkäufen Hengersbg DEG; *Agitator, usitator ab agendo dicitur tripari* Tegernsee MB 1.H.11.Jh. StSG. II,628,46f.; *Den tribær von Gutichenhusen git man nivr brot vnd niht vleisch* Pfründe Geisenfd 414; *Treiber* Schönsleder Prompt. Kk1ᵛ.– **1c** jmd, der im Brauch od. Spiel einen anderen od. ein Tier vor sich hertreibt, °OP vereinz.: °*Bär und Treiber* „im Faschingsbrauch" Stöckelsbg NM; „so konnten ... *Kirwabär* und *Treiber* ... ihr Unwesen treiben" Emhf BUL MZ für das Vilstal u. den südl. Lkr. Amberg-Sulzbach 72 (2016) Nr.213,24.– **1d** Spieler, der ein Holzklötzchen mit einem Stock in ein Loch treibt, schlägt, °OB, °NB, °OP vereinz.: °„gelingt es dem *Treiber*, seine *Sau* in einen *Stall* zu bringen, muß der *Stallbesitzer* den *Treiber* machen" O'wappenöst KEM.– **1e** Reiter im Schiffszug: *Treiber* „Knecht, der die Pferde des Gegenzugs [stromaufwärts] leitet" Laufen Salzfass 29 (1995) 58.– **1f** Holzflößer: „Die *Treiber* fahren streckenweise auf den *reißenden* Blochen und Stämmen dahin" Siebzehnriebl Grenzwaldheimat 40.– **1g** Arbeiter, der eine Dreschmaschine antreibt: „jeden Augenblick schielte er seitwärts nach den vier *Treibern* an der Maschine, ob sie nicht bald nach Ablösung verlangen würden" Meier Straubing I,304.– **1h** Arbeiter, der die Kurbel an einem Gerät zur Seilherstellung dreht: „Ein *Treiber* mußte ... an einer Kurbel drehen" Kerscher Handwerk 48.– **1i**: *Treiber* „Vermittler, Kommissionär, z.B. beim Viehkauf" Passau.– **1j** Antreiber, °OB, °NB, °OP vereinz.: °*dös is bloß a rechta Treiba und tout si sejwa net zwejh* Wettstetten IN; *dass er's grod auf uns abgsehgn hat, der Treiba, der bluatig* Altb.Heimatp. 58 (2006) Nr.28,25 (G. Umrath).– **1k** jmd, der schnell u. viel arbeitet, °OB, °OP vereinz.: °*deas isch a Treiber* Eresing LL.– **1l** Unruhestifter, Aufrührer, Hetzer, streitsüchtiger Mensch: *Traiwa* Aicha PA; *daz der Hŏschel diser sachen aller ain heber und treyber ist* 1501 Urk.Juden Rgbg 253.

2 Kurbel, Bremsvorrichtung.– **2a** Kurbel am Drehbutterfaß: °*Draiwa* Todtenweis AIC; „Kurbel am Butterfass ... *dr̨aewarα*" Baar IN nach SOB V,338f.– **2b** Andrehkurbel, °OB vereinz.: °*der Treiber* „zum Anwerfen der

früheren Traktoren“ Parsbg MB.– **2c** (Kurbel der) Bremsvorrichtung am Wagen, °OB, °NB vereinz.: °*mach an Treiba zua!* Reichersbeuern TÖL; „Bremskurbel ... *drąewa*“ Griesbeckerzell AIC nach SBS XIII,286.– Auch Stock, der zum Bremsen zw. die Radspeichen od. ans Rad gedrückt wird, °OB, °NB vereinz.: °*då gehts gach åwi, då muascht an Dreiwa einihau* „einen Prügel ins Hinterrad stecken“ Dachau.
3 Kinderkreisel, Peitsche dafür.– **3a** Kinderkreisel, °OB, °NB, °OP, °MF, °SCH vereinz.: °*im Frühjahr gehn Kinder zum Treiber spieln* Flintsbach RO; *Treiber* Geisenhsn VIB DWA XII,44.– **3b** Peitsche zum Antreiben des Kinderkreisels: °*Treiber* N'höcking LAN.
4 Pedal am Spinnrad: *Treiba* Ecknach AIC.
5 Werkzeug.– **5a** Keil zum Baumfällen od. Holzspalten, °OB, °NB, °OP mehrf., °OF, °MF, °SCH vereinz.: °*då brauchst an Treiba, bald d'Såg nimma laaft* „beim Baumfällen“ Taching LF; °*der Treiber* „zum Spalten von langem Scheitholz“ Kchndemenrth NEW.– **5b** Hammer od. Keil zum Festschlagen der Faßreifen, °OB, °OP vereinz.: °*mitn Treiber an Roaf aftreibn* Pertolzhfn OVI.
6 Holzstange zum Abstoßen u. Vorwärtsbewegen eines Floßes: *Draiwa* „Auslegbaum zum Flottmachen des Floßes bei seichtem Wasser“ Lenggries TÖL.
7 Trieb, Sproß, Schößling, °OB, °NB mehrf., °OP, °SCH vereinz.: °*der Bam hod vui Treiba* Lenggries TÖL; °*Treiber* „Steckling mit Wurzeln, Setzling“ Schnaittenbach AM.

Etym.: Ahd. *trîbari*, mhd. *trîber* stm., Abl. von →*treiben*; PFEIFER Et.Wb. 1454.

SCHMELLER I,640.– WBÖ V,398.

Komp.: [**Ab**]**t.** **1** von Menschen.– **1a**: *Abtreiber* „einer, der nachts die Hirsche aus den Feldern treibt und dafür vom Forstamt bezahlt wird“ O'ammergau GAP.– **1b** †jmd, der andere vertreibt, verjagt: *abtreiber* „Depulsor, propulsator“ SCHÖNSLEDER Prompt. Kk1^v^.– **2** wie →*T.*7: °*Åtreiba* Ableger einer Pflanze Lindbg REG.

[**An**]**t.** **1** von Menschen.– **1a** Treiber, der das Wild aufscheucht: °*Antreiber* „dringen als Erste ins Dickicht ein“ Straubing.– **1b** wie →*T.*1j, °OB, °NB, °OP, °MF vereinz.: °*inser Balier is a richtiga Otreiba, der tat am liabschtn an jedn as Kreiz eihitretn* Lenggries TÖL.– **1c** wie →*T.*1l, °OB, °OP vereinz.: °*Ohdreiwa* „Aufwiegler“ Ebersbg; *anTreiber* „instinctor“ SCHÖNSLEDER Prompt. Kk1^v^.– **1d** jmd, der Waren zum Verkauf anpreist: °„ohne *Antreiber* kann ein Buch nur schlecht verkauft werden“ Rgbg.– **1e** Kartenspieler, der das Spiel beginnt, °OB, °NB, °OP vereinz.: °*du bist der Antreiber* Weiden.– **2** wie →*T.*2b, °OB vereinz., °NB mehrf., °OP, °SCH vereinz.: °*dua amoi an Otreiba hea!* Tegernbach MAI.– Auch: °*Antreiber* „elektrischer Anlasser beim Auto“ Schaufling DEG.– **3** Ober der Kartenfarbe Herz: °*Antreiber* „beim Schafkopf“ Reit i.W. TS.

WBÖ V,398.

[**Um-ein-ander**]**t.** Herumtreiber, Streuner: *Umanandadreiwa* BINDER Saggradi 228.

[**Auf**]**t.** **1** von Menschen.– **1a** †wie →[*An*]*t.*1a: „Sobald die Netze standen, stiegen die *Auftreiber* ... in den Weiher und scheuchten die ... Jungenten gegen die Netze“ Runding CHA um 1500 F.X. FRITSCH, Gesch. der oberpfälzischen Forstorganisation, München 1974, 81.– **1b** lebhafter, lustiger Mensch, Spaßmacher, °OB, °NB, °OP vereinz.: °*des is a richtiger Aaftreiber* Weiden; *Aufdreiwa* „Bub, Bursche, Mann, der ... Unfug, Gaudi macht, um für Stimmung zu sorgen“ ILMBERGER Fibel 16.– **1c**: *Aftraiwa* „Aufschneider, Prahler“ Aicha PA.– **1d** wie →*T.*1l, °OB, °NB vereinz.: °*dös is a so a Auftreiber* „einer, der immer streiten will“ Hohenpolding ED; *Āfdraiwa* „Mann, der immer Krach macht, Unruhe stiftet“ AMAN Schimpfwb. 23.– **2**: *Aftraiwa* „Hebel zum Aufdrehen“ Aicha PA.

Mehrfachkomp.: [**Scheiß-auf**]**t.** jmd, der furzt: °*Schoaßauftreiber* O'ammergau GAP.

[**Aus**]**t.** **1** wie →[*An*]*t.*1e, °OP vereinz.: °*Asträba* Spieler, der beim Kartenspielen das Spiel als erster beginnt Hiltersrd WÜM.– **2** wie →*T.*7, °OB, °MF vereinz.: °*Austreibal* kleiner Zweig, Ast Fischbachau MB.– **3** Riß, Unebenheit in der Faßinnenwand: „da sich infolge mehrerer Abfüllungen durch den Warm-Kalt-Wechsel *Austreiber* bilden“ Maisach FFB Altb. Heimatp. 69 (2017) Nr.41,12.

[**Bären**]**t.**[1] **1** von Menschen.– **1a** jmd, der mit einem Tanzbären herumzieht: °*Beandreiwa* Neufraunhfn VIB; *berntrajber spillüt sprecher geückeler* Windbg BOG 15./16.Jh. Clm 22421,fol.36^v^; *sich hereinschwerzende auswärtige Musikanten, welsche Pfaffen, Bärntreiber* KREITTMAYR Slg 421.– **1b** jmd, der im

Brauch od. Spiel eine als Bär verkleidete Person vor sich hertreibt, °OB, NB vereinz.: „im Fasching ziehen *Bär*, eine in Stroh eingemachte männliche Person, und *Bärntreiber* über die Dörfer und bekommen Geld und Essen von den Bauern“ Zwiesel REG; „Einzug der kleinen und großen *Maschkerer* mit der Gruppe der *Bärentreiber*“ Freystadt NM Hilpoltsteiner Kurier 18.2.2020, 25.– **1c** wie →*T.*1d, °OB, °NB, °NB vereinz.: °„wer keine Grube bekommt, ist der *Bärntreiber*“ Burglengenfd; „das *Bärentreiben* ... mit einem faustgroßen Stück Holz, das vom *Bärentreiber* mit einem kurzen Stecken in ein Loch ... getrieben werden muß“ Rottal Aiblinger bayer.Leben 97.– **1d** wie →[*Um-ein-ander*]*t.*, °NB vereinz.: *da Beandraiwa* „Störzer“ Mittich GRI; *Beandraiwa* „Mann, der sich gerne herumtreibt“ Aman Schimpfwb. 32.– **1e** nichtsnutziger, unzuverlässiger Mensch: °*Beandraiwa* „Luftikus“ Simbach PAN.– **1f** liederlicher, unsittlicher Mann, °OB, °NB vereinz.: °*Bärntreiber* „steigt den Mädchen hinterher“ Halfing RO; *De Bärntreiber ... tauschnd d' Weiba* Altb.Heimatp. 56 (2004) Nr.43,8.– **1g** Zuhälter, Kuppler: °*Beandraiwa* Simbach PAN; *Mei liawa, da Schorsch ... werd aa so aa oida Beandreiwa sei!* Binder Saggradi 21.– **1h** Schimpfw. allg.: *Bärntreiba* Schneider Schimpf-Kal. 1969 (17. September); „Thomas Bauer ... hatte ... den Amtsknecht als *Bärntreiber* beschimpft“ Wetterfd ROD 1721 K. Gschendner, E. Trinkerl, Chron. von Roding, Stamsried 2003, 279.– **2** wie →*T.*3a: °*Bärntreiber* Kreisel Gaimershm IN; *Berntreiba* Pondf RID DWA XII,K.5f.– **3** Marsch, Tanz.– **3a** (abwertend) Marsch, °OB vereinz.: *Beantraiwa* „abgedroschener Marsch“ Fürstenfeldbruck.– **3b** abwertend moderner Tanz: *an Bärntreiba* O'alting STA.– Zu →*Bär*[1] ‘Bär, Holzklötzchen, Kreisel’.

Schmeller I,262f.– WBÖ V,398.

[**Bären**]**t.**[2] **1** †Treiber, der Keiler aufscheucht: *2 bärntreiber 6x* Hurlach LL 1764 B. Kink, Adelige Lebenswelt in Bayern im 18. Jh., München 2007, 341.– **2** Arbeiter, der die letzte Garbe bindet, OB, °NB vereinz.: °*Bärntreiber* U'hausbach EG.– Zu →*Bär*[2] ‘Keiler, letzte Garbe’.

[**Pflug**]**t.** Arbeiter, der mit Zugtieren pflügt: *Pfluagtreiber* O'ammergau GAP.

[**Blöcher**]**t.** wie →*T.*1f: *Blöchatreiba* „Arbeiter, die auf der Flanitz triften“ Frauenau REG.

[**Preis**]**t.** Preistreiber, OB, NB, OP, SCH vereinz.: *Braisdraiwa* Floß NEW.

WBÖ V,398.

[**Durch**]**t.** **1** wie →*T.*1a: °*Durchtreiber* „Burschen, die für die Treibjagden zum Treiben bestellt werden“ Pittenhart TS.– **2** Verschwender: *a Duachtraiwa* Fürstenfeldbruck.

[**Ein**]**t.** **1** von Menschen.– **1a** Eintreiber, OB, NB vereinz.: *Aitraiwa* „von Schulden“ Aicha PA.– **1b** wie →*T.*1j: °*Eintreiber* „spornt bei der Arbeit zur Eile an“ Teisendf LF.– **1c** Zuträger, Verleumder: *Eintreiber* Ittling SR.– **2** wie →*T.*2c, °OB vereinz.: °*der Eintreiber* Wagenbremse Inzell TS.

WBÖ V,399.

[**Haber-feld**]**t.** **1** Teilnehmer eines Haberfeldtreibens, °OB (v.a. S) mehrf., °NB, °OP vereinz.: °*mei Großvåtta is no a Haberfeldtreiba gwen* Halfing RO; *Da Bezirksamtmann vo Rosenham, dä hat's gar so dick d'Habafehitreiba* Tegernsee MB 1892 Neue Dt. Rundschau 5 (1894) 51.– Phras.: *daherkommen / ausschauen wie ein H.* zerlumpt, ungepflegt, °OB, °NB, °OP vereinz.: °*er kummt daher wöi a Howerföldtreiber, so zlumpt* Pertolzhfn OVI;– °*der führt se af wia a Haberfeldtreiba* „boshaft“ Grafenrd VIT.– Übertr. †: *Haberfeldtreiber* „Spitzname des 11. Infanterie-Regiments aus den Bezirken Rosenheim und Wasserburg“ Militärische Redensarten u. Kunst-Ausdrücke, hg. von G. Krebs, Wien 1892, 180.– Ortsneckerei: „Warngau [MB] ... *Haberfeldtreiber*“ Bronner Schelmenb. 137.– **2** jmd, der im Fasching die Rolle von Bed.1 spielt, °OB, °NB vereinz.: °*Haberfeldtreiber* „mit zerlumpten Kleidern maskierte Person“ Bayersoien SOG; °*der Haberfeldtreiber* „trägt auf Faschingsveranstaltungen die Fehler seiner Mitmenschen in humorvoller Weise vor“ Koppenwall ROL.– **3** zerlumpter, ungepflegter Mensch, °OB, °NB, °OP, °SCH vereinz.: *du Håwafåidtreiwa* Mengkfn DGF.– **4** wie →[*Um-ein-ander*]*t.*, °OB, °NB, °OP, °SCH vereinz.: °*der werd a so a Håbafejdtreiba sei* Landstreicher Lenggries TÖL.– **5** wie →[*Bären*]*t.*[1] 1e, °OB, °NB, °OP vereinz.: °*Haberfeldtreiber* „Taugenichts“ O'wildenau NEW.– **6** hinterhältiger, durchtriebener Mensch, °OB, °NB, °OP, °MF, °SCH vereinz.: °*der Hans is a oita Ha-*

berfeldtreiber Innernzell GRA; *unser Herrgott wird schon wissen, warum er das zulaßt, daß ein solcher ausg'schämter Haberfeldtreiber auf der Welt is* THOMA Werke III,130 (Hochzeit).– **7**: °*geh, hör ma auf mit dem Haberfeldtreiba!* „Besserwisser" Hohenpeißenbg SOG.

[**Fenster**]**t.** Vorreiber am Fenster: °*das Fenstertreiberl* „einfacher Verschluß in Form eines Flügels, der sich um einen Stift dreht" Wiesenfdn BOG.

[**Wetter-ver**]**t.**: °*Wedavatreiba* scherzhaft Regenschirm Walchensee TÖL.

[**Vieh**]**t.** Viehtreiber, °OB, °NB, OP, SCH vereinz.: *Viechtreiba macha* Haag WS; *a Viechtreiba* Neues Münchener Tagbl. 1877, Nr.99[,4]; *weinzůrl, pawleẃt, viechtreiber vnd ander arbaiter sullen weder an herbergen noch in leithaẃsern nicht spilen* 1397 Stadtb.Rgbg 230.
WBÖ V,398.

[**Gans**]**t.**, [**Gänse**]**-**, [**Gänslein**]**- 1** Gänsehirt, OB, NB, OP, SCH vereinz.: *Gönstreiba* Hohenpeißenbg SOG; *Jeder Gänstreiber hat sei eigene Richtung g'habt, so daß koa Konkurrenz entstanden is* SCHMALHOFER Brautweiser 20.– Schnaderhüpfel: *bin i da Gansdreiba Heinrich, bin ållawei hintdro, båjd rauffans, båjd sauffans, båjd floigns ma davo* Simbach EG.– **2** wie →[*Bären*]*t.*[1] 1h: *Gänstreiba* SCHNEIDER Schimpf-Kal. 1971 (20. Februar).
WBÖ V,398.

[**Heim**]**t. 1** jmd, der das Vieh heimwärts treibt: °„von den *Heimtreibern* wird das Vieh auf dem Heimweg von der Weide oder von der Alm getrieben" Bayrischzell MB.– **2** Prügel, Stamm.– **2a** (scherzh.) Prügel, Holzstock, °NB vereinz.: *Hoamdreiba* „scherzweise eichener Stock" Simbach PAN; „Die meisten Bajuvaren führen eine Art Speere oder ... *Heimtreiber* aus dem heimischen Haselnußholze, ohne Spitze" THOMA Werke III,42.– Phras.: *Dann kannst an meinem Heimtreiber riechen!* [Androhung von Schlägen] SCHLAPPINGER Wurzelholz 20.– Auch Spazierstock: *Hoa*^{m}*traiwr* Mering FDB; *Hoimtreiwa* „großer, grober Spazierstock" BRAUN Gr.Wb. 268.– **2b** mit Würsten, Brezen u.ä. behängter, zu ersteigernder Teil des Christbaums: °*Hoamdreiwa* Neufraunhfn VIB; „Am Ende wurde noch der Baumstamm als *Hoamtreiber* an den Mann gebracht" Mangfall-Bote 8.1.2016, 13.– **3** †Penis: *Der Haimtreiber* „membrum virile" SCHMELLER I,1108.– **4**: *Hoamtreiber* „Schnapsart" LUSTICUS Mchn.Fremdw. 13.
SCHMELLER I,1108.– WBÖ V,399.

[**Keil**]**t. 1** wie →*T.* 1l, °OB, NB vereinz.: *Kaitreiber* Anführer irgendeines Streiches Schöllnstein DEG.– **2** wie →*T.* 5a, °OB, °OP vereinz.: °*der Keiltreiber* Keil, der beim Fällen eines Baumes verwendet wird Hahnbach AM.

[**Kessel**]**t.** Steckrübe (Brassica Napus Napobrassica): °*Kessldreiwa* „Erdrüben, mit denen der Kessel ausgeschwenkt wird, in dem die Schmalznudeln gebacken worden sind" Neufraunhfn VIB.

[**Kleien**]**t.**: *Gleimtreiwa* Spottname für kleinen Müller Mengkfn DGF.

[**Kutten**]**t.** Schürzenjäger, Hurenbock: °*Kuttndreiba* Taching LF.

[**Läuse**]**t.** langweiliger, langsamer Mensch, °NB vereinz.: °*Läustreiber* Ruhmannsdf WEG.

[**Bettel-leute**]**t.** scherzh. Gendarm: *d'Bedllaittreiba* St.Oswald GRA.

[**Muli**]**t.** Säumer, Saumtiertreiber, OB vereinz.: *Mullitreiber* Partenkchn GAP; „Sie beobachtete genau, was die *Mulitreiber* taten, wenn die Tiere ... eigensinnig stehenblieben" G. WENDT, Liesl Karlstadt, München, 1998, 231.

[**Nach**]**t. 1** jmd, der das der Herde nicht folgende Vieh hinterhertreibt: *daou haout mi da Großvata amal braucht als „Naoutreiba"* Boxdf NEW Wir am Steinwald 4 (1996) 124.– **2** jmd, der Nachzügler im Wettlauf antreibt: °*beim Laufets hat a Nachtreiber mit der Goaßl nachgschnalzt* „Wettrennen der Burschen bei einer Hochzeit" Geltendf FFB; „Das Mailaufen ... Hinten nach der *Nachtreiber* mit der Peitsche" Antdf WM SHmt 43 (1954) 18.– **3** Treiber, der das aufgescheuchte Wild den Schützen zutreibt, °NB, °OP vereinz.: °*die Nachtreiber* „hetzen das Wild dem Jäger vor die Flinte" Straubing.– **4** (scherzh.) Arbeiter, der als letzter mäht, OB, NB, OP, SCH vereinz.: *Noutreiba* Hirschbach SUL.
WBÖ V,399.

[**Nacht**]**t.**, **-räuber 1** jmd, der sich nachts, bes. nach dem Gebetläuten auf der Straße herumtreibt, °OP vereinz.: *Nachttreiberl* Pfatter R.– **2** Schreckgestalt für Kinder, °OP vereinz.:

°*der Nachtreiber* schwarzer Mann Schwandf.– Spruch: *s Nochtreibala kummt* „damit werden müde Kinder ins Bett geschickt“ Pullenrd OVI.

WBÖ V,399.

[**Ochsen**]**t.** **1** von Menschen.– **1a** jmd, der Ochsen treibt, Ochsenknecht: *Stier- und Sau- und Ochsentreiber* THOMA Werke VIII,174; *schäfer, ochsentreiber, säutreiber* AVENTIN IV, 924,11 (Chron.); „Grabstein ... *Herr Michael/ Weberr bürgerl./ Ochsentreiber allhier*“ Ingolstadt 1794 Altb.Heimatp. 44 (1992) Nr.22,10.– **1b** †wie →[*Bären*]*t.*¹1h: *die lumpenhund und oxentreiber Verführen Megdlein und auch weiber: in Versuechung* LENGLACHNER Gesängerb. II,500.– **2** Peitsche für Ochsen: *okfndrąewa* Landsberd FFB nach SBS XIII,400.– **3** best. Tanz: *Ochsentreiber* Lam KÖZ; „Tanznamen ... *der Zitterer, der Ochsentreiber*“ STEMPLINGER Altbayern 88.– **4** †Bootes, Sternbild am nördlichen Sternenhimmel: *Daz selb sternlein haizzet auch daz ohsentreiberlein* KONRADvM Sphaera 45,13f.

WBÖ V,399f.

[**Quer**]**t.** Quertreiber, °OB, °NB vereinz.: °*Quertreiwa* Wimm PAN; *Muaßt denn du oiwei ... an Quertreiwa schbuin* BINDER Saggradi 163.

[**Zu-sammen**]**t.** jmd, der Mädchen im Brauch zusammentreibt: „*Mailaufen* ... Die *Dirndl* werden ... ab 12 Uhr von den sogenannten *Zammtreibern* in ihren Häusern ... abgeholt“ Antdf WM Altb.Heimatp. 67 (2015) Nr.18,21.

[**Sau**]**t.,** [**Säue**]**-** **1** von Menschen.– **1a** Schweinehirt, OB, NB, OP, SCH vereinz.: *d'Sautraiwa* Stadlern OVI; *vmb zwo scheffart stain dem Liendl Sawtreiber von Stainaw 12 ß* 1567 Stadtarch. Rosenhm GRE 11, 79.– Phras.: *grob sei wöi a Sautreiber* [sehr grob, derb] Ambg WINKLER Heimatspr. 95;– *schnappn wiara Saudraiba* „laut mit der Peitsche knallen“ Reisbach DGF;– *d'Saudraiba keman* „das überhitzte Malz beginnt auf der Darre zu springen und zu schnalzen“ Reisbach DGF.– **1b** Schweinehändler: „die hausierenden *Sautreiber*, die unterwegs die Schweine auf irgendeinem Rasenplatz hüten“ Altfalter NAB; *Da hats die Sautreiber geben aus dem Böhmischen* Alteglofshm R BÖCK Sitzweil 83.– Phras.: *Geld haben wie ein S.* viel Geld besitzen, NB, OP, SCH vereinz.: *dör hod Gåid wia a Saudreiwer* Derching FDB; *der Maxl, der Geld hat wie ein Sautreiber, läßt sich überall aufkochen* STEMPLINGER Altbayern 49.– **1c**: *ös* [ihr] *Saudraiba!* „schimpft man Buben, die mit der Peitsche knallen“ Reisbach DGF.– **1d** wie →*T.* 1d, °OB, °NB, °OP vereinz.: °„der Bub, der den *Sautreiba* macht, muß eine *Sau* (Stück Holz) in eine Grube bringen, die andern Buben wollen dies verhindern“ Lohbg KÖZ.– **1e** wie →[*Nach*]*t.*4: *Sautreiber* letzter Mäher Triftern PAN.– **1f**: „grober und derber Kerl ohne Manieren ... *Du Saudreiwa, du gescheada*“ BINDER Saggradi 185.– **1g** wie →*T.* 1l: „Wenn einer nur die Leut aufhetzt, ist er ein *Sau-treiber*“ SCHWEIGER Sauhändler 101.– **1h** wie →[*Bären*]*t.*¹1f, NB vereinz.: *du Sautreiba!* „verkommener Mensch, der schlüpfrig daherredet“ Mengkfn DGF.– **1i** wie →[*Bären*]*t.*¹1h: °*Sautreiber* mittl.OP; *Sautreiwer* „Schimpfwort für verachtete Person“ KOLLER östl.Jura 59; *Der Cleger ... habe ihne ainen ... Sautreiber, Fäckhelmacher, Sauschwaif ... verächtlich gehaissen* 1724 StA Mchn Hofmark Amerang Pr.16,fol.126ᵛ.– **2** Stock, mit dem Schweine getrieben werden: *Saträba* Blaibach KÖZ.

DELLING II,122; SCHMELLER II,200.– WBÖ V,400.

[**Scheiß**]**t.** **1** wie →[*Nach*]*t.*4: *Schoaßtreiba* letzter Mäher Seeon TS.– **2** alkoholisches Getränk.– **2a** verdauungsfördernder od. minderwertiger Schnaps, Likör, °OB vielf., °NB, °OP, °SCH vereinz.: °*geah, wos willst den mit deim Schoaßtreiba* „schlechter Schnaps“ Eschenlohe GAP; °*Schoaßtreiber* „Kümmellikör“ Sallach MAL; „Der *Schoaßtreiber* ist ein Schnaps, den man zum Schluß im Wirtshaus noch zu sich nimmt, um das Abgehen der Winde zu erleichtern“ QUERI Kraftbayr. 95.– **2b** minderwertiger Wein, °OB, °NB vereinz.: °*Scheißtreiber* Ruhstorf GRI.– **3** verdauungsförderndes Mittel, °OB, NB, OP vereinz.: °*Schoaßdreiba* „von Hausierern vertrieben, gegen Blähungen“ O'nrd CHA.– **4** Slip, kleiner, eng anliegender Schlüpfer: °*Schoaßtreiber* O'bibg WOR.

WBÖ V,400.

[**Schiff(s)**]**t.** wie →*T.* 1e: *Schifftreiber* „für den Gegenzug, Nebenerwerb der Bauern aus der Umgebung“ Laufen Salzfass 29 (1995) 55; *Alle Schöfftreiber ... sollen mit der Anzahl Rossen ... Das Treiben von Ditmaning aus bis gegen Lauffen ... vleißig verrichten* Salzburg 1581 LORI Bergr. 318 (Schiffordnung zu Laufen).

SCHMELLER I,640.– WBÖ V,400.

[Schmieren]t. wie →[*Bären*]*t.*[1]1f, °OB vereinz.: °*Schmirbntreiber* „unmoralischer Mensch, gegenüber Frauen und bei Geschäften" Erding.

[Schnall(en)]t. 1 wie →[*Bären*]*t.*[1]1g, °OB, °NB, °OF vereinz.: *ön da Stadt machts a Schnoin und hat ihran Schnointreiba ba iha* Hengersbg DEG; „der Zuhälter, der von ihr lebt, ist der *schnòyntrayba*" KUEN Bair. 77.– **2** wie →[*Kutten*]*t.*, °OB, NB, °OP vereinz.: *du Schnointreiwa, gibst di mit Menschern ab* Mengkfn DGF; *Wann dea Schnointreiwa sein Huan no lang aso treibt, Na schickman zon Nazi adar Au, dasa eham an Beudl wegschneid* Valley MB 1897 QUERI Bauernerotik 208.– **3** wie →[*Bären*]*t.*[1]1e: °*Schnallntreiber* „leichtsinniger, nichtsnutziger Mann" Garmisch-Partenkchn GAP.– **4** wie →[*Um-ein-ander*]*t.*: „Bettelleute, die von Türe zu Türe gingen ... *alte Schnallntreiber*" Oberpfalz 68 (1980) 214.

[Schnecken]t. wie →[*Läuse*]*t.*, °NB mehrf., °OB, °OP, °MF vereinz.: °*du und dei Alte, öitz* [ihr] *seids zwoa richtige Schneckntreiber!* „langsame, langweilige Menschen" Nabburg.– Phras.: *daherkommen / gehen wie ein S.* sehr langsam, °OB, °NB vereinz.: °*der geht wia a Schneckntreiba* H'schmiding WOS.

[Schnee]t. Föhn: *Schnätraiwa* Taching LF.

[Schuß]t. wie →[*Scheiß*]*t.*2a: *Schußtraiwa* „Kräuterschnaps, der die Darmtätigkeit und das Abgehen von Furzen anregt" Fürstenfeldbruck; *im Himmi ... da konnst koan Schußtreiber kaffa und koan Kräuterschnaps net* QUERI Pfanzelter 47.

[Schweins]t., †**[Schwein(e)]- 1** †wie →[*Sau*]*t.*1a: *Den swintribærn von der Laber git man ieslichem zwei brot vnd ein vleisch* Pfründe Geisenfd 414.– **2** †wie →[*Sau*]*t.*1b: „außer dem *Schweintreiber* und Kuhhändler darf noch Jemand an den Großbauerntisch" SCHLICHT Bayer.Ld 103; *Einnamb an zoll vnd mautt von den schweinthreibern* Kling WS wohl 1620 H. DOLLINGER, Studien zur Finanzreform Maximilians I. von Bayern in den Jahren 1598-1618, Göttingen 1968, 498; *Die meisten Wirthe sind Schweintreiber, Hopfen- und Pferdehändler* BUCHER Jagdlust XIII.– **3** wie →[*Haber-feld*]*t.*6: „Schimpfwörter für einen ... Menschen ... mit unsauberem Charakter: *Saukerl ... a Schweinstreiba*" WAGNER Zuwanderung 8.
WBÖ V,400f.

[Spaßettlein]t. wie →[*Haber-feld*]*t.*6: *Spasettltreiber* Galgenvogel Röhrmoos DAH.

[Starz]t., [Stärz]-, [Sterz]- 1 jmd, der bei Langholzfuhrwerken das Hintergestell des Wagens lenkt, °NB mehrf., °OB, °OP, °SCH vereinz.: °*Sterztreiber* „geht hinter dem Langholzfuhrwerk her und lenkt es um die Kurven" Kreuth MB; *an guadn Starzdraiwa nema* Mittich GRI; *Stàåztraiwă* FEDERHOLZNER Wb. ndb.Mda. 212.– **2** wie →[*Nach*]*t.*4, OB, NB vereinz.: *Schdoazdreiba* letzter Mäher Kreuzbg WOS.– **3** Nachzügler, Schlußlicht, °OB, °NB vereinz.: °*Stoaztreiba* Wdkchn WOS; *Starztreiber, Stoaztreiber* „der hinterdrein Kommende" HÄRING Gäuboden 175.– Auch: °*er hat an Stoarztreiber gmacht* „ist als Letzter vom Wirtshaus nach Hause gegangen" Arnstorf EG.– Jmd, der als Letzter das Opfergeld zahlt: *Starztreiber* „beim Opfern für die Kirche" Heiligkreuz TS.– **4** wie →[*Läuse*]*t.*: °*Stoaztreiber* „langsam Arbeitender" Ruderting PA.
WBÖ V,401.

[Stern]t. 1 jmd, der als Sternsinger od. im Rauhnachtspiel einen drehbaren Stern trägt, °OB, °NB vereinz.: °*der Sterntreiber* „treibt beim Hl. Dreikönigsingen den Stern mit einer Kurbel an" Arnstorf EG; „Rauhnachtspiel ... Sein Sprüchl heißt: *Der Sterntreiber tritt auch herfür – mit seiner ganzen Kompanier*" MILLER Lkr.WEG II,52.– **2** wie →[*Auf*]*t.*1b: °*der Sterntreiber is der Maxi gwen* „er hat die ganze Gaudi angezettelt" Passau.
WBÖ V,401.

[Um]t. 1 von Menschen.– **1a** jmd, der eine Kurbel dreht: *Umdraiwa* Aicha PA.– **1b** wie →[*Auf*]*t.*1b, °OB, NB, °MF vereinz.: °*ihr seids ja Umdreiwa!* „Kinder, die herumrennen und alles auf den Kopf stellen" Dollnstein EIH; „zu jedem Unfug bereiter Kerl ... *Mit dem Umdreiwa hod ma nua 's Gscher*" BINDER Saggradi 228f.– **1c** emsiger, geschäftiger Mensch, °OB vereinz.: °*das is a Umtreiber* Bayersoien SOG.– **1d** wie →*T.*1l: *Umdreiwa* „rebellischer, auftreiberischer Kerl" BINDER Saggradi 228.– **2**: *Umdraiwa* „Drehkurbel" Aicha PA.– **3** (einmalige) Drehbewegung, Umdrehung: *Umdraiwa* Aicha PA.
WBÖ V,401.

Mehrfachkomp.: **[Her-um]t. 1** von Menschen.– **1a** wie →[*Um-ein-ander*]*t.*: °*Rumtreiba* „Landstreicher" Bayrischzell MB; „Mensch, der ständig auf Achse ist und sich herumtreibt ... *Mit dem Rumdreiwa ... do brauchst di gar nimma ... sehgn lassn!*" BINDER Saggradi 180.– **1b** wie →[*Bären*]*t.*[1] 1f: *A Rumdreiwa* „moralisch angeschlagener Mensch" ILMBERGER Fibel 49.– **2**: *Rumtraiwa* „streunender Hund" Fürstenfeldbruck.

[**Unter**]**t.** wie →[*Durch*]*t.*2, °OB vereinz.: °*dös is ja a Untertreiba bis dort naus* „einer, der sehr viel Geld verschwendet" Mammendf FFB.

[**Ge-walt**]**t. 1** brutaler, unerbittlicher, rücksichtsloser Mensch, °OB, °NB vereinz.: °*Herrgott is dös a so a Gwoidtreiba, der moant, i muaß eam dös Stuck gem* Reichersbeuern TÖL.– **2** wie →*T.* 1j, °OB, °OP vereinz.: °*Gwalttreiber* „Antreiber zur Arbeit, Kapo" Weiden.

[**Wasser**]**t.** Geiltrieb: °*Wassertreiber* „am Obstbaum" Weiherhammer NEW.

[**Zu**]**t. 1** Vermittler, OB, NB vereinz.: *in Zuadreiwa machn* „z.B. Makler, der dem Metzger Schweine zubringt, Heiratsvermittler" Passau; *weilst net neidi* [geizig] *bist ... mach i dir gern an Zuatreiber* F.X. BREITENFELLNER, Wia da Tod auf d'Welt kemma is, Feldafing 1959, 15.– **2** wie →[*Bären*]*t.*[1] 1g, OB, NB vereinz.: *Zutreiber* Mchn; „Es kommt ... selten vor, daß ein Dienstknecht in der Stadt auf Abwege gerät und Zuhälter wird, *Zuatreiber*" QUERI Kraftbayr. 38; *Am ersten ... schuef er ab dem kaiserlichen hof all schalknarren ... zuetutler, zuetreiber, wie mans nennen sol* AVENTIN IV,912,15-20 (Chron.).– **3** Mittäter, Komplize: *Zuatraiwa* „Mithelfer bei einer schlechten Handlung" Aicha PA.

SCHMELLER I,641.– WBÖ V,401.

[**Zwerch**]**t.** wie →[*Quer*]*t.*: °*Zwerchtreiber* Weiherhammer NEW. A.S.H.

Treiberei

F. **1** Treibjagd: °*d'Treiberei geht jez o* Wildenroth FFB.

2 Drängerei, unablässiges Genötigtsein od. -werden, °OB vereinz.: °*die Treiberei måch i nimma lång mit* Halfing RO.

Komp.: [**An**]**t.** Scherz, mit dem man jmdn reizt, ärgert, erzürnt: *Sie weiß ... nicht ... wem sie glauben soll, den Berglern, die immer auf eine Antreiberei aus sind ... oder dem Fleck Sepp* ANGERER Göll 182.

[**Auf**]**t.** Tollerei: °*dö verbringen a Aufdreiberei* herumtoben (von spielenden Kindern) Reit i.W. TS.

[**Preis**]**t.** Preistreiberei, OB, NB vereinz.: *Braistraiwarai* Aicha PA.

WBÖ V,398. A.S.H.

-treiberisch

Adj., nur in Komp.: [**auf**]**t. 1** sehr lebhaft, übermütig, °OB, °NB, °OP vereinz.: °*wens es* [ihr] *weida auftreibarisch seids, nacha tuats eng* [euch] *weh* Halfing RO; *A so a Fankal, an aufdraiwarischa* HÄRING Gäuboden 137.– **2** Unruhe stiftend, aufrührerisch: *āfdraiwarisch* AMAN Schimpfwb. 23.

[**um**]**t. 1** wie →[*auf*]*t.*1: *Umdreiwarischa* BINDER Saggradi 229.– **2** wie →[*auf*]*t.*2: *umdraiwarisch* AMAN Schimpfwb. 137. A.S.H.

Treib(er)ling

M., Trieb, Sproß, Schößling, °OB, °NB vereinz.: °*Treiberling* H'schmiding WOS. A.S.H.

Treibet(s)

N. **1** jägersprl.– **1a** Treibjagd, °OB, °NB vielf., °OP mehrf., °MF, °SCH vereinz.: °*s Treibat is scho um neuni oganga* Garching AÖ; °*am Samsta haltns a Treibats af Wildsäu* Kchndemenrth NEW.– **1b** kleine Treibjagd, Abschnitt einer Treibjagd, °OB, °NB, °OP vereinz.: °*mach ma no a Treibats* „am Schluß einer Treibjagd, wenn noch Zeit übrig ist" Kreuth MB.

2 Veranstaltung zur Vergnügung, Belustigung: °*heit bin i bei am Treibats gwen* Taching LF.

3 wohl Unlust: °*den hots Treibats packt* „er gibt etwas auf" Brunnen SOB.

WBÖ V,397.

Komp.: [**Auf**]**t.**: °*Auftreibats macha* Stimmung machen Rgbg.

[**Sau**]**t.** Jagd auf Wildschweine: °*heid hams a Saudreibats* Rgbg.

[**Um**]**t.** Tollerei, °OB, °OP vereinz.: °*was håbts denn heint für a Umtreibats?* Tödtenrd AIC.

A.S.H.

-treibler

M., nur im Komp.: [**Nacht**]**t.** jmd, der sich nach dem Gebetläuten auf der Straße herumtreibt: *Nochttreibla* Schwarzach NAB. A.S.H.

[**Wohl-feil**]**treib-um**, Unruhestifter, →*Wohl-feil-treib-um*.

Treibung

F., ä.Spr., in heutiger Mda. nur im Komp. **1** (gewerbsmäßige) Betreibung.– **1a** (berufliche) Ausübung: *Wegen Treibung der Mehlberey* [Handel mit Mehl], *ohne dazu befugt zu seyn* A. Baumgartner, Polizey-Uebersicht von München, München 1805, fol.79ʳ.– **1b** Führen, Unterhalten: *angesehen … denen Hammermeistern aus unsern Försten und Waldungen, zu Treibung dero Hüttenwerk, das benöthigte Brenn- und Kohlholz um leidentlichen Waldzins abgeben wird* Mchn 1694 Lori Bergr. 539. **2** Herstellung durch Bohren, Graben: *Treibung eines neues Stollens* Mchn 1670 Lori Bergr. 481.

Etym.: Mhd. *trîbunge* stf., Abl. von →*treiben*; DWB XI,1,2,95.

Komp.: [**Ab**]**t. 1** †Treiben des Viehs von der Weide, Hochweide.– **1a** Treiben des Viehs von der Weide (in den Stall): *dem Rhatkhnecht vnd Hertter gibt man Jerlich vf Georgy wegen abtreibung deß Vichs 5 ß 7 ½ dl.* 1605 Stadtarch. Rosenhm GRE 39, 90.– **1b** Viehabtrieb: *ehe man von albm khommbt ainiches veldt … nit aussezen* [abweiden] *sondern mit denselben bis nach abtreibung der almfart* [Viehherde] *zu gleicher abezung warten* Aschau RO 1558 Peetz Volkswiss.Stud. 377.– **2** †Abholzung, Kahlschlag: *vberflüssige vnd vngebürliche abtreibung der gemelten gemeinHöltzer* Landr. 1616 769.– **3** Schwangerschaftsabbruch, OP, SCH vereinz.: *Åbdreibung* Derching FDB; *dz Sye zum Jager auf Schonstät … zu abtreibung dess Kündts Vmb etwas gangen* StA Mchn Hofmark Amerang Pr.18 (16.4.1760).

WBÖ V,398.

†[**Auf**]**t. 1** Ablehnung, Widerspruch: *so sol der meister vnd daz spital den zwain pfarræren vnd iren gesellen fůmf schilling pfenning geben … an auftraibunge* 1302 Urk.Heiliggeistsp. Mchn 38.– **2** Verrufserklärung, Ächtung: *Dagegen sollen sy … sich mit Auftreibung der geselln die dem Nisl schuldig, vnabsäumlich halten* 1559 Stadtarch. Rosenhm PRO 136, 86.

†[**Haber-feld**]**t.** Bestrafung mit einem Haberfeldtreiben: *Die Haberfeldtreibung der im ledigen Stand Kindesmutter gewordenen Bauerntochter zu Ginsham* [AIB] *Ursula Kirschnerin* 1771 Zipperer Haberfeldtreiben 17.

†[**Wider**]**t.** Widerlegung, Entkräftung: *zu widertreibung der Klag* Landr.1616 138. A.S.H.

-treide, †-tregede

N., M., nur in: [**Ge**]**t. 1** Getreide.– **1a** Getreidepflanze, bes. Roggen, Weizen, Gerste, Hafer, °Gesamtgeb. vielf.: °*weis amoi a bißl a Troadl ogab, frißt de Saubande ois weg* G'holzhsn RO; *Troad ainfån* Aicha PA; *Heut habn m'r an schön Troat eingführt* „vollkommen reif und trocken" Delling I,136; „Ueberall finden wir … die Aehrenbündel der angebauten *Troada*" HuV 14 (1936) 247; *Ez haisset eins miltawe, daz verderbt den hopfen oft vnd daz chorn vnd ander getraid* KonradvM BdN 113,15f.; *so sol man nit schneiden/ biß daß ein jedes Getraidt … reiff worden* Landr.1616 325; *steht sTraid im Feld, hübsch Korn, und Waitz* Bucher Charfreytagsprocession 120.– Phras.: *schweres G.* Weizen, Roggen od. Gerste: °*schwars Troad* Schönbrunn LA; *Das schwere Getreide, Weizen und Korn* Straubing 1444 JberHVS 65 (1962) 23;– *guter G.*: °*a guada Troad* „Weizen und Korn" Reit i.W. TS; *Də' guəd Traed* „schweres Getreide" Schmeller I,648;– „*vom glatten trad* … Weizen und Roggen" Peetz Volkswiss.Stud. 272;– „*Hart* oder *hert Getraid* (Roggen, Waizen, Gerste), im Gegensatz des *waichen* (Haber)" Schmeller I,1167.– °*Der Droat lodt se auf* bekommt Körner Münsing WOR.– °*Des schaut aus wia arme Leut eahna Troad* „so schlecht" Kreuth MB.– **1b** Getreidekörner, Ernteertrag, °Gesamtgeb. vielf.: °*in da Troadkamma werds Troad aufgschütt* Wolnzach PAF; °*ö da Stum is s Troid fürs Broud* Blaibach KÖZ; *Wenn D' den Sack Troad in d' Mühl' nei' tragst?* Feller G'fühl 112; *sol mir daz selbe gotshaus geben alle jar … viertzich metzzen chorns vnd als vil habern gůtes traides* 1292 Urk.Raitenhaslach 368; *Hanns Weigl zu Hegling und Caspar Pliemb zu Ilmosen haben den Wagenzoll von zween Wägen Drait … verfiert* 1589 Chron. Kiefersfdn 178.– Phras.: *hinteres / kleines / geringes G.* u.ä. minderwertiges Getreide, °Gesamtgeb. vereinz.: *s kloane Traid* Essenbach LA; *s hintəre drǫad* Tödtenrd AIC nach SBS XII,425.– *G. beten* Flurprozession, v.a. um Ostern, OB, NB, OP vereinz.: *Droibedn* Beilngries.– *In das / den G. gehen* um Getreide u.a. Lebensmittel betteln gehen, °OB, °NB, °OP, °OF vereinz.: °*is da Frater heuer scho ins Troad ganga?* „um Getreide, Mehl, Schmalz" N'viehbach DGF; *Eiⁿ'n Traəd gêⁿ* „in der Woche vor

Weihnachten" TÖL, WOR Schmeller I,648;– *ins drǫə gēə* [zur Getreideernte] Wessobrunn WM nach SBS XII,324.
2 Getreidefeld, meist Pl., °OB, °NB, OP vereinz.: *Droida* Fürnrd SUL; *in Troatn lieg i drinna, aba kriagn doats es mi nit* Kiem Lieder 58; *mein vater ... vert ... in das treid* Hayden Salomon u. Markolf 324,672-676.– Phras.: °*in d'Troida gej* „Flurprozession um Pfingsten" Stulln NAB.
3 †Lebensmittel, Nahrung: *Getraid daz sint: smaltz, chaes, hůner, aiger, růb, vihsch, gense, wiltpraet* um 1300 Stadtr.Mchn (Dirr) 267,1-3; *VNder dem Wort| Haußvarnuß| werden ... was sonsten Haußrath ist| auch essende Speiß vnd Trayd ... verstanden* Landr.1616 202.
4 †Besitz, Hausrat: *Possessio ... getr'egede* Aldersbach VOF 12./13.Jh StSG. III,117,17.
5 †Aufwand, Kosten: *Inpensas ... gitregede* Windbg BOG 12.Jh. StSG. I,664,48-53.

Etym.: Ahd. *gitregidi*, mhd. *getregede*, kontrahiert *getreide* stn./m., Abl. von →*tragen*; Kluge-Seebold 356.

Ltg: *drǫad* u.ä., ferner *drǫid* NB, OP (dazu M; WUN; FÜ, WUG; A, DON), *drạ̄d* OF, MF (dazu DAH, AIB), ferner *drǫa* (DAH, FS, PAF; KEH; PAR, R), *drǫi* OP (dazu IN; KEH; PEG; EIH, HEB, HIP, N), *drạ̄* (DAH; FO; ER, FÜ, HEB, LAU, N), *dreαd* (TS).– Dim. *drǫadl* (RO; VIB).– Pl. *drǫada(n)* (AIC, DAH, EBE, MB, MÜ; GRI, KÖZ, MAI, PA), *drǫida* (NEW, PAR, SUL).

Delling I,136; Schmeller I,648; Zaupser 77.– WBÖ V, 401-405.

Komp.: [**After-ge**]**t. 1** minderwertiges Getreide, Spreu, °Gesamtgeb. vereinz.: °*Oftertroad* „in der Windmühle vom guten Getreide getrennt" Marktl AÖ; „Im Winter ... wurden sie nur mit *Afdderdroad* gefüttert und legten daher auch viel weniger Eier" Wölzmüller Lechrainer 75; *aus Obst, Vogel- und Wacholder Beeren, Aftergetreid, und andern Früchten Brantwein brennen zu dürfen* 1783 StA Ambg Fürstentum Obere Pfalz, Rentkammer, Ungeldstube (Branntweinakten Nabburg) 27.– **2**: °*Aftergetreide* „lang gewachsene Ähren, besonders bei Roggen" Eugenbach LA.

Schmeller I,46.– WBÖ V,405.

[**Bau-ge**]**t.** Saatgetreide: *Bautroad* Aubing M.

WBÖ V,405.

[**Boß-ge**]**t.** von Hand gedroschenes Getreide, OB, NB vereinz.: *da Boußtroad* Ascholding WOR.– Zu →*boßen* 'von Hand dreschen'.

WBÖ V,405.

[**Brach-ge**]**t.**: *Brochtroad* „Getreide, das auf ein Feld gebaut wird, das in diesem Jahr brach liegen sollte" Erding.

WBÖ V,406.

[**Brand-ge**]**t.**: *Brandtroad* „Getreide, das auf einem Brandacker gesät wird" Cham.

WBÖ V,406.

[**Brot-ge**]**t.** Brotgetreide, °OB vereinz.: *Brottroad* „Roggen und Gerste" Hfhegnenbg FFB.

WBÖ V,405.

†[**Bruck-ge**]**t.** Getreideabgabe als Brückenzoll: *Einnahm ... Pruckgetreid* Vohburg PAF 1798 Hazzi Aufschl. II,1,481.

WBÖ V,403.

[**Ab-putz-ge**]**t.** wie →[*After-ge*]*t.*1: °*Obutsdroad* Pattendf ROL; *ābutſdrǫəd* Ottmaring FDB nach SBS XII,425.

[**Dangel-ge**]**t.** Getreide als Lohn für das Dengeln: „Daneben erhielt der Schmied ... *Dangltraidt*. Für diese Leistung mußte er ... die Sensen dengeln" Essenbach LA VHN 80 (1954) 119.

[**Tennen-ge**]**t.**: *Tenatroaid* „in der Stadeltenne ausgefallenes Getreide" Naabdemenrth NEW.

†[**Dienst-ge**]**t.** in Form von Getreide od. anderen Naturalien entrichtete Abgabe: *Einnahme ... Verkaufte Dienst- und Zehendgetreider* Straubing 1802 Hazzi Aufschl. IV,2,63; *auf dem Casten ... wie er den Diensttraid ausgemessen* 1549 Peetz Volkswiss.Stud. 367.

Schmeller I,515.– WBÖ V,403.

[**Traten-ge**]**t.** Getreide, das nach der Brache (→*Trate*) angebaut wird: *Drodntroad* Erding.

†[**Eß-ge**]**t.** Getreide für Lebensmittel: *als Heiratsgut ... erhält sie ... 36 Metzen Eßgetreid sowie das nothwendige Samgetreid* Hohenbg REH 1826 Singer Hochzeit 23.

[**Vieh-ge**]**t.** Futtergetreide: °*Vajdrajd* „Lohn für verheiratete landwirtschaftliche Arbeiter" Lohbg KÖZ.

[**Futter-ge**]**t.** Futtergetreide: °*s Fuadadroid* Atting SR; *fuαdαdroα* Rottenegg PAF nach SOB V,239.

†[**Garten-ge**]**t.** im Garten angebautes Getreide: *Da ... sol er ... den Zehent| von dem Gartengetraidt ... zegeben schuldig sein* Landr.1616 327.

†[**Gült-ge**]**t.** wie →[*Dienst-ge*]*t.*: *der große Getreidstadel … dahin der größte Theil der Aernte unter dem Titel von Gilt- und Zehendgetreid gebracht werden muß* Landsbg 1804 Hazzi Aufschl. IV,3,37; *die Vnderthonen schuldig/ jhrer Gerichtsherrschafft … Gült- oder Zehend Getraid/ zu einer Traidschrannen/ Anschütt … zeführen* Landr.1616 303.

[**Halb-ge**]**t.** Gemisch aus zwei Getreidesorten, °NB vereinz.: °*Hoitroad* „Mischgetreide aus Korn und Weizen oder Hafer und Gerste“ Pfarrkchn.
WBÖ V,406.

[**Hennen-ge**]**t.** Futtergetreide für Hühner, NB, °OP vereinz.: *san Henadroad soi ma* $k^h oa^n$ *Åftas* [minderwertiges Getreide] *nema* Mittich GRI; *hę̄*^{i}*nadrǫad* Wulfertshsn FDB nach SBS XII,425.
WBÖ V,403.

[**Herbst-ge**]**t.** Wintergetreide: *Hirgstdroat* Staudach (Achental) TS.
WBÖ V,403.

[**Hinter-ge**]**t.** wie →[*After-ge*]*t.*1, °OB, °NB, °OP, °OF, °MF vereinz.: *Hinttatroad* „zum Füttern“ Ascholding WOR; *Hintertroad* „schlechtes Getreide, das bei der Windmühle hinten durchfällt“ Winkler Heimatspr. 48.
Schmeller I,1138.– WBÖ V,406.

[**Hülsen-ge**]**t.** Hülsenfrüchte: *Hüllsadroi* „Erbsen, Linsen, Wicken und Bohnen“ Fürnrd SUL.

[**Kassier-ge**]**t.** Getreide als Lohn für den Bader: *Kassiadroi* „für das ganze Jahr als Pauschale“ Altfalter NAB.

[**Kasten-ge**]**t.** wie →[*After-ge*]*t.*1: °*Kastntroad* „verbilligtes Getreide“ nach Rasp Bgdn.Mda. 87.

[**Läut-ge**]**t.** Getreide als Lohn für den Mesner: *Laitdroi samln* Fürnrd SUL; „Der Mesner bekam seine Bezahlung als *Laittroid* … im Herbst nach dem Ausdreschen“ St.Englmar BOG VHN 94 (1968) 127.
WBÖ V,402.

†[**Linsen-ge**]**t.** Gemisch aus Getreidekörnern u. Hülsenfrüchten: „Das *Linsentraid* … mit Wicken und Gerste vermischt zum Geflügelfutter“ Peetz Volkswiss.Stud. 276.
Schmeller I,1494.– WBÖ V,407.

[**Mahl-ge**]**t.** Getreide für die Mühle: *da bringen d Bauern ihr Mahltroad alls hi* Schmidkunz Liederb. 342.
WBÖ V,407.

[**Misch-ge**]**t.** wie →[*Halb-ge*]*t.*: °*Mischdroad* „Hafer und Gerste zusammen“ Perach AÖ.
WBÖ V,405.

[**Mühl-ge**]**t.** wie →[*Mahl-ge*]*t.*: *Mülldroi bädln* „an Weihnachten“ Fürnrd SUL; „eine … Entlohnung erhielt der Schäfer mit 30 Gulden und 30 Metzen *Mühlgetreide*“ Berching BEI K. Richter, Die Hirtschaft in Berching, Regensburg 2000, 80.

[**Nach-ge**]**t.** wie →[*After-ge*]*t.*1, °sw.OB mehrf.: °*Nachtroad* „das beim Reinigungsprozeß abgesonderte leichte, minderwertige Getreide“ Beuerbach LL; *nǭχdroad* U'brunn STA nach Stör Region Mchn 945.
WBÖ V,407.

†[**Ring-ge**]**t.** wie →[*After-ge*]*t.*1: *Perr verannthwortt das Rottmayr … mit Jme den khauf p. 100 Muth Ringgetraidt getroffen* 1603 Stadtarch. Rosenhm PRO 143,21.– Zu →*ring* ‘minderwertig’.

[**Sam(en)-ge**]**t.** wie →[*Bau-ge*]*t.*, °OB, NB, °OP mehrf., OF, SCH vereinz.: °*va dean derma koa Samtroadt nema, der haut lata obauats Zeug* Plößbg TIR; *mei Saumdroad is schou buzd* Mering FDB; *Rückerstattete Samgetreider* Straubing 1802 Hazzi Aufschl. IV,2,66; *dö Keandl vo dö gweihtn Ehan hod ma inddas Samdreud gmischt und an Weihbrunn dazou* Kerscher Waldlerleben 95; *DIe Zehentleut sollen jhren Zehentherren den Zehent geben … vnd … jhr Dienst: vnd Samtraidt … nit außsöndern* Landr.1616 324.
WBÖ V,408.

[**Sau-ge**]**t.** wie →[*Herbst-ge*]*t.*: „Wenn es regnet, wird das Wintersaatgetreide (*Saudroat*) gedroschen“ Schwarz-Mirtes Vilstal 88.
WBÖ V,403.

†[**Sichling-ge**]**t.** wohl Getreidegarbe: *Sichlinggetreid* Wasserburg 1796 Hazzi Aufschl. III,2, 534.– Zu →*Sichling* ‘dass.’.

[**Sommer-ge**]**t.** Sommergetreide, °OB, NB, OP vereinz.: *do kimt lauta Sumadroi außi* Adlersbg R; *Summatroi* „im Frühjahr angebautes Getreide“ Koller östl.Jura 70; *Dises Jar hat dz wöder in den zecheten des somber vnd* *wind' thraids dem gottshaus grossen schaden gethan* 1620 Haidenbucher Geschichtb. 44.– Bauernregel: °*Sommerdroat, des steht, und Winterdroat, des liegt, gibt koa Kerndl* Grafing EBE.

WBÖ V,403.

[**Winter-ge**]**t.** wie →[*Herbst-ge*]*t.*, °OB, °NB, °OP vereinz.: *des is allas mid Wintadroi obauat* Adlersbg R; „Bis dahin [1956] erntete man *Sommertroad*, da der *Wintertroad* ausfror" Frasdf RO Jb. des Vereins zum Schutz der Bergwelt 63 (1998) 287.

WBÖ V,403.

†[**Zehent-ge**]**t.** als Abgabe entrichteter zehnter Teil des Getreides: *die Vnderthonen schuldig/ jhrer Gerichtsherrschafft ... Zehend Getraid/ zu einer Traidschrannen ... zeführen* Landr.1616 303.

WBÖ V,403. V.S.

treideln

Vb. **1** treideln, °OB, °NB, OP vereinz.: *troadln* Neubeuern RO; „wenn sie ... mit einem Schiffszug stromaufwärts ... *treidelten*" Brünner Samerbg 9.

2 Holz zu Tal gleiten lassen: °*heut tuan ma troaln* „Holzstämme mit Hilfe eines Sapins durch eine Holzriese treiben" Kreuth MB.

Etym.: Aus nd. *treideln*, frz. Herkunft; Kluge-Seebold 928.

WBÖ V,408.

Abl.: *Treidling.* V.S.

Treidling

M.: *Treidling* Dammweg Staudach (Achental) TS. V.S.

Dreier

M. **1** Zahl, Ziffer 3, OB, NB, SCH vereinz.: *der Draia, da Viara, da Fümfa* O'audf RO.– Auch Note 3, OB, NB, MF, SCH vereinz.: *i hob an Dreia kriagt* Hohenpeißenbg SOG.

2 Dreiergruppe, Gemenge von drei Sorten, Dingen.– **2a** Schafkopfspiel zu dritt, °OB, °NB, °OP mehrf., °MF, °SCH vereinz.: °*tean mer an Dreier?* Bibg AIB.– **2b** Gemisch von drei Getreidesorten, °OB, °NB, °OP vereinz.: °*da bauma an Dreia* „Hafer, Gerste, Sommerroggen" Moosach EBE; „Uebrigens wird noch sehr viel *Dreuer* ... gebaut" AIB Hazzi Aufschl. I,240.– **2c** Verbund von drei Rosen im Schmuck des Almviehs: „vergoldete die gemachten *Dreier, Sechser* und Doppelrosen fertig" Angerer Göll 43.– **2d** best. Formation von drei stehengebliebenen Kegeln nach einem Wurf im Kegelspiel, nur in Phras.: °*langer Dreier* „Kegelfigur mit den 3., 4. und 5. Kegeln links oder rechts" Langdf REG.

3 von Menschen.– **3a** dritter Knecht, °OB, SCH vereinz.: *Dreier* Merching FDB; „der *Knejchd* ... Ihm war als nächster der *Midderknejchd* untergeordnet, anschließend der *Dreier*" Wölzmüller Lechrainer 68.– **3b** †als dritter Mann einberufener Soldat: „wurden also die *Dreier* aufgeboten, so hatten im Ganzen von 30 Ausgewählten 10 zu erscheinen" 1596 SbMchn 1886, 33.

4 best. Schrotsorte, Munition: *Draia* Aicha PA.

5 †best. Hakenbüchse: *Un Simbl hagken ... An viererin An dreyer An Zwayrrin* Burghsn AÖ 1533 MHStA Regierung Burghausen 926, 14^r^.

6 Nachmittagsbrotzeit, °OB vereinz.: *Dreier* „Brotzeit um 3 Uhr" Pittenhart TS.

7 †Münze im Wert von drei Währungseinheiten: *neu Groschen zu münssen, die Dreyer ... genannt, und drey Kreutzer gellten sollen* Mchn 1535 Lori Münzr. I,197.

8 †best. Spielkarte: *Dreyer* „trias, ternio" Schönsleder Prompt. e2^r^.

9 Gefäß mit Hohlmaß von drei Maßeinheiten, ä.Spr.: *34 dreÿer mer 2 fässl wein mit Sÿessen wein* 1609 Haidenbucher Geschichtb. 12.– Auch: °*s Dreierl* fäßchenartiges Trinkgefäß der Holzknechte Metten DEG.

Schmeller I,561.– WBÖ V,409f.

Komp.: [**Kopf**]**d.** Gefäß in Kopfform mit dreierlei Getreide als Votivgabe: *Khobfdreier* „in St. Leonhardskapellen geopfert" Tölz; „*Kopfdreier* ... Der Zweck war ... die Liebe einer ... Person ... zu erlangen ... Kindersegen zu erflehen ... von Kopfweh befreit zu werden" sö.NB Niederbayer. Monatsschrift 1 (1912) 101.

[**Kreuz**]**d.** best. Kegelschub, der drei voneinander entfernt stehende Kegel umstößt, °OB, °NB mehrf., °OP vereinz.: °*Greizdreia* Dachau; „Doch kann der ... Nachteil durch einen *Kreuzdreier* ... ausgeglichen werden" ObG 15 (1926) 69.

[**Kürzer**]**d.** best. Münze: °„die Hebamme bekam vom Paten einen *Kürzerdreier*" Schwend SUL. A.R.R.